DUNGEONS & DRAGONS
ART & ARCANA

DUNGEONS & DRAGONS®

ART & ARCANA

A VISUAL HISTORY

던전 앤 드래곤 팬을 위한
아트, 광고, 기타 인쇄물 등 정보와 이미지 모음집

마이클 윗워·카일 뉴먼·존 피터슨·샘 윗워

권은현, 강세중 옮김

WIZARDS
OF THE COAST
OFFICIAL LICENSED PRODUCT

차례

WHO NEEDS TO HANG AROUND?
I'VE GOT DUNGEONS & DRAGONS

DUNGEONS & DRAGONS® BASIC SET
A FANTASY ROLE PLAYING ADVENTURE GAME
FROM
TSR HOBBIES INC.
THE GAME WIZARDS

AVAILABLE AT FINE GAME STORES EVERYWHERE.

 FOR FREE CATALOG WRITE
TSR HOBBIES INC.
POB 756
LAKE GENEVA, WI 53147

서문

조 맨가니엘로JOE MANGANIELLO

〈기묘한 이야기〉(넷플릭스에서 방영 중인 SF 호러 드라마-옮긴이)의 묘사와 달리 내가 어린 시절을 보낸 1980년대에는 〈던전 앤 드래곤〉이 전혀 멋진 것이 아니었다. 당시에는 〈던전 앤 드래곤〉 이름 자체가 사회적으로 허용되는 범위 내에서 다양한 조롱과 신체적 폭력을 유발했다. 거듭 말하지만 당시는 1980년대였고, 요트 파티에 어울리지 않는 것은 전부 좋지 않게 여겨졌다. 비즈니스 회의 석상에서 살아 있는 비둘기의 머리를 물어뜯은 오지 오스본Ozzy Osborne을 제외하고, 〈던전 앤 드래곤〉보다 더 불공평하고 강력하게 낙인찍힌 사람이나 사물은 없었다.

이런 시기에 나는 어린 시절을 보냈다. 나는 마르고 날렵했지만 정말 괴짜였다. 내 자그마한 《호빗Hobbit》 녹음 도서의 페이지를 넘길 때를 알려주는 차임 소리를 처음 듣는 순간부터 나는 판타지에 빠졌다. 《호빗》은 〈던전 앤 드래곤〉을 플레이할 때 필요한 모든 것이 들어 있는 입문서와 같았지만, 앞서 말한 이유로 인해 〈던전 앤 드래곤〉을 함께할 친구를 구할 수 없었다. 그래서 나는 내가 찾을 수 있는 《끝없는 게임Choose Your Own Adventure》과 《슈퍼 엔드리스 퀘스트Super Endless Quest》 시리즈의 모든 책을 쌓아두고, 내가 '레드 박스' 안에 들어 있는 어드벤처 게임을 이미 혼자서 열 번도 넘게 했다는 사실을 애써 잊은 채 래리 엘모어Larry Elmore가 그린 웅대한 레드 드래곤의 영혼이 담긴 눈을 내려다보며 또다시 게임을 하곤 했다.

그러던 어느 날, 운명처럼 한 서점의 판타지 코너에서 발견한 소설책의 친숙한 표지 그림이 내 눈길을 사로잡았다. 그 책은 마가렛 와이스Margaret Weis와 트레이시 힉맨Tracy Hickman이 지은 《드래곤랜스 연대기Dragonlance Chronicles》로 TSR의 그 유명한 래리 엘모어가 표지를 그렸다. 나는 당장 세 권을 사 들고 집으로 달려와 단숨에 읽었고, 다시 다른 책 세 권을 읽고, 또 20여 권을 더 읽었다. 책을 빨리 읽는 내 탐독 습관을 이어 가기 위해 몰래 책을 훔치기까지 했다(20년이 지난 후 나는 그 서점을 방문해 내가 훔친 책값을 지불했고, 그 후에 마가렛과 트레이시에게 사과했다). 같은 학교에 다니던 빌 사이몬스Bill Simons가 내가 판타지 소설을 읽는 걸 보고 자신도 판타지 소설을 좋아한다고 털어놓았던 것도 이 시기였다. 빌은 나에게 〈어드밴스드 던전 앤 드래곤Advanced Dungeons & Dragons〉의 룰 북과 작품집, 플레이를 할 수 있는 〈드래곤랜스〉 모험 모듈을 소개해 주었다. 눈이 번쩍 뜨이게 한 사건이었다. 이후 클라이드 콜드웰Clyde Caldwell, 토드 록우드Todd Lockwood, 위대한 에롤 오투스Erol Otus와 그의 〈신과 반신Deities & Demigods〉의 상징적인 표지, 수십 년간 〈던전 앤 드래곤〉을 생각하면 떠오르는 그림들을 그린 제프 이슬리Jeff Easley 같은 거장들의 전설적인 작품에 눈을 뜨게 되었다(그러니까 아주 최근에 현대 〈던전 앤 드래곤〉 5판 《볼로의 몬스터 가이드Volo's Guide to Monsters》와 《자나사의 만물 가이드Xanathar's Guide to Everything》 속 상상력이 풍부한 한정판 표지를 그린 아티스트 하이드로74(Hydro74)가 〈던전 앤 드래곤〉 세계관이 끊임없이 팽창한다는 걸 입증하기 전까지 말이다.).

〈던전 앤 드래곤〉이 진화하면서 게임의 겉모습도 함께 바뀌었다. 바로 이 책의 주제이기도 하다. 페이지를 넘기며 여러분은 〈던전 앤 드래곤〉의 가장 완전한 역사를 발견할 것이다. 이미 오래전에 출간되었어야 했던 이 책은 올바른 관점에서 〈던전 앤 드래곤〉을 바라보았다. 지난 15년 동안 문화적으로 대변화가 있었다. 〈반지의 제왕〉 3부작이 30억 달러의 영화 수익을 거둬들이고 최고의 작품상을 비롯해 아카데미상을 17개나 휩쓸었으며, 뒤이어 〈왕좌의 게임〉이 에미상과 골든 글러브상을 석권했다.

1980년 TSR 광고로, D&D는 괴짜들의 놀이라는 사회적 반응에 대해 D&D도 멋질 수 있다는 분명한 메시지를 담고 있다.

D&D 인기 아티스트 제프 이슬리가
작화한 자신의 캐릭터 '잔인한 아르칸
(D&D 아티스트 제프 이슬리 창작)'과 함께 찍은
조의 사진

괴짜와 악마숭배자가 지하실에서 가지고 놀던 이상한 게임이 이제는 대중적으로 유명해졌다. 비평가들의 돌팔매질과 화살 공격에서 살아남은 〈던전 앤 드래곤〉은 탄생 40주년이 지나서야 전성기를 경험하고 있다. 〈던전 앤 드래곤〉과 같은 궤적을 그린 브랜드는 거의 없다. '역사는 승자의 기록'이라고 말한 윈스턴 처칠Winston Churchill의 말이 맞다면, 이 책이 여러분의 손에 있다는 사실은 〈던전 앤 드래곤〉이 승자라는 뜻일 것이다.

추신. 아내는 올해 내 생일선물을 위해 위저즈 오브 더 코스트Wizards of the Coast에 연락해 제프 이슬리를 소개해달라고 부탁했다. 깜짝 생일선물을 준비하던 아내는 제프에게 나의 〈던전 앤 드래곤〉 캐릭터인 '잔인한 아르칸 Arkhan the Cruel'을 〈드래곤랜스〉 스타일로 그려 달라고 부탁했다. 나에게 타임머신이 있다면 시간을 거슬러 올라가 8살인 나에게 그 그림을 보여주고 어린 내가 짓고 있을 표정을 보고 싶다. 하긴 나는 8살 이후로 조금도 변하지 않았다. 〈던전 앤 드래곤〉이여, 영원하라!

들어가며

우리가 '괴짜(geek, 전문분야 특히 기술에 능통한 사람을 뜻하며 범생이nerd와 같은 뜻으로 사용됨-옮긴이)가 유행'인 시대를 살고 있다면, 〈던전 앤 드래곤(이하 D&D)〉은 단연코 유행의 최첨단을 달리고 있다. D&D는 과거에도 그랬고, 현재도, 미래에도 괴짜들에게 최고의 게임이 될 것이다. 이제는 D&D의 팬층을 하나로 싸잡아 넣을 수 없다. 소수의 열정적인 전쟁 게이머들만의 취미였던 D&D 게임과 그와 함께 생겨난 기본 개념은 정보화 시대에 가장 큰 영향을 미치는 현상 중 하나로 자리매김했다. 이유가 무엇일까? D&D 초창기 게이머들은 컴퓨터, 전자제품, 디지털 기술, 시각 효과, 영화 제작, 행위 예술 등과 같이 다른 '괴짜스러운' 것들에도 관심사를 공유했기 때문이다. 이런 괴짜들이 자라서 지하실과 식탁 위의 희미한 불빛 아래에서 배운 개념을 사용해 21세기의 사회·경제 인프라를 개발했다. 〈와이어드Wired〉의 편집장 아담 로저스Adam Rogers에 따르면, D&D 덕분에 괴짜들은 오늘날 전자기기 기적의 시대를 만들기에 딱 알맞은 시기에 환한 빛에 부신 눈을 깜빡이면서 던전(지하 감옥)에서 나올 수 있었다. 괴짜가 된다는 건 정말 멋진 일이며, 괴짜들이 지구와 지구의 평행 세계인 D&D의 오어스Oerth를 정복한다는 예언이 마침내 이루어졌다.

여러분이 〈월드 오브 워크래프트World of Warcraft〉와 같은 MMO(Massively Multiplayer Online game 다중접속게임)의 수백만 가입자 중 한 명이거나, 〈파이널 판타지Final Fantasy〉나 〈엘더 스크롤The Elder Scrolls〉과 같은 컴퓨터 롤플레잉 프랜차이즈의 이국적인 세계를 구경하는 관광객이거나, 1인칭 슈팅 비디오 게임 속 가상의 명사수거나, 〈왕좌의 게임〉과 같은 현대 판타지 TV, 영화, 작품의 애청자거나, 게임이나 리워드 프로그램에서 '레벨 업'을 경험한 사람이라면 D&D에 감사해야 할 것이다. D&D는 위에서 언급한 모든 것에 직간접적으로 영향을 미쳤다. 게임사적으로 중요한 1인칭 슈팅게임 〈둠Doom〉의 공동 개발자 존 로메로John Romero는 D&D를 "가장 큰 영향력을 미친 게임"이라며, "D&D가 제시한 게임 개념은 최초의 게이머와 컴퓨터 프로그래머들에게 영감을 주었고, 창의적이고 기술적인 혁신을 촉발했다"라는 말을 덧붙이면서 그의 성공은 D&D 덕분이라고 말했다. 빈 디젤Vin Diesel과 스티븐 콜베르Stephen Colbert, 레인 윌슨Rainn Wilson과 작고한 로빈 윌리엄스Robin Williams에 이르기까지 D&D에서 영감을 받았다고 말한 배우와 감독의 수는 어마어마하다. 저명한 감독 존 파브로Jon Favreau는 D&D가 '상상력, 스토리텔링, 톤, 균형감을 만드는 법을 이해하는 데 아주 강력한 배경'이 되었다고 말했다. 전미 도서상을 받은 타네하시 코츠Ta-Nehisi Coates는 D&D가 '상상력의 힘'을 배우는 데 도움이 되었다고 말했다. D&D는 과거 못지않게 현재에도 중요하며, 최근 5판의 성공과 〈레디 플레이어 원Ready Player One〉부터 〈기묘한 이야기〉에 이르기까지 D&D에서 영감을 얻은 베스트셀러 도서와 텔레비전 프로그램과 영화가 줄줄이 제작되면서 D&D는 앞으로 지금보다 더 유명해지고 인기가 많아질 것이다.

비주얼만큼 D&D의 스토리를 잘 전달할 방법은 없다. 판타지와 SF가 비주류로 여겨지던 시절에도 D&D는

맞은편 위 넷플릭스의 히트작 〈기묘한 이야기〉는
데모고르곤부터 마인드 플레이어에 이르기까지 D&D의
테마와 콘텐츠를 많이 빌렸다.

맞은편 아래 2017년 위저즈 오브 더 코스트 '스트림 오브
어나힐레이션Stream of Annihilation' 행사의 비하인드 장면으로
D&D 스토리 총괄 크리스 퍼킨스, 매튜 릴라드, 딜란
스포로즈, 킴벌리 히달고, D&D 크리에이티브 디렉터
마이크 미얼스, 리암 오브라인, 조 맨가니엘로, 마리샤
레이, 매튜머서가 카메라 앞에서 D&D 게임을 펼쳤다.
D&D 롤플레이 게임은 〈크리티컬 롤Critical Role〉과 〈하몬
퀘스트HarmonQuest〉 같이 성공한 온라인 프로그램의
주제가 되었고, 게임 참여자뿐 아니라 게임을 구경하는
관중들도 즐길 수 있는 게임이라는 걸 입증했다.

끊임없이 진화하는 삽화와 그림 덕분에 몰입감 있는 서사적 환경에서 DIY식으로 판타지 세계를 수정하는 문화를
만들어냈다. D&D는 현실에 존재하지 않는 존재를 지칭하는 비주얼 용어를 가르치면서, 한 세대 전체에 걸친 팬들
의 마음속에 괴물, 마법, 검, 소서러(소서러들이 쓰는 마법 종류-옮긴이)를 상상하는 방법을 아로새겼다. D&D와 D&D
아트의 관계는 단순한 공생을 넘어 아트가 게임에 대한 정보를 제공하고, 게임이 아트의 내용을 전달하면서 혼자서
는 존재할 수 없는 불가분의 관계가 되었다.

    D&D의 아트는 지도와 같이 간단한 콘셉트를 표현하고 몬스터, 캐릭터, 무기의 모양을 묘사하던 아마추어들
이 그린 자작 스케치에서 시작됐다. 이후 D&D의 아트는 기본적인 콘셉트에 익숙하지 않은 대중에게 빠르게 게임
을 가르쳐주는 필수 교구가 되었다. 일러스트는 특성상 플레이어에게 상상 세계의 풍경과 등장인물, 장비의 개념을
이해시킬 뿐 아니라 게임 속에서의 사용 방법까지도 배울 수 있게 도우며 빠르게 정보를 전달할 수 있어야 했다.
D&D 게임과 그 팬들이 좀 더 섬세한 수준을 요구하게 된 것은 정해진 수순이었다. 점점 더 높아지는 캐릭터 레벨
과 구성에 맞는 완전한 컬러 아트를 원했던 것이다. 훨씬 더 높은 수준의 캐릭터와 구성을 갖춘 완전한 컬러 아트를
원했다. 이런 움직임 덕분에 1970년대 후반부터 현재까지 가장 중요하고 영향력 있는 판타지 아트를 발전시킨 거장
들이 대거 탄생해 판타지 장르에서 독보적인 컬렉션이 되었다.

    여러분이 손에 들고 있는 이 책은 비주얼에 대한 이야기뿐만 아니라 타의 추종을 불허하는 상상력으로 전달
되는 이 놀라운 게임에 대한 역동적인 이야기도 담고 있다. D&D의 놀라운 40여 년 여정을 가장 잘 나타낸다고 생
각되는 아트, 광고, 기타 인쇄물을 신중하게 선정하여 진화, 혁신, 혼돈, 인내를 거쳐 궁극적으로 승리에 이르는 놀
라운 이야기를 보여주는 비주얼 컬렉션이다. 책 속에 있는 상당수 이미지는 D&D 광팬들에게도 익숙하지 않은 것
이며, 이 진귀한 컬렉션 중에는 대중에 공개된 적이 없는 작품도 다수 수록되어 있다. 우리가 그러했듯이 여러분도
모험을 향한 순수한 열정과 취향으로 이 책에 실린 한 작품 한 작품을 즐겁게 감상하길 진심으로 바란다. 결국 이
책도 일종의 모험 모듈이니, 우리가 그랬듯이 여러분도 직접 경험하는 것이 제일이다. "그러니 그저 즐겨라! 주사위
의 행운이 함께하기를!"

콰짓 패밀리어quasit familiar와 연구 중인 마법 시전자(매직유저, magic–user)의 모습을 그린
1978년 〈플레이어 핸드북〉의 데이브 서덜랜드 삽화

리드 매직READ MAGIC: 이 책에 관하여

지구상 최고의 게임인 D&D의 45년 역사가 깃든 아트, 광고, 기타 인쇄물을 모두 담는 작업은 쉽지 않았으며 포괄적인 접근법이 필요했다. 따라서 최대한 많은 시선, 취향, 관점을 취합해 다양한 비주얼 컬렉션을 만들려고 노력했다. 이 책의 내러티브를 풀어내기 위해 사용된 몇 가지 장치들을 소개한다. (함정에 주의하자!)

스토리THE STORY

D&D는 스토리가 있는 게임이다. 여러분이 직접 읽고, 말하고, 플레이하는 스토리들이다. 이 책의 상당 부분이 연대기식으로 서술되었다. 특별한 주제나 디자인이 없으며, '일반적인 텍스트' 형식으로 수록되었다. D&D 게임의 역사상 중요한 발전과 사건, 제품들을 모두 다루려고 노력했으며, 시간의 흐름은 오직 한 방향, 앞을 향하게 하였다.

고미술학ARTEOLOGY

D&D는 시각적인 게임이다. D&D 아트는 화폭에 담긴 스토리 이면에 항상 주목할 만한 영향이나 이야기가 있다. 이러한 영향이나 이야기는 역사에 자주 묻히지만, 운 좋게 발견할 때도 있다. 고미술학은 개별적인 아트나 아티스트 또는 움직임 뒤에 숨겨진 분석이나 논평 또는 다른 배경 정보를 제공하기 위해 반복되는 특집 코너다.

아티스트 선정ARTIST FAVORITE

D&D는 아티스트의 게임이다. 집에서 그린 낙서에서부터 아트를 전공한 거장에 이르기까지, D&D 아티스트는 게임에 모험과 상상의 독특한 플랫폼을 선사했다. 아티스트의 모든 업적을 다루기에는 지면이 충분치 않지만, 아티스트 스스로가 최고로 꼽은 아트보다 더 확실한 것은 없다. 아래의 표시는 아티스트들이 제일 좋아하는 단일 혹은 여러 작품 중 하나로 선택했다는 것을 뜻하며, 종종 여러분의 예상과 다를 때도 있을 것이다.

가장 위험한 던전DEADLIEST DUNGEONS

D&D는 던전의 게임이다. 물론 던전은 여러 형태와 크기가 있지만, 위험천만한 장소라는 공통점이 있다. D&D 세계관에서 가장 위험한 던전이 가장 사랑받고 상징적인 던전이라는 사실은 그리 놀랍지 않다. 가장 위험한 던전은 몇 가지 사례에 대해 간략한 배경과 이미지를 제공하며 진정한 죽음의 덫을 맛보여주는 특집 코너다.

악의 진화EVILUTION

D&D는 몬스터들의 게임이다. D&D는 수많은 창조물을 다시 상상하고 만들어내는데, 여기에 소개되는 이상하고 괴상한 창조물만큼 게임의 본질을 잘 보여주는 것도 없다. 이 특집 코너에서는 다양한 에디션에 걸쳐 상징적인 D&D 몬스터들의 진화를 보여준다.

다양한 얼굴MANY FACES OF . . .

D&D는 캐릭터의 게임이다. 플레이어가 만든 캐릭터든 모듈이나 소설 혹은 그 외에서 나온 캐릭터든, D&D의 세계는 영웅과 악당으로 북적거린다. 다양한 얼굴은 D&D의 상징적인 캐릭터들에 존경심을 표하며 수년에 걸쳐 캐릭터의 모습이 진화하는 과정을 보여주는 특집 코너다. 어떤 캐릭터는 여러 아티스트가 한 작품을 위해서 일정 기간 동안 만들기도 하고, 또 어떤 것들은 수십 년에 걸쳐 여러 차례 재창조되거나 재탄생하기도 한다.

여러 가지 설화SUNDRY LORE

D&D는 아이디어의 게임이다. 때로는 다양한 아이디어가 보기 좋은 표나 차트로 정리되어 있을 때도 있고, 어떨 때는 확장되는 서술 방식 또는 차원을 이동하는 플레인 등이 필요할 때도 있다. D&D 스토리에는 설명이나 요약이 쉽지만은 않은 개념도 들어 있다. 이 경우 전체 주제나 움직임을 한 번에 담기 위해 특집 코너를 만들어 수록했다. 이러한 특집 코너는 캠페인과 미니어처에서 영화, 컴퓨터 게임 등 D&D 역사의 주요한 움직임을 다루며 별도의 페이지로 디자인했다.

ARTIST FAVORITE

날짜에 대한 참고 사항: 특정 상품의 아트 창작일과 실제 발매일이 상당히 차이가 날 수 있지만, 관례에 따라 제품의 저작권 날짜를 제품과 그에 관련된 아트워크의 기능일로 사용한다.

"사람, 장소 또는 사물에
마법이 걸렸는지 확인하는 주문"

마법 탐지
(DETECT MAGIC)

오리지널 초판본

DUNGEONS & DRAGONS

Rules for Fantastic Medieval Wargames Campaigns Playable with Paper and Pencil and Miniature Figures

GYGAX & ARNESON

3-VOLUME SET

PUBLISHED BY
TACTICAL STUDIES RULES
Price $10.00

맞은편 1974년 공동 제작자 개리 가이객스와 그의 파트너들과 가족들이 식당과 지하실에서 손으로 직접 조립한 초판 1,000개의 '브라운 박스' 중 하나로, 아마도 보존된 D&D 첫 인쇄물 중 세계에서 가장 잘 보존된 예일 것이다.

아래 모든 것의 시작: 세 개의 오리지널 D&D 룰 북

모든 것은 낯선 상징과 문구가 적힌 호기심을 불러일으키는 1,000개의 상자에서 시작되었다. 1974년 이 상자들은 순진한 대중의 손에 들어갔다. 대부분은 우편으로 배달되었는데, 어디에서 파는지만 안다면 가게에서도 살 수는 있었다. 아무도 이 나뭇결무늬 상자를 참나무로 만든 실제 보물 상자로 착각하진 않겠지만, 어쨌든 이 판지 벽 안에 보물이 들어 있는 것은 맞았다. 상자의 뚜껑을 열면 모험이 펼쳐지리라 누가 상상이나 할 수 있었겠는가! 상자 겉면에는 전설적인 그림과 함께 '환상의 중세 전쟁 게임 전투 규칙'이라고 홍보했고, 상자 속에는 독자들에게 〈인간과 마법Men & Magic〉, 〈몬스터와 보물Monster & Treasure〉에 대해 가르쳐주고, 〈지하세계와 황야의 모험Underworld & Wilderness Adventures〉을 경험하는 혁신적인 방법을 알려주는 손바닥만한 크기의 부클릿 세 권이 들어 있었다.

D&D는 보드게임이나 비디오게임처럼 눈으로 보면서 할 필요가 없다. 이 얇은 룰 북 세 권은 대화만으로 판타지 모험 게임을 즐기는 법을 세

상에 알려주었다. 거의 눈을 감고도 플레이를 할 수 있을 정도였다. 던전 마스터(DM), 1974년에 사용되던 오리지널 초판본 용어로는 '심판referee'이 상상 속 세상에서 플레이어의 캐릭터가 직면한 상황을 설명하면, 플레이어는 자신의 캐릭터가 어떤 행동을 할지를 선언했다. 던전 마스터와 플레이어는 돌아가면서 캐릭터의 행동을 말로 설명했고, 상대방을 이기기 위한 전략을 수립해서 전체 스토리에 살을 붙이면서 상대방의 전술을 깨려고 했다. 게임은 대화로 진행되었기 때문에 플레이어는 보고 만질 수 있는 말판이나 말이 거의 필요 없었다. D&D는 플레이어의 상상 속에서 생명을 얻었다.

하지만 상자 겉면에 있는 작은 글씨를 읽어보자. '이 게임은 종이, 연필, 미니어처 피규어로 플레이가 가능함'이라고 적혀 있다. 마지막 요소인 미니어처 피규어가 바로 D&D의 비주얼 역사가 시작되는 지점이다.

"내가 수집한 피규어 병사 컬렉션을 보고 있으면 모든 스트레스가 눈 녹듯이 사라진다. (중략) 나는 그 자신이 수집가였던 허버트 조지 웰스가 만든 '워' 게임을 좋아한다."

—피터 쿠싱

자그마한 전쟁, 커다란 발상

1913년 영국의 유명한 SF 작가 허버트 조지 웰스H.G. Wells는 당시 큰 영향력을 미친 게임 룰 북《리틀 워즈Little Wars》를 발간했다. 웰스가 작성한 룰 북에 따라, 플레이어들은 당시 영국 어린이집에서 흔히 볼 수 있었던, 19세기 전투에 등장할 법한 보병대, 기병대, 포병대를 본떠 만든 미니어처 주석 피규어 병사를 가지고 전투 게임을 할 수 있었다. 그러나 웰스의 게임 룰 북이 발매되기 훨씬 전부터 이미 일부 애호가들은 피규어 모형을 수집해 전쟁사의 명장면을 재현하는 디오라마(배경 위에 모형을 설치하여 장면을 연출함-옮긴이)에 사용하고 있었다. 이들은 게임 룰 북이 나오자 정지된 장면만 표현하는 디오라마에서 벗어나 전략과 전술을 펼치는 역동적인 전쟁 게임으로 자연스럽게 옮겨가게 되었다.

웰스로부터 영감을 받아 피규어 병사를 가지고 정교한 전투 게임을 펼치는 열정적인 테이블 전쟁 게이머들이 영국에서 조금씩 생겨나기 시작했다. 디오라마 건물과 마찬가지로 미니어처 워게임Miniature Wargame도 볼거리가 많은 놀이였기 때문에 이들의 눈길은 자연스럽게 미니어처 전쟁 게임으로 옮겨갈 수밖에 없었다. 대다수 보드게임에 사용된 격자 모양의 평면 지도 위에 추상적인 상징물을 놓는 대신에 장난감 병사를 사용하자, 실제 전쟁 장면 같은 모습이 재현되었다. 열정이 넘치는 플레이어들은 한발 더 나아가 강력한 군대가 서로 대치하는 전쟁터의 지형 위에 축소한 나무 모형이나 집 모형 또는 언덕 모형 그 밖에 다양한 지형지물을 더해 입체 모형을 정교하게 만들었다. 전투를 진행할 때 그들의 머릿속에 가장 먼저 떠오르는 중요한 질문은 항상 '전투 장면은 어떤 모습이었을까?'였다. 다시 말해 사람들이 어떤 옷을 입었고, 어떤 무기를 사용했고, 전쟁터의 전경은 어땠는지가 중요했다. 전쟁 게임에 사용할 미니어처 피규어를 디자인하고 주조하고 페인트칠할 때는 군복과 무기와 전차의 정확한 모습을 알아내기 위해 해당 전투가 벌어진 시대를 꼼꼼하게 조사하는 과정도 필요했다. 미니어처 전투 게임은 퇴역군인과 교양 있는 영국 신사 사이에서 인기를 끌었기 때문에 사람들은 전투 장면의 재현을 진지하게 받아들였고, 그만큼 정확성이 아주 중요했다.

1950년대가 되자 미니어처 전쟁 게임은 미국에서 하나의 조직적인 취미 활동으로 발전하게 되었고, 그 결과 게임 행사와 소식지가 생겨났다. 아발론 힐Avalon Hill과 같은 기업들은 웰스의 룰 북과 비슷하지만 젊은이들을 대상으로 한 〈게티즈버그Gettysburg〉(1958)와 같은 보급형 보드게임을 판매해 전쟁 게임의 팬층을 넓혔다. 초창기 대부분의 전쟁 게임 팬들은 나폴레옹 시대부터 현대까지의 시대를 배경으로 워털루전투에서 노르망디 상륙작전을 자신들만의 전투로 재현했다. 1970년대가 되자, 성, 중보병, 경보병, 말을 탄 기사, 칼, 활, 창, 도끼 등과 같은 무기가 등장하는 중세 시대를 모티브로 하는 미니어처 시장도 탄생했다. 이처럼 새로운 소재가 사용되다 보니, 중세 시대 전쟁 게임을 위한 룰 북이 필요하게 되었다.

이때 미국 중서부 지역에서 보험 계리사이자 전쟁 게임의 열렬한 팬이기도 한 30대의 개리 가이객스Gary Gygax가 등장했다. 그는 특히나 미국 내 전쟁 게임 분야에서 활발한 행보를 보였는데, 최대 규모의 동호회 회장으로 활동하면서 전쟁 게임 소식지 여러 곳에 기고문도 자주 썼다. 또한 예스러운 모습을 간직한 자신의 고향 위스콘신 레이크 제네바에서 지역 게이밍 활동을 지원했다. 1968년에는 지역 화훼 전시장에서 열린 '레이크 제네바 전쟁 게임 행사'에 백 명 남짓한 게이머들의 만남을 주선했는데, 이 모임은 제네바 컨벤션 또는 줄여서 '젠 콘Gen Con'이라고 불리게 됐다. 그는 제1회 젠 콘 행사에서 〈보덴부르크의 포위The Siege of Bodenburg〉라는 게임을 우연히 접하게 되면서 중세 시대 전투에 관심이 생겼다. 그 후 가이객스는 다음과 같은 글을 남겼다. '고대와 중세를 배경으로 한 전쟁 게임에 대해 사람들의 관심은 많은 데 비해, 정작 출시된 게임이 거의 없다.' 2년 뒤 그는 고향에서 레이크 제네바 전술 연구회(LGTSA)라고 불리는 소규모 전쟁 게임 동호회를 창단했다. 당시에는 주머니 사정이 좋지 않은 10대를 위주로 전쟁 게임 동호회들이 운영되었고, 그마저도 뿔뿔이 흩어져서 활동했는데, 그는 그 누구보다 열정을 가지고 동호회들을 서로 연계시키려 노력함으로써 전쟁 게임 분야의 챔피언임을 입증했다. 아쉽게도 이 당시 전쟁 게임으로 생계를 유지할 만큼 돈을 버는 사람은 거의 없었다.

1970년 중세 미니어처 전쟁 게임 룰 북을 완성해 발간하겠다는 목표로 그는 겨우 수십 명의 구독자로 구성된 전문화된 이익 집단인 캐슬 앤 크루세이드 동호회Castle & Crusade Society도 창단했다. 그는 LGTSA 회원이면서 중세 시대 전쟁 게임의 열렬한 팬이기도 한 일리노이 록퍼드에 거주하는 대학생 제프 페렌Jeff Perren과 함께 중세 전쟁사 분야의 권위자 찰스 오만C.W.C. Oman을 비롯한 역사학자들의 연구를 참조하여 보병과 기병 전투 룰 북을 만들었다.

이런 전투 장면을 그리기 위해 가이객스는 잭 코긴스Jack Coggins와 같

왼쪽 《리틀 워즈》(1913)의 설명 삽화. 미니어처 전쟁 게임에서 무엇을 볼 수 있을지를 보여준다.

아래 해머 제작사의 수많은 공포영화로 유명해지고 이후 〈스타워즈〉의 스타가 된 피터 쿠싱은 전쟁 게임에 대한 1956년 영국의 한 프로그램에서 자신의 미니어처를 제작하고 칠하는 모습을 보여주었다. 1994년에 쿠싱은 사망했지만 '디지털 부활'을 통해 오늘날 영화 관객들에게 〈로그 원〉(2016)의 스타로 기억되고 있다.

위 엘라스톨린은 중세 시대 성곽과 보덴부르크 포위 게임에 사용된 피규어다.

왼쪽 1968년 제1회 젠 콘에서 〈보덴부르크의 포위〉를 플레이한 개리 가이잭스(사진 속 오른쪽).

아래 캐슬 앤 크루세이드 동호회(C&CS)가 팬을 위해 발간한 신생지인 〈둠스데이 북〉의 1971년 광고

Castle & Crusade
DOMESDAY BOOK

NOTHING PRINTED THAT IS NEWER THAN MEDIEVAL!

ORY*HERALDRY, ARMS*ARMOR, BATTLES* BATTLE REPORTS, MAPBOARD GAMES*MINIATURES and even
ASY are covered in the pages of this journal of the CASTLE & CRUSADE SOCIETY of IFW.
ership is only $2.00 for IFW members ($3.00 for others). To join, or for further in-
ation, contact; Gary Gygax, 330 Center St., Lake Geneva, Wisc. 53147

GARY GYGAX

Chainmail
rules for medieval miniatures
by
Gary Gygax & Jeff Perren

GUIDON GAMES
"WARGAMING WITH MINIATURES"
WM101-200

CRESCENT AND CROSS

이 인기 있는 역사 일러스트레이터로부터 도움을 얻었다. 잭 코긴스가 쓴 《전투원: 그림으로 본 세계 유명 전투부대의 역사The Fighting Man: An Illustrated History of the World's Greatest Fighting》에는 말을 탄 십자군의 모습이 표제에 실린 장이 수록되어 있다. 코긴스는 '당시에는 어떤 모습이었을까?'라는 궁금증에 해답을 제시했다. 그는 금속 투구와 쇠사슬 갑옷을 입고 말을 탄 전사가 창과 방패를 든 채 대응하는 보병을 향해 공격 자세를 취하는 모습을 보여주었다.

페렌과 가이액스는 중세 미니어처 게임 규칙에 관한 기사의 초안을 작성하기 위해 1970년에 코긴스의 그림을 따라 그렸고, 소수의 구독자를 대상으로 캐슬 앤 크루세이드 동호회 소식지인 〈둠스데이 북Doomsday Book〉처럼 잘 알려지지 않은 곳에 실었다. 일 년 뒤, 우편 주문 게임 사업을 운영하던 돈 로우리Don Lowry는 가이돈 게임즈Guidon Games를 설립해 인디애나 주의 시골 마을 에반스빌에서 전쟁 게임 룰 북을 발행했다. 로우리는 아발론 힐과 같이 유명한 기업이 독식하던 전쟁 게임 시장에 진입을 노리고 있었다. 그래서 그는 페렌과 가이액스가 쓴 〈체인메일Chainmail〉이라는 제목의 룰 북에 도박을 걸었고, 한 부당 2달러를 받고 우편으로 판매하게 된다. 다양한 전쟁 게임 동인지에 표지 아트를 자주 기고한 로우리는 〈체인메일〉 표지에 코긴스의 말 탄 기사 그림을 각색해 그려 넣었다. 만화책 팬이 잭 커비Jack Kirby와 같이 유명한 일러스트레이터들의 그림을 모방하고 각색해 집에서 직접 그려 자신의 만화에 사용하는 '스와이프(swipe, 모방을 통한 창착 기법-옮긴이)'와 상당히 흡사하게, 당시 개방적이고 협동적이던 전쟁 게임 동호회에서는 전문적인 아트를 모사하는 일이 다반사였다. 뒤에 나온 D&D 룰 북은 기존의 〈체인메일〉 시스템을 대부분 차용했기에 코긴스의 전투 장면을 따라 그린 로우리의 그림은 사실상 D&D 아트의 첫 작품이라 해도 손색이 없다.

시계 방향 상단 왼쪽 《전투원The Fighting Man》(1966)의 잭 코긴스가 그린 말 탄 십자군 원정대 기사. 제프 페렌(상단 오른쪽)과 개리 가이액스(옆)는 자신들이 쓴 중세 전쟁 게임 규칙에 관한 동인지 기사문(1970)에 코긴스의 십자군 원정대 기사를 차용해서 직접 그린 그림을 사용했다.

맞은편 코긴스의 《전투원》 한 장면을 본따 그린 로우리의 그림은 〈체인메일Chainmail〉(1971) 출판 버전 표지에 사용되었다. 이 사진은 개리 가이액스가 플레이할 때 사용했던 개인 소장품이다.

오른쪽 초기 〈체인메일〉 각색가 앨런 루시엔의 미니어처 공룡에서 드래곤으로의 '전환'

아래 돈 로우리는 '판타지 확장판'의 표제 이미지에 J.R.R. 톨킨의 《햄의 농부 가일스Farmer Giles of Ham》(1949)에 사용된 폴린 베인스의 삽화(아래 오른쪽)를 각색해서 사용했다. 로우리가 그린 그림은 불을 뿜는 드래곤을 향해 말을 탄 채 창을 들고 달려가는 기사를 보여준다.

Fantasy
supplement

J. R. R. TOLKIEN

Up he got and turned to fly, and found that he could not. The farmer sprang on the mare's back. The dragon began to run. So did the mare. The dragon galloped over a field puffing and blowing. So did the mare. The farmer bawled and shouted, as if he was watching a horse race; and all the while he waved Tailbiter. The faster the dragon ran the more bewildered he became; and all the while the grey mare put her best leg foremost and kept close behind him.

On they pounded down the lanes, and through the gaps in the fences, over many fields and across many brooks. The dragon was smoking and bellowing and losing all sense of direction. At last they came suddenly to the bridge of Ham, thundered over it, and came roaring down the village street. There Garm had the impudence to sneak out of an alley and join in the chase.

All the people were at their windows or on the roofs. Some laughed and some cheered; and some beat tins and pans and kettles; and others blew

114

판타지 확장판

미니어처 피규어와 룰 북의 세부 사항과 역사적 정확성에 집착하는 것은 워 게임을 즐기는 사람들에게는 당연한 일이었다. 그러나 판타지 소설의 열성 팬이었던 개리 가이객스는 게이머들에게 색다른 선택지를 주기로 했다. 역 사적 정확성을 마법과 신화와 맞바꾸어 중세 규칙을 확장하기로 한 것이다. '판타지 확장판'은 〈체인메일〉의 마지막 3분의 1을 차지하는 부분으로 검과 마법을 주제로 한 작품에서 빌려온 고블린goblins, 트롤trolls, 자이언트giants, 드래곤dragons, 영웅heroes, 마법사wizards를 어떻게 전쟁 게임에 등장시킬 수 있는지를 설명하며 게이머의 상식에 도전장을 내밀었다. 가이객스와 제프 페렌은 그들이 만든 '판타지 확장판'의 규칙으로 중세 미니어처 전쟁 게이머 들이 J. R. R. 톨킨, 로버트 E. 하워드와 다른 판타지 작가들의 책에서 묘사 한 서사시적 전투를 재현하거나, 자신만의 '세계'를 직접 만들거나, 이렇게 탄생한 세계를 바탕으로 판타지 전투 및 전쟁을 벌이는 등 새로운 측면을 더할 수 있다고 말했다. 〈체인메일〉을 사용하면 이제 전쟁 게이머들은 오크 orcs, 엘프elves, 드워프dwarves까지 완비된 《반지의 제왕》의 헬름 협곡 전투 같 은 것도 플레이할 수 있다. 그들은 왜 이런 판타지 규칙을 〈체인메일〉에 덧 붙였을까? 그들의 설명에 따르면, '소설 속에 나오는 대부분의 판타지 전투 는 중세 이전이나 이후의 전투 형태보다는 중세 전투에 가깝기 때문'이다.

'판타지 확장판'(맞은편 그림)을 소개하는 이미지 하나를 빼면 〈체인메 일〉에는 실존하지 않는 존재들을 어떻게 묘사할지 미니어처 전쟁 게이머들 이 판단하는 데 도움이 되는 삽화가 전혀 들어 있지 않았다. 오크가 어떻게 생겼을지 누가 말할 수 있겠는가! 톨킨은 자신의 책에서 판타지 존재와 캐 릭터에 대한 모습을 일부 설명했지만, 일러스트레이터나 모델 제작자에게 실질적인 지침은 거의 제공하지 못했다. 예를 들어 발로그Balrog에 대한 모 호한 설명이 악명 높은데 '똑똑히 보이지는 않았지만 거대한 검은 그림자 같 은 것이었다. 그 한가운데에는 언뜻 사람 모양의, 그러나 더 거대한 검은 형 체가 있었고'라고 알아듣기 힘들게 묘사했다. 이런 종류의 몬스터에 걸맞게

나온 상용 피규어가 없는 상태에서 가이객스와 위스콘신 레이크 제네바의 지역 게임 동호회는 기존 피규어나 아무 장난감을 닥치는 대로 가져와 판타 지 게임에 쓰기 시작했다. 가이객스는 1970년 말 보험회사에서 실직하고 시 간적으로 여유가 많았다. 그는 구두 수선공을 비롯해 여러 일자리를 전전했 지만, 생계에는 큰 도움이 되지 않았다.

가이객스와 동호회 회원들은 플라스틱으로 만든 40밀리미터 크기의 엘라스톨린Elastolin 피규어를 표준 인간으로 사용했으며, 그보다 약간 작은 크기의 궁수와 투르크를 각각 엘프와 오크로, 25밀리미터의 중세 피규어를 고블린과 드워프로, 54밀리미터 크기의 플라스틱 아메리카 원주민 피규어 를 검은색, 회색, 녹색, 보라색으로 다시 칠해서 트롤과 오우거ogres로 사용했 다. 가이객스는 위 게이머의 소식지 1972년 호에서 그가 거인으로 사용한 70밀리미터 피규어는 '(딸아이의 인형 중 하나를 몰래 가져와 만든)부스스한 머리 의 새파란 친구'라고 고백했다. 〈체인메일〉에 등장하는 인간형이 아닌 미니 어처 피규어는 독창성이 더 많이 필요했다. 그들은 플라스틱 공룡 모형을 드 래곤으로 바꾸었다. 예를 들어 가이객스의 절친한 어릴 적 친구 돈 케이Don Kaye는 브론토사우루스를 "기다란 목에 두 개의 작은 머리를 붙이고, 등은 뾰족뾰족하게 만들었고 날개를 붙여"라고 하며 마법적인 뭔가로 만들었다. 그 기사에 따르면, 가이객스는 "원달러숍에서 사 모은 소프트 플라스틱 '호 러 장난감'과 곤충들이 정령과 거대 곤충 역할을 맡았다"라고 말했다. 발로 그는 "플라스틱으로 된 선사시대 동물 컬렉션에서 거대한 나무늘보"에 페인 트칠을 새로 하고 모델링 퍼티를 약간 사용해 형태를 변경했다. 〈체인메일〉 고객들에게 자신의 사례를 따라 하는 방법을 알려준 것 이외에도 가이객스 는 멋진 미니어처를 얻기 위한 자신의 고생담에 관한 기사를 통해 전문 장 난감 제작사들이 동참하도록 홍보하는 기회로 삼았다. "룰 북이 판매되는 양상을 봤을 때, 모형 피규어를 만드는 회사가 적당한 크기의 판타지 피규 어들을 생산한다면 좋은 투자가 될 것입니다."

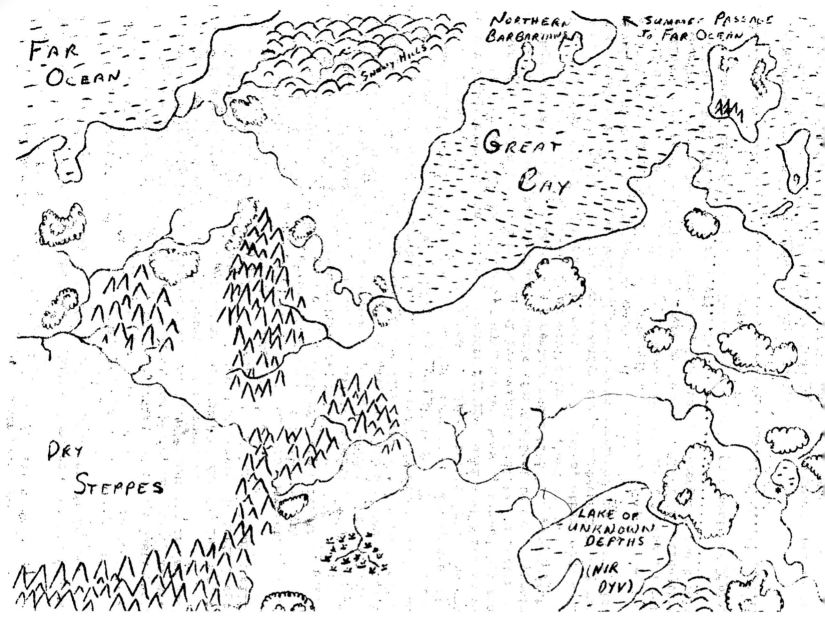

위대한 왕국

개리 가이객스와 같이 피규어 제작과 판타지 장르 양쪽에 열정을 가진 또 다른 인물이 바로 미네소타 세인트폴에서 역사를 전공하고 상상력이 풍부한 데이브 아네슨Dave Arneson이었다. 그는 1971년 〈체인메일〉을 집어 든 초창기 팬 중 한 명이었다. 아네슨과 그의 비범한 대학 게이밍 클럽의 회원들은 1년 전인 1970년에 가이객스의 캐슬 앤 크루세이드 동호회에 가입해 중세 전쟁 게임의 배경이 되는 상상의 세계를 개발하는 데 참여했다. 그들은 이 설정을 '더 그레이트 킹덤'이라 불렀다.

동호회 회원들은 주로 우편으로 '더 그레이트 킹덤'의 여러 부분을 개발하는 정보를 공유했다. '더 그레이트 킹덤'에는 아네슨이 개인적으로 개발한 〈블랙무어Blackmoor〉라 불리는 북쪽 늪지대가 있었으며 훌륭하고 오래된 성이 중심에 있었다. 아네슨은 트윈 시티즈(미네소타 세인트폴 지역의 별칭)의 게임 디자이너들 및 플레이어들과 함께, 약간의 역할 놀이를 장려하는 미발매된 '오픈 샌드박스' 게임을 협력 제작하고 실험해 왔다. 그는 캐슬 〈블랙무어〉 아래 지하 감옥을 〈체인메일〉에 등장하는 몬스터들을 비롯한 온갖 이상하고 위험한 크리처들로 채웠다. 개별 플레이어들이 조종하는 '캐릭터'로 이루어진 모험가들의 작은 그룹은 그 지하세계를 탐험하게 된다. 보물이 가득한 미로에서 모험

가 그룹과 무서운 크리처들이 서로 싸우게 만드는 역할을 하는 '심판'은 보통 아네슨이 맡았는데 무서운 크리처들의 공격에서의 살아남으려면 협동이 필수였다. 더욱이 아네슨은 〈체인메일〉에서의 기본 영웅(파이터) 및 위저드(매직유저)라는 클래스에 더해 새로운 성직자(클레릭)라는 형태를 추가했고, 거기에 모험가들의 경험치가 쌓이면서 발전하고 '레벨'이 올라가는 개념도 추가했다. 아네슨은 자신의 동인지 〈코너 오브 더 테이블Corner of the Table〉을 통해 〈블랙무어〉에 대한 정보를 공유하기 시작했고, 이후에는 C&C의 오리지널 팬 매거진 〈둠스데이 북〉을 통해 공유했다. 펄프 매거진 〈위어드 테일즈Weird Tales〉에 수록된 로버트 하워드Robert E. Howard의 《코난》 이야기를 읽으면서 어린 시절을 보낸 가이객스는 아네슨이 공헌한 가치를 이해했다. 가이객스 본인과 캐슬 앤 크루세이드 동호회원들이 자신들만의 펄프 판타지 영웅 역할을 맡으며 플레이를 할 수 있는 기회였다. 가이객스는 아네슨가 그린 '더 그레이트 킹덤'의 남쪽 요새 아래에 있는 던전과 비슷한 캐슬 그레이호크Castle Greyhawk을 개발하기 시작했다. 계속해서 가이객스와 아네슨은 서로 편지를 주고받으며 아이디어를 발전시켰고, 곧 〈던전 앤 드래곤〉으로 불리는 급진적인 신작 게임을 구상하기 시작했다.

WESTERN

Gygox
330 Center St.
Lk. Geneva, WI 53147

Dave Arneson
1496 Hartford Ave.
St. Paul, MN 55116

위 1970년 젠 콘에 참여한 데이브 아네슨(왼쪽에서 세 번째 착석)과
다른 트윈 시티즈 게이머들

아래 개리 가이객스가 데이브 아네슨에게 보낸
〈둠스데이 북〉 제3호(1970)에 수기로 쓴 우편물 라벨

맞은편 1971년 〈둠스데이 북〉에 인쇄된 개리 가이객스가 그린
'더 그레이트 킹덤 지도'. 지도 중앙에는 심연의 호수 니르
디브Nir Dyv가 있는데, 가이객스가 고향의 명소인 제네바
레이크를 가상으로 만든 공간이다.

DUNGEONS & DRAGONS

Rules for Fantastic Medieval Paper, & pencil Beard, and Miniature Figure Campaigns / Games.

by Gary Gygax and Dave Arneson

던전과 드래곤과 드로잉

개리 가이객스와 데이브 아네슨의 D&D에 대한 협업이 아직 제 궤도에 오르지 못했을 때, 한 유망한 미니어처 회사가 판타지에 관심을 가지게 되었다. 캘리포니아에 기반을 둔 미국 미니어처 전쟁 게임의 선구자 잭 스크러비 Jack Scruby는 〈체인메일〉과 같은 게임에 사용하기 위한 자신만의 판타지 피규어를 계획했고, 〈체인메일〉의 발행사 가이돈 게임즈에 연락했다. 이는 가이객스가 톨킨의 작품에 등장해 익숙한 온갖 종류의 크리처의 전반적인 모습에 관한 생각을 말할 좋은 기회가 되었으며, 판타지의 비주얼에 관심을 가지는 계기도 되었다. 1973년 5월 스크러비에게 보낸 편지에서 가이객스는 다음과 같이 암시했다. "데이브 아네슨과 나는 〈체인메일〉과 관련해 캠페인 룰 북을 만들고 있는데, 이 캠페인 규칙에는 삽화를 잔뜩 넣고 이상한 크리처의 환상적인 이미지들로 채울 계획이야." 이 그림들은 D&D만을 위해 만들어진 최초의 아트일 것이다. 상세한 기술계획을 잘 세우는 가이객스의 능력은 그림에는 적합하지 않았을지 모른다. 하지만 그는 스크러비에게 이렇게 말했다. "어떤 LGTSA 회원의 아내가 그림에 재능이 있는데, 그녀가 부클릿에 사용할 그림들을 맡아서 해줬으면 해." 가이객스는 '그녀가 대충 그린 그림 두 개'를 스크러비에게 보냈다.

맞은편 D&D 초안 표지 우편으로 주고받으며 공동 제작한 데다가 세월이 꽤 지났는데도 저자들이 직접 쓴 주석들이 잘 보존되어 있다.

아래 각 파트너의 성의 첫 글자인 가이객스의 'G'와 케이의 'K'로 구성된 간단하지만 대담한 모노그램으로 TSR(Tactical Studies Rules)의 최초 로고

맨 아래 레이크 제네바의 가이객스 집(오른쪽)과 지하실 입구(왼쪽). 게이머들이 지하창고로 들어가는 지하실 문을 자세히 살펴보면, 마커로 '전쟁 게임 방 입구'라고 쓰여 있다.

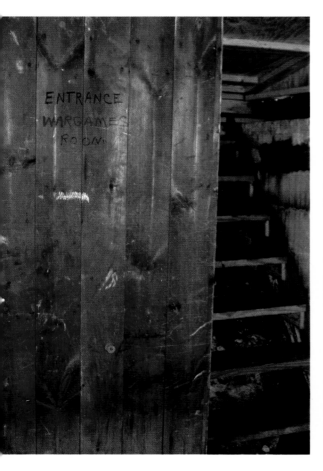

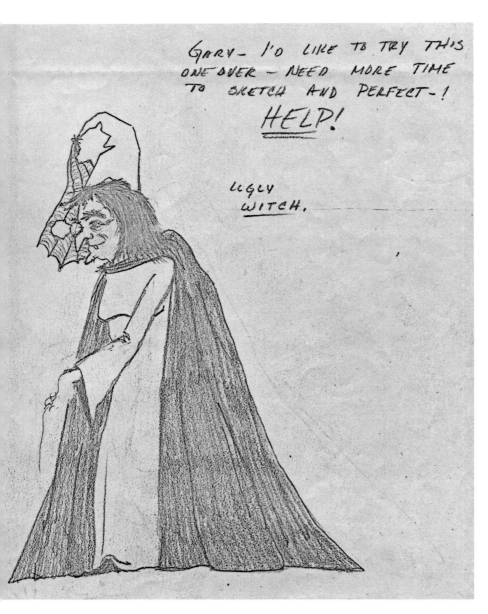

GARY- I'D LIKE TO TRY THIS
ONE OVER - NEED MORE TIME
TO SKETCH AND PERFECT-!
HELP!

UGLY
WITCH.

BEAUTIF
WITCH

위 쿠키 코리가 그린 D&D 사전 스케치. 발매된 D&D
에디션에는 '못생긴 마녀Ugly Witch'는 없고 '아름다운
마녀Beautiful Witch'만 수록되어 있다. 코리 자신은 쓰이지
않는 그림은 성공한 그림이 아니라고 생각했다. "개리,
이 그림 다시 한번 그려볼게요. 완벽하게 스케치하려면
시간이 더 필요해요! 도와줘요!"

오른쪽 키난 파월의 사악한 지니 같은 이프리트

맞은편 오늘날 과거의 프로젝트를 되돌아보며 키난
파월은 '도서관에 앉아 독수리와 말의 그림과 사진을
보면서' 히포그리프의 영감을 얻으려 했던 걸
기억해냈다. 결국 세 번째 D&D 룰 북 표지에
히포그리프 그림이 실리게 되었다.

이 문제의 그림은 운전면허증이 없던 가이객스가 자주 차를 얻어탔던 LGTSA 동호회원인 전쟁 게이머 빌 코리Bill Corey의 배우자이자 지역 화가로 활동하던 쿠키 코리Cookie Corey가 그렸다. 코리가 그린 '빠른 스케치' 중에서 두 개는 출판된 D&D 책에 실렸고, 하나는 실리지 않았다. 가이객스는 곧 출시될 게임의 그림 대부분을 쿠키 코리가 맡아주길 바랐지만, 프로젝트가 바뀌면서 시간이 촉박해지자 결국 다른 화가들이 D&D의 나머지 그림들을 채우게 되었다.

가이돈 게임즈는 그림을 위해 줄 돈이 없었고, 가이객스는 그림을 사용해 D&D를 출시하길 원했기 때문에 그림 예산 없이 진행했다. 가이객스는 프로젝트를 위해 아무나 붙잡고 그림을 그려 달라고 부탁했지만, 가족이 아닌 사람들에게 공짜 그림을 받기는 힘들었다. 그래서 곧 가이객스는 아내의 이복여동생인 키난 파월Keenan Powell에게 도움을 청했다. 파월은 캘리포니아에 살고 있었지만, 이 중요한 시기에 레이크 제네바를 방문해 가이객스의 집에 머물렀다. 지하실에 거대한 신발 제작 기계가 있어서 센터 스트리트 330번지에 있는 가이객스의 작은 하얀 집은 손님은커녕 7명의 가족이 살기에도 비좁았다. 불과 몇 주 전에 고등학교를 졸업한 파월은 정식으로 그림 교육을 받지는 못했다. 하지만 판타지 소설 팬으로서 연습 삼아 그림을 그린 경험을 바탕으로 D&D 아트 제작에 동참했다.

파월은 1973년 6월부터 8월까지 아트 프로젝트에 참여했고, 오리지널 D&D에 나오는 전체 그림 중 12개의 그림을 그렸다. 그중에서 10개는 〈체인메일〉의 1972년 개정판에 이미 들어 있던 크리처지만, 페가수스와 메두사는 여기서 첫 선을 보였다. 소수의 전쟁 게이머들에게 보여주며 그들의 반응을 시험하려고 배포했던 D&D의 초안에 두 그림이 들어갔다. D&D를 위해 계획한 몬스터 종류가 늘어나고, 톨킨이 만든 유명한 크리처들보다 몬스터의 수가 많아지자, 플레이어들에게 몬스터의 모습을 보여주는 일이 더 시급해졌다. 히포그리프(위 그림)와 같은 크리처를 그리기 위해 파월은 도서관으로 가서 현실 속 크리처의 이미지를 찾았고, 그 이미지에서 특징과 영감을 얻어 독특한 생김새를 그릴 수 있었다. 코리처럼 파월의 스케치 그림은 연필로 그렸기 때문에 삽화를 인쇄하려고 사진을 찍기 전에 누군가 펜으로 선을 따라 덧입히는 작업이 필요했다. 이처럼 우아하지 못한 과정을 거쳐야 했기 때문에 인쇄한 이미지는 가늘고 다소 약한 캐릭터의 모습이었다.

캘리포니아로부터 파월의 아트가 도착했을 때, 분명히 가이돈 게임즈는 이 덩치 크고 실험적인 게임을 새로 발매할 수 있는 재정 상태가 아니었고, 그로 인해 가이객스에게는 선택사항이 많지 않았다. D&D를 발간하기 위해서 그는 직접 회사를 차려야 했다. 하지만 부양가족은 많은데 수입이 일정치 않은 가이객스에게는 회사를 운영할 만한 자본이 없었다. 그에게는 오직 열정과 시간, 아이디어밖에 없었다. 회사를 차리기 위해서는 파트너를 영입해야 했고, 그러기에는 그가 믿는 친구이자 그와 같이 플라스틱 미니어처를 좋아하는 LGTSA의 돈 케이보다 적임자는 없었다. 가이객스의 말에 따르면, 케이도 넉넉지 않은 살림으로 자본금을 마련하기 위해 자신의 생명보험을 담보로 1,000달러를 대출받았다. 그들은 지역 동호회의 이름을 따라 새로운 회사를 규칙의 전술적 연구Tactical Studies Rules(이하 TSR)라고 지었다. TSR은 두 사람이 레이크 제네바에서 함께 즐기던 어린 시절의 모험을 계속한다는 약속이었다. 그러나 사업이라기보다는 취미에 가까웠고, 기업보다는 동호회에 더 가까웠다. 적어도 당시에는 그랬다.

최초 발매를 위해 돈이 많이 드는 D&D 게임을 제작할 자본을 급히 모아야 했다. 하여 이제 막 생겨난 TSR은 영국 내전을 배경으로 한 전통적인 미니어처 전쟁 게임 〈왕당파와 의회파Cavaliers & Roundheads〉을 내놓았다. 승승장구하던 가이객스와 페렌 팀의 또 다른 작품이었다. 이것은 TSR의 차별성이 있는 'GK' 로고를 넣은 첫 번째 제품이었다(19쪽 참고).

DRAGON

1-1
center on
sheet
DRAGON

TSR은 〈왕당파와 의회파〉에 수록될 16점의 그림은 제프 페렌의 고향 일리노이 록퍼드 출신인 10대 전쟁 게이머 그렉 벨Greg Bell에게 작업을 맡겼다. 캐슬 앤 크루세이드 동호회 회원인 벨은 약 90킬로미터를 하이킹해서 레이크 제네바를 방문해 페런과 가이객스와 함께 게임을 했다. 선과 모양을 진하게 그리는 벨의 스타일은 TSR의 예산에 맞춘 조악한 인쇄 과정에 놀라울 정도로 잘 맞았다.

벨은 TSR의 첫 번째 전속 아티스트가 되었다. TSR이 초창기에 발행한 전쟁 게임 4개의 상당 부분이 그가 그린 그림으로 채워졌다. 그리고 D&D의 많은 이미지도 그가 그렸다. 그의 그림 중 20여 종 정도는 출간된 제품에 사용되었고, 미사용 작품은 최초의 D&D 확장판에 사용되었다. 1973년 말까지 D&D의 아트와 제작에 대한 가이객스의 계획이 여러 번 변경되었다. 따라서 벨의 작품 상당수가 제작 단계에서 상당히 늦게 만들어졌다. 벨은 공동 작업을 거의 우편으로 진행했는데, 가이객스는 전체 목록을 보내지 않고 한 번에 몇 개씩만 그려 달라고 부탁했다. 가이객스의 부탁은 이런 식이었다. "그림 좀 금방 그려줄 수 있겠나?" 벨은 가이객스가 '마지막 순간에' 부탁했다고 기억했다. 실제로 1973년 12월 27일, 아네슨에게 보낸 편지에서 가이객스는 걱정했다. "아직 벨한테서 표지 그림을 못 받았어. 그렇다고 그림 없이 출간할 수는 없어." 그래서 막바지 순간에 D&D 제작은 벨의 그림이 도착하길 기다릴 수밖에 없었다.

일정도 촉박했고, 아무도 책에서 보거나 상상한 적조차 없는 가상의 크리처의 이미지를 만들어야 한다는 사실 때문에 벨의 일은 더욱 힘들었다. 판타지 크리처를 그려 달라는 요구로 인해 벨은 몹시 당황스럽고 혼란스러웠다. "좋아, 그런데 이건 뭐지?" 그는 의아해하며 스스로에게 묻고는 했다. 끊임없는 시간 제약과 판타지라는 낯선 분야에서 벨은 유명한 만화책에서 직접적인 영감을 얻었다. 가장 잘 알려진 사례는 〈스트레인지 테일즈Strange Tales #167〉에서 차용해 D&D의 표지 그림과 내부 그림에 사용한 것이다.

벨이 초기 D&D의 아트를 담당할 때는 1968년 4월에 처음으로 발간된 마블 만화 〈스트레인지 테일즈 #167〉에서 주로 영감을 얻었다. 발을 든 말을 탄 기사 표지 그림은 〈디스 드림… 디스 둠!This Dream... This Doom!〉의 〈닥터 스트레인지〉 스토리의 그림을 비슷하게 따라 했다. 활활 타오르는 난로 앞에 서 있는 소서러의 모습이 담긴 D&D 제2권 마지막에 실린 벨의 그림은 같은 책에 수록된 다른 그림들에서 몇 가지 요소들을 빌려왔다. 또한 벨은 〈스트레인지 테일즈 #167〉의 나머지 절반을 채운 닉 퓨리의 '아마겟돈!'에 나오는 포즈에서 바바리안의 극적인 모습을 빌려왔고, 세 번째 D&D 룰 북의 마지막 이미지 중 하나인 '진격!'이라는 문구 옆에 도전적으로 검을 높이 치켜든 검사의 모습을 빌려왔다. 그 외에도 수많은 벨의 작품은 비슷한 프로토타입에서 유래했다.

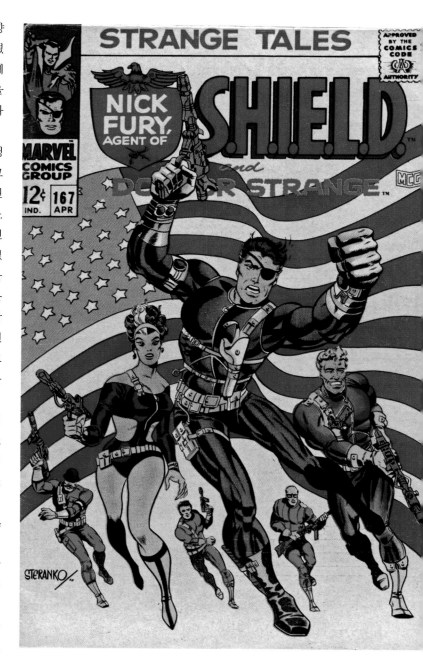

위 〈스트레인지 테일즈 #167〉의 짐 스테란코의 표지 그림.
©MARVEL

맞은편 오리지널 D&D의 박스 세트에 있는 〈몬스터 앤 트래져 Monster & Treasure〉 부클릿에 수록된 그렉 벨의 오리지널 표지 그림

스트레인지에서 얻은 영감

〈스트레인지 테일즈 #167〉에 나오는 닥터 스트레인지
스토리의 삽화에서 영감을 받아 그린 D&D 제2권에
나오는 벨이 그린 소서리 삽화

〈스트레인지 테일즈 #167〉 삽화를 바탕으로 한,
벨이 그린 앞발을 든 말 탄 기사 삽화

〈스트레인지 테일즈 #167〉에 닉퓨리가
등장하는 세그먼트 "아마겟돈"과 아주 비슷한
벨이 그린 바바리안 삽화

D&D 룰 북 제3권의 마지막 이미지 중 하나인 벨이
그린 검사 삽화도 〈스트레인지 테일즈 #167〉의
'아마겟돈'에서 영감을 얻었다.

상단 이미지 출처: © MARVEL.

> "돈 케이와 브라이언 블럼과 나는 이 벤처에 회사의 운명을 걸었고, 가진 돈을 모두 털어서 이 게임에 투자했다. 또한 우리는 인쇄를 위해 수백 시간을 공들였다. 그동안 게임을 하거나 가족과 함께 시간을 보낼 수 없었다."
>
> —개리 가이액스

HYDRA

마지막 순간에 아트 작품을 보낸 건 벨뿐만이 아니었다. 1월 중순, D&D의 공동 크리에이터 데이브 아네슨은 자신이 직접 그린 그림과 트윈시티 모임의 회원들이 그린 그림 몇 개를 가이액스에게 보냈다. "자네가 그린 웜과 히드라와 다른 그림 한두 개를 사용했네." 가이액스가 아네슨에게 알려주었다. '웜'은 퍼플 웜이라고 알려진 대표적인 몬스터로 아네슨이 최초로 그렸다(28~29쪽 참고). 아네슨이 보낸 그림 중에는 물에서 솟구치는 드래곤이 실린 작자미상의 그림이 들어 있었고, 가이액스는 그 그림을 '드래곤 터틀의 머리'로 책에 넣었다. 코리, 파웰, 벨, 아네슨의 그림을 받은 가이액스는 이제 한 장의 그림만 더 넣기로 했다. 가이액스와 함께 호러와 판타지를 좋아하고 화가를 꿈꾸었지만 어린 나이에 세상을 떠난 친구 톰 키오Tom Keogh가 오래전에 그린 웨어울프의 얼굴 그림이었다. 그래서 D&D는 톰 키오를 기리며 헌정할 예정이었다.

돌이켜보면 D&D 원작 그림은 아마추어 솜씨 같고 조잡해 보이기도 했다. 그림을 그린 사람 중에는 미술 전공자가 단 한 명도 없었다. 대부분은 고등학생 정도의 나이인 아이들이 가이액스의 부탁으로 그렸고, 이들에게 나중에 합류한 전문 아티스트들과 같은 잣대를 들이댄다면 불공평할 것이다. D&D 초판 인쇄에 들어간 전체 아트 예산이 100달러 정도였다는 사실을 기억하자. 이들은 몬스터 초상화와 같은 작은 그림은 2달러를, 더 복잡한 장면을 담은 큰 그림은 3달러를 받았다. 가이액스와 회사는 비용을 이렇게 관리할 수밖에 없었다. 왜냐하면 D&D의 첫 1,000세트를 인쇄하는 전체 예산이 상자와 표지 스티커 값을 포함해 2,000달러 정도로 예정됐기 때문이다. 그러나 결국 50퍼센트 정도 예산을 초과하게 된다. 아티스트들은 1,000부씩 추가될 때마다 각자 2~3달러씩 인세를 받기로 되어 있었다. 아네슨에게 보낸 편지에서 가이액스는 이렇게 한탄했다. "그 말은 재인쇄를 할 때마다 매번 더러운 아티스트들에게 돈을 주어야 한다는 말이지만 어쩌겠는가, 사는 게 그런 걸." 실제로는 TSR의 재무 상태에 조금의 문제도 되지 않았으며, 다소 조잡하기는 하지만 그 그림들은 판타지 게임을 시각화함으로써 사람들에게 다가갈 수 있었다. 게임 제작 비용이 한정된 예산을 뛰어넘자, 가이액스와 케이는 인쇄소에 보내기 전 마지막 순간에 자금을 구하기 위해 제3의 파트너를 받아들여야 했다. 그의 이름은 브라이언 블럼Brian Blume으로 가이액스의 지역 게임 단체 신입 회원이었지만 가이액스의 당시 기억에 따르면, 그는 '좋은 사람 같았다.' 수입이 좋은 공구제작자 견습생이던 블럼은 워콘다에 있는 자신의 노던 일리노이 집에서 레이크 제네바를 자주 방문해 칼로 베고 도끼로 자르고 모험을 하면서 게임으로 밤을 지새운 뒤 가이액스의 소파에서 자주 잠들곤 했다. 블럼은 게임 친구들의 새 비즈니스가 재정난에 빠졌다는 사실을 듣자 현금을 들고 부리나케 달려왔다. 상황이 힘들다 보니 가이액스와 케이는 블럼을 TSR 파트너로 받아들였다. 블럼의 도움으로 D&D를 현실로 만들 수 있었고, 이 세 명의 파트너는 초판 1,000부를 조립해서 판매하는 역할을 맡았다.

Swords & Sorcery

From
TACTICAL STUDIES RULES
THE RULES FOR WARGAMERS

Rules for Fantastic Medieval Wargames Campaigns Playable with Paper and Pencil and Miniature Figures

DUNGEONS & DRAGONS comes in a sturdy box designed to be stored on your bookshelf. The set contains three booklets, with separate reference sheets, all heroically illustrated for ONLY $10.00 postpaid.

ALSO

From
TACTICAL STUDIES RULES
THE RULES FOR WARGAMERS
CAVALIERS AND ROUNDHEADS

COMPLETE RULES
ORGANIZATION
UNIFORMS

By Jeff Perren
& Gary Gygax

CAVALIERS AND ROUNDHEADS
THE GREAT REBELLION
PERREN & GYGAX

ENGLISH CIVIL WAR RULES

36 PAGES
$3.00
POSTPAID

WATCH FOR OTHER TITLES SOON TO BE RELEASED

-ORDER FORM-

Please send me_____sets of Dungeons & Dragons and_____copies of Cavaliers and Roundheads.

Name _____
Address_____
City_____
State_____ Zip_____
I have enclosed $_____to cover the cost of this order.

AVAILABLE FROM YOUR HOBBY DEALER OR DIRECT FROM
TACTICAL STUDIES RULES
DEPT. B, 542 SAGE ST., LAKE GENEVA, WI. 53147
NO C.O.D. ORDERS PLEASE, WIS. RESIDENTS ADD 4 PER CENT TAX.

위 다양한 전쟁 게임 동인지에 등장한 1974년 최초의 D&D 공식 디자인 광고

맞은편 왼쪽 D&D 오리지널 초판본 에디션 제3권 〈지하세계와 황무지 모험The Underworld & Wilderness Adventures〉의 속 표지를 장식한 히드라는 D&D의 공동 크리에이터 데이브 아네슨이 그렸다.

맞은편 오른쪽 D&D 오리지널 초판본 에디션에 들어가 있는 가장 오래된 삽화로 추정되는 톰 키오가 그린 웨어울프는 D&D가 나오기 전 적어도 10년 전에 그려졌다. 키오는 1963년 4월에 세상을 떠났다.

퍼플 웜

오리지널 초판본 에디션, 1974

PURPLE WORM

초판, 1977

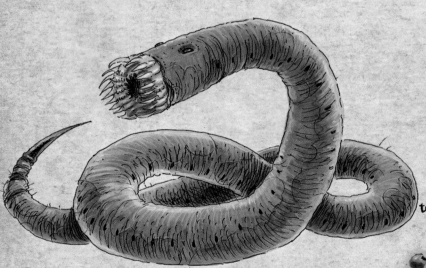

2판, 1993

3판, 2000

"퍼플 웜은 땅속 깊숙한 곳에서 항상 먹이를 찾아다닌다.
59피트 떨어진 진동을 감지해 공격한다. 보통
가로 8~9피트, 세로 40~50피트 크기의 성체만 조우할 수 있다.
(중략) 퍼플 웜은 물기 공격을 한다. (중략)
성체 퍼플 웜은 세로 8피트, 가로 6피트의
거대한 크리처를 통째로 삼킬 수 있다. (중략)
또한 퍼플 웜의 꼬리에는 독침이 있다."

–《몬스터 매뉴얼》, 1977

4판, 2008

5판, 2014

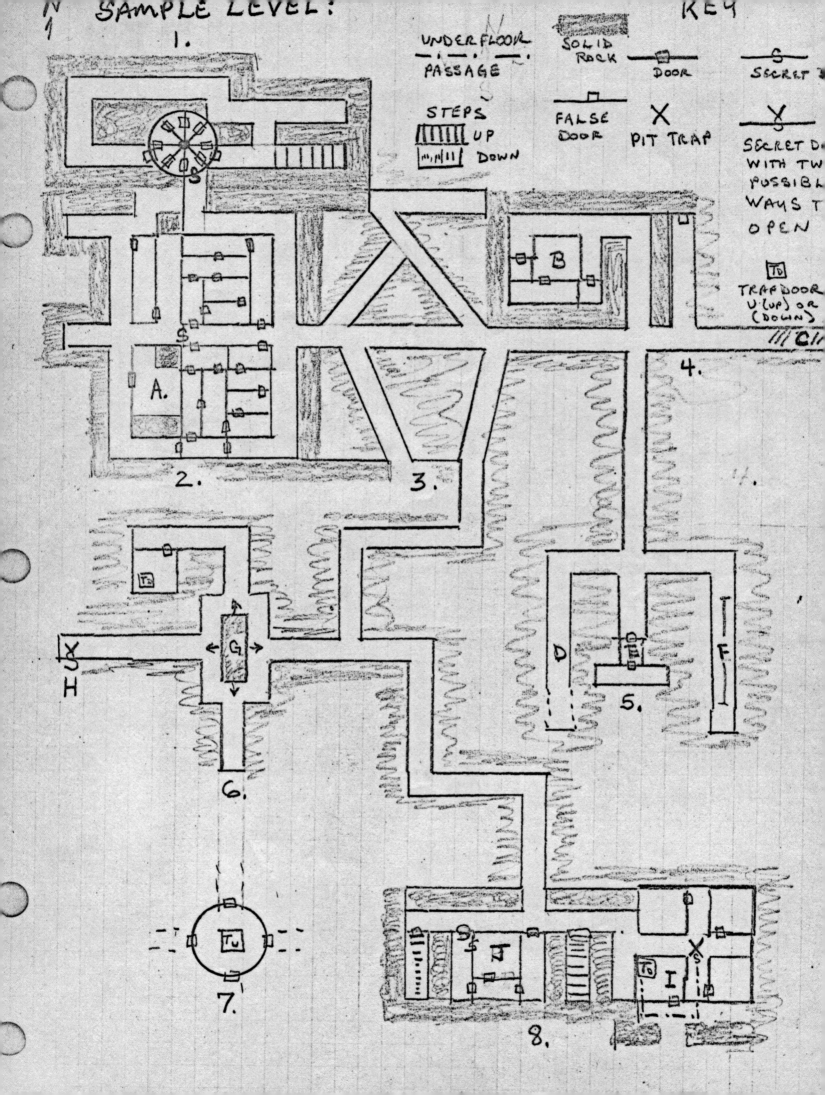

KEY

1.

UNDERFLOOR PASSAGE

SOLID ROCK

DOOR

SECRET

STEPS UP DOWN

FALSE DOOR

PIT TRAP

SECRET DOOR WITH TWO POSSIBLE WAYS TO OPEN

TRAP DOOR U (UP) OR (DOWN)

B

A.

2.

3.

4.

C

D

F

5.

H

G

6.

7.

8.

I

J

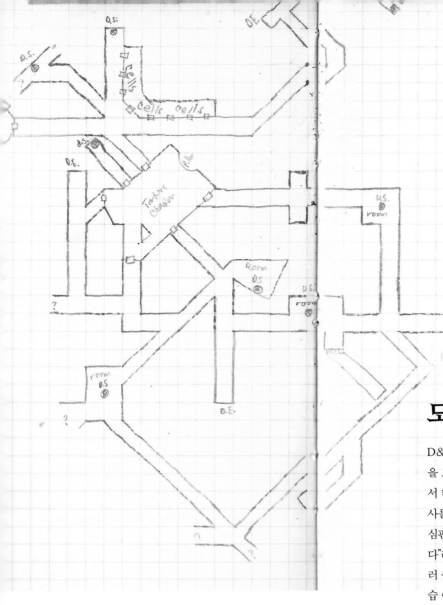

위 데이브 아네슨의 〈블랙무어〉 캠페인에 참여한
오리지널 멤버 데이브 메가리가 그린 1972년경
플레이어 지도. 〈블랙무어〉 성에서 악명 높은 던전의
2층 지도다.

맞은편 개리 가이객스가 1973년 D&D 초안에 그린 던전
지도. 출판된 박스 세트에도 재현되었다.
1975년 출판된 룰 북 4쇄에 고급스러운 버전이
수록되어 있다.

모험의 부속물

D&D 오리지널 부클릿의 그림은 캐릭터가 몬스터를 만났을 때 어떤 모습을 보게 될지를 플레이어들이 이해하는 데 도움이 되지만, 게임이 진행되면서 테이블 여기저기에 흩어져 있는 부속 용품을 통해서도 게임과 비주얼 역사를 이해할 수 있다. "미로같이 복잡한 던전에서 어드벤처를 펼치기 전에 심판은 자리에 앉아 연필을 들고 모눈종이에 미로를 그리는 단계가 필요하다"라고 D&D 오리지널 룰 북은 설명한다. 분명히 D&D는 모든 심판이 여러 층에 걸친 던전 지도를 손으로 직접 그리게 했다. 룰 북에서는 각 층의 모습 예시와 던전 구조에 대한 지침을 제시하지만, 심판은 모험을 떠난 플레이어들이 맞닥뜨릴 위험을 자유롭게 기획할 수 있다. 심판은 "한 번에 적어도 3개 층을 만들어야 하며", "좋은 던전은 최소한 12층은 있어야 한다." 지하세계의 지도를 체계 있게 만들기 위해 새로운 상징체계가 필요했다. 예를 들어 모눈종이에서 한 칸은 가로 10피트, 세로 10피트의 공간으로 던전 설계자들이 땅속에 알맞은 터널과 방을 만들 수 있는 틀을 제시했다. 문, 함정, 계단, 미끄럼틀 기호집과 이와 관련된 특징들이 초기 룰 북에 수록된 단순한 기호 설명에서 파생되기 시작했다.

심판들은 비밀리에 던전을 설계했지만, 이런 기법은 플레이어도 활용할 수 있었다. 플레이어들은 탐험하는 지하세계에서 길을 잃지 않기 위해 심판의 설명을 듣고 자기만의 지도를 만들 수 있었다. D&D 규칙은 던전 설계자가 "플레이 중에 지도를 만드는 플레이어에 대한 대응 방법으로" 한 방향 순간이동과 같은 장치를 넣을 것을 권장했다. 결과적으로 심판은 던전 지도를 만들어두고서 플레이어의 캐릭터가 탐험하며 맞닥뜨릴 상황을 설명했고, 이를 들은 플레이어들은 게임을 진행하면서 자신들의 지도를 따로 만들었다. 캐릭터 일행이 던전 탐험을 마치고 나면, 이상적으로는 플레이어의 지도가 심판의 지도와 정확히 똑같아야 하지만, 실제 게임에서는 던전이 캐릭터들에게 모든 비밀을 다 드러내는 일은 거의 없었다. 플레이어 대부분은 던전의 부분적인 지도를 만들었고 그마저도 던전의 배치를 잘못 이해해 하나같이 왜곡되기 일쑤였다.

툼 오브 호러

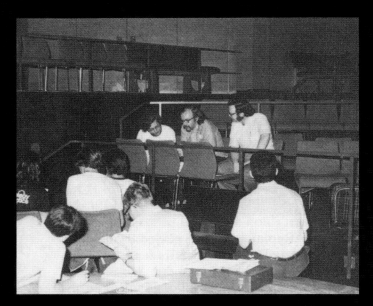

가이객스(맨쥐 중앙)가 1975년에 게임사적으로 중요한
〈툼 오브 호러Tomb of Horrors〉 토너먼트를 진행했다.

곧 공포를 경험하게 될 첫 참가자들이 못 보게
가이객스가 〈툼 오브 호러〉 지도(맞은편 그림)를 안전하게
들고 있는 장면을 그의 어깨 너머로 본 모습. 게임에서
실아남아 공포의 이야기를 전해줄 수 있는 캐릭터의
수는 적었다.

1975년 TSR의 신참 아티스트 트레이시 레시Tracy Lesch는 곧 D&D 아트에 이정표가 된 프로젝트에 참여하게 된다. D&D는 전쟁 게임을 즐기는 사람들 사이에서 선풍적인 인기를 끌었고, TSR은 업계 최고 전쟁 게임 제작사 아발론 힐이 주최하는 제1회 오리진 컨벤션에서 120인용 D&D 토너먼트를 진행해달라는 초청을 받는다. 가이객스, 그의 아들 어니, 데이브 아네슨과 TSR의 파트너 브라이언 블룸이 각자 두 팀씩 맡아 심판을 맡게 되지만, TSR의 행사 요원은 팀이 달라도 토너먼트가 공정하게 진행되길 원했다. 모든 심판은 가이객스가 설계한 똑같은 기본 던전을 운영했지만, D&D 게임이 자유로운 형태였기 때문에 심판들마다 던전 속 방에서 만나게 되는 몬스터들을 조금씩 다르게 설명할 수 있었다. 또한 시간이 중요했다. 15명이 한 팀인데 점수 집계가 시작되기 전에 탐험할 수 있는 시간은 두 시간밖에 없었다. 참가자들이 똑같은 경험을 하기 위해서는 판타지 세계와 몬스터를 시각적으로 보여주는 아티스트의 도움이 필요하다는 걸 알고 있던 가이객스는 플레이어가 볼 수 있는 그림을 만들자는 생각을 하게 된다. 토너먼트 준비의 막바지에 다다른 6월 중순에 가이객스는 아네슨에게 질문했다. "주요 지역에 들어갔을 때 무엇이 보이는지 플레이어들이 알 수 있게

스케치 두 장만 그려주겠나?" 결국 유명한 〈툼 오브 호러〉 토너먼트를 위해 20장 넘는 그림을 그리게 된 것은 레시였다. 이 모험 모듈은 끔찍한 캐릭터 사망률로 초기 플레이어들에게 전설이 되었다.

〈툼 오브 호러〉 그림은 이미 출시된 D&D 룰 북처럼 몬스터만 따로 떼어내서 그린 게 아니라, 함정과 퍼즐, 불운한 모험으로 가득한 던전 장면을 그렸다. 어떤 그림에서는 비명을 지르는 전사 위로 지붕이 무너져 내리고 있었고, 또 다른 그림에서는 또 다른 전사가 불구덩이로 이어지는 미끄럼틀로 떨어지면서 비명을 지르고 있었다. 텅 빈 왕좌 위에 왕관과 홀이 놓여 있거나, 울부짖는 커다란 입과 뿔이 달린 거대한 얼굴 같은 정물화도 있었다. 한 모험가가 자신의 동료에게 닥친 일을 바라보는 시선으로 장면을 묘사하거나, 폐허가 된 예배당 신도석 뒤 해골 하나가 안개에 휩싸인 문을 향해 가리키는 장면을 높은 곳에서 바라본 전경처럼 그리기도 했다. 이처럼 던전 안에서 캐릭터와 몬스터가 처한 상황을 보여주는 아트는 이전 D&D 룰 북과 소식지에는 없던 형태였다. 토너먼트에 참가한 120명에게 〈툼 오브 호러〉는 D&D를 완전히 새로운 비주얼의 세계로 끌어올린 게임이었다.

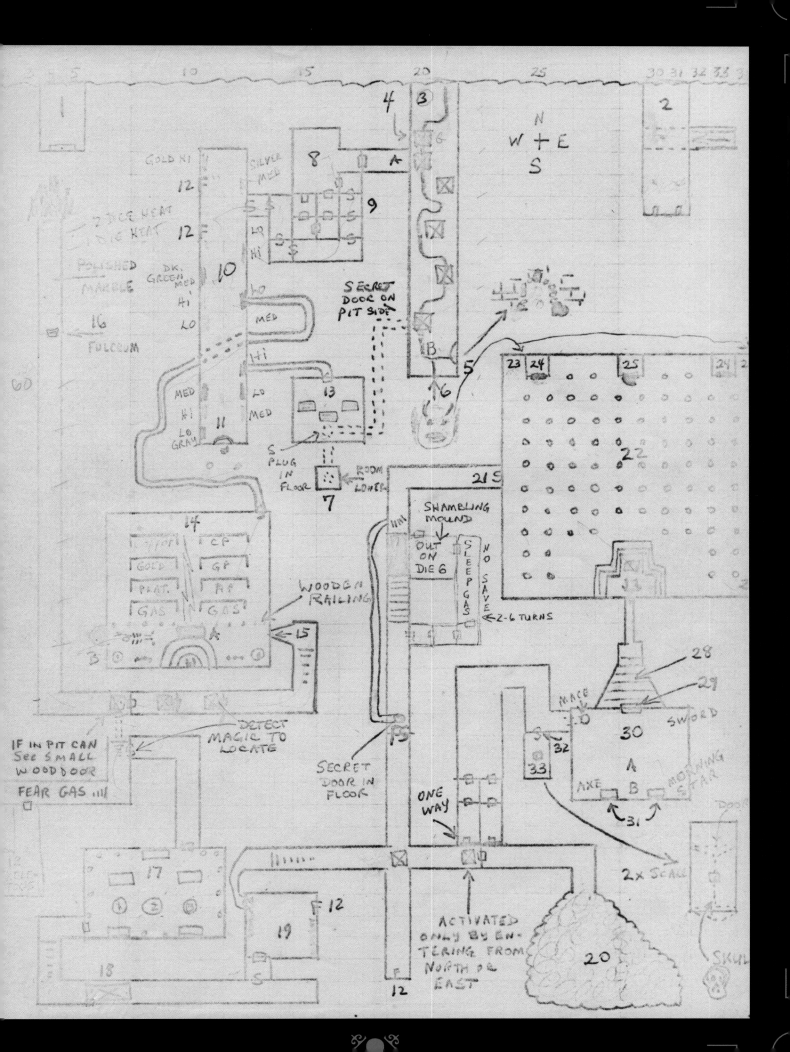

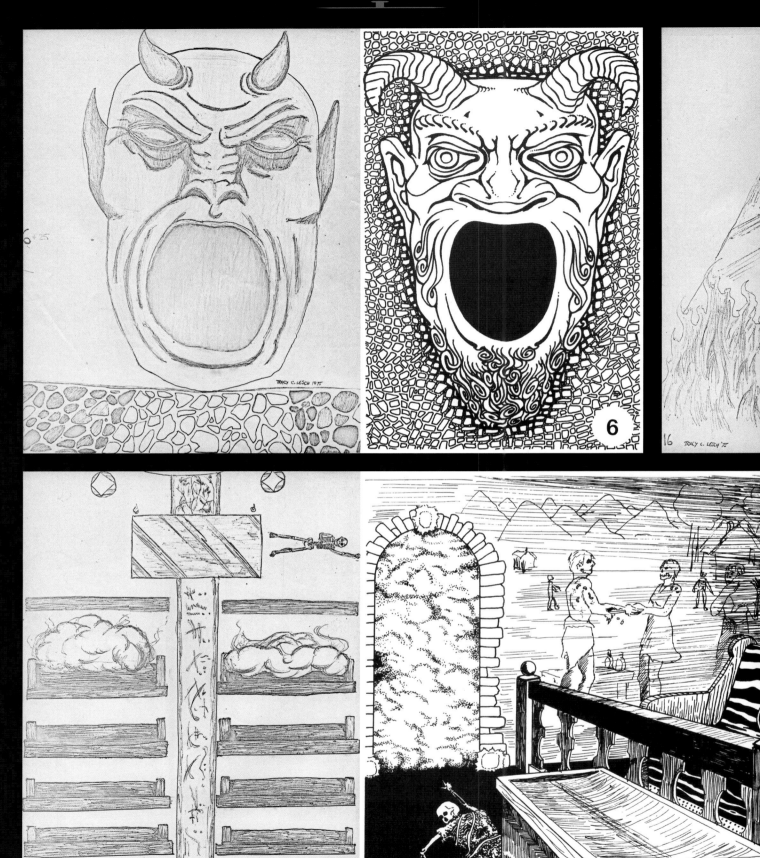

트레이시 레시의 원작 그림은 〈툼 오브 호러〉 토너먼트에 참가한
플레이어들에게 통일된 비주얼을 선사했다. 출간된 1978년 모듈을 위해
이전에 발표된 그림을 리메이크했다(나란히 수록). 많은 사람이 이 D&D 모험
모듈이 역사상 가장 치명적이었다고 평가했다. 〈툼 오브 호러〉와
그 수많은 후속작 및 파생작은 플레이어 캐릭터 수천 명의 목숨을
앗아갔다.

Robilar, Black Lord, Dragon MASTER
Strength: 18
Constitution: 18
Wisdom : 9-12 ?
Dexterity : 12-15 ?
Intelligence: 14
Charisma : 16

Magic items: +3 Sword, +2 Armor, +2 Shield, Boots of Flying
Cloak of invisibility, Rings of Spell Turning
+ Mammal Control

Gold: 50,000 in denominations of: 30,000 gold, 100,000
silver + 50 gems of 200 gold peice value each)

ring - Emerald   Dragon symbol on it =
10,000 gold value.

Finely Carved Box of Teakwood with inlaid Jade
and small green emeralds = 1,200 G.P. Value

(Black Mane) - 500 g.p. - Finest Stallion in all of
Greyhawk Area.

Barding , Battle Axe, 3 Lances

Armorer , Animal trainer, Fletcher, Sage-Bookeeper,
2 Black smiths , 20 servents, minstrels + dancing girls

Men: 20 crossbowmen(Mtd), 20 med. Horse, 10 Lt. Hs. Scouts.
20 crossbow, 30 Hr. H. , 2 orcs   +1 armor
3rd Level Preist: Staff of Healing - 5th Level Fighter: +1 sword

플레이어들에게 던전이 매력적인 장소일 수 있지만, 몬스터로 가득한 지하 세계가 홀로 존재할 수는 없었다. 그렇다면 지상에는 어떤 모험이 기다리고 있었을까? 1972년 〈블랙무어〉에서 모험의 넓은 배경을 설명하고자 아네슨은 야외 모험 장소로 아발론 힐의 〈아웃도어 서바이벌Outdoor Survival〉 게임에서 육각형 기반 지도를 가져오기로 했다. 〈아웃도어 서바이벌〉 원작 게임은 평범한 등산객이 야생에서 길을 잃고 식량과 물을 찾으며 위험한 야생동물을 피하는 게임이다. D&D 룰 북은 그 지도를 멋진 모험이 시작되는 장소로 재해석했다. 예를 들어 연못을 성으로 재해석해 연못을 지나게 되면 싸움을 좋아하는 거주민을 인카운터하게 된다. 따라서 D&D 구매자에게 〈아웃도어 서바이벌〉은 같이 구매해야 하는 부속물로써 권장됐다. 탐험가들에게 육각형 하나가 5마일을 나타내는 육각형 지도는 훨씬 더 작은 던전을 묘사하는 모눈종이처럼 하나의 표준으로 자리 잡았다. D&D 오리지널 플레이어들은 지도를 그릴 때 외에도 연필과 종이를 사용했다. 룰 북에 따르면 플레이어들은 캐릭터 '기록' 시트에 자신의 캐릭터 능력치와 기타 관련 정보를 기록하게 되어 있었다. D&D 룰 북에서는 6가지 기본 능력만 예로 제시했다. 근력, 지능, 지혜, 건강, 민첩, 카리스마라는 기본 능력과 이름, 캐릭터 클래스, gp 보유량 그리고 레벨 업을 통해 캐릭터의 능력을 향상할 수 있는 캐릭터의 '경험치' 총계가 있었다. 처음에 플레이어들은 공책에 이런 값들을 기록했지만, 시간이 지나면서 캐릭터 시트는 표준 양식이 되었다. 플레이어들은 캐릭터를 만들면서 데이터를 기록했고, 게임이 진행되면서 데이터를 수정했다. 룰 북, 지도, 캐릭터 시트가 게임에 필요한 상당량의 기본 정보를 담았지만, 또 다른 물리적 구성요소 없이는 능력치를 배정하거나 성공 혹은 실패를 객관적으로 정할 방법이 없었다. 바로 D&D의 독보적인 비주얼 상징물인 주사위다. 캐릭터 시트에서 각각의 능력치를 위해 6면체로 된 주사위 3개를 굴린다. 하지만 사실상 게임을 대표하는 주사위는 다른 신기하게 생긴 다면체 주사위들로 4면체, 8면체, 12면체, 20면체 주사위를 룰 북에 적혀 있는 많은 활동을 판정하는 데 사용했다. 게임을 처음 출시했을 때 TSR 나뭇결무늬 상자 속에는 주사위가 들어 있지 않았고, 별도로 구매해야 했다. 이 방식은 신생기업 TSR에게 중요한 수입원이 되었지만, 초기 플레이어들에게는 좌절감을 안겨주었다. 게임이 출시된 후 처음 몇 년간은 희귀한 룰 북을 제록스 복사기의 도움을 받아 무단 복사한 사람들이 많았지만, 주사위는 그럴 수 없었다.

위 TSR이 D&D와 같이 사용하도록 별도 판매한 크리에이티브 퍼블리케이션스의 다면체 주사위 오리지널 세트. 홍콩에서 수입한 아주 낮은 품질의 주사위에는 희귀한 20면체 주사위도 있었으며, 0부터 9까지 2번씩 적혀 있어서 플레이어들은 반쪽은 음영 처리를 해서 한쪽 절반은 1~10으로 다른 쪽 절반은 면은 11~20으로 사용했다(맨 오른쪽 주사위).

왼쪽 아발론 힐의 1972년판 〈아웃도어 서바이벌〉. 게임의 육각형 지도판은 던전의 경계를 벗어난 D&D 야외 모험가들에게 유용한 도구임을 입증하게 된다.

맞은편 D&D 초창기 손으로 작성한 롭 쿤츠의 캐릭터 로빌라에 대한 원본 기록지. 캐슬 앤 크루세이드 동호회의 원년 멤버이자 D&D가 출시될 당시 10대였던 그의 질서악 성향 캐릭터는 부하를 총알받이로 사용하는 등 무자비한 방법으로 난공불락의 던전을 정복해 D&D계에서 전설이 되었다.

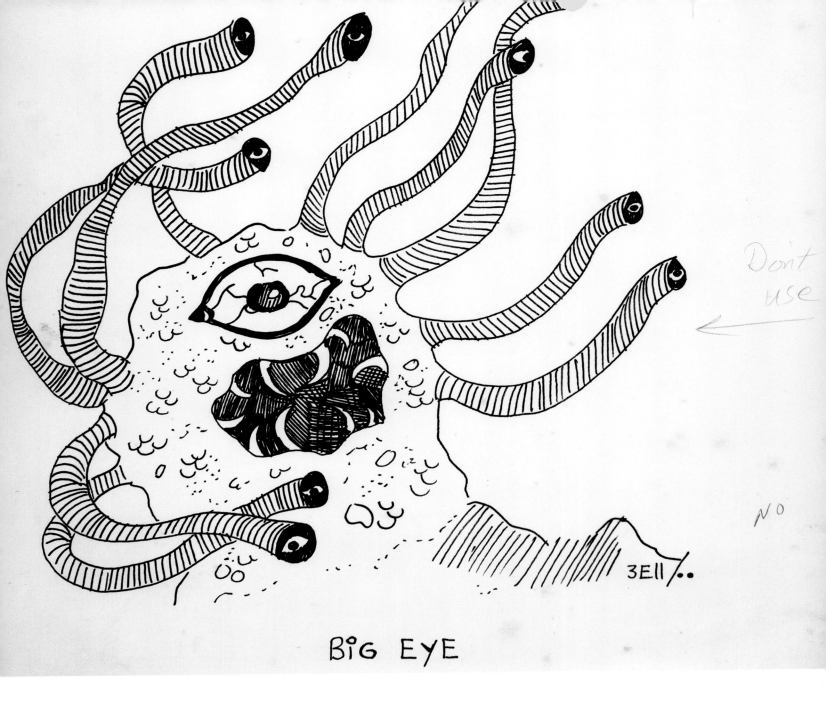

BIG EYE

전략 검토

지도, 캐릭터 시트, 주사위 모두 D&D 게임에서 중요한 부분을 차지했지만, 무엇보다도 D&D라는 게임을 알리는 일이 제일 중요했다. 강력한 입소문을 제외하고는 똑똑하게 대상을 선정한 지면 광고만이 게임을 알릴 수 있는 유일한 방법이었다. 게임 홍보를 위해 개리 가이객스는 콘텐츠가 늘 부족한 영세 전쟁 게임지에 자신의 파격적인 신작 게임을 소개하는 글을 기고했고, 때로는 원고료를 받기까지 했다. 물론 이런 방식으로는 한 번에 많아야 몇백 명 정도에게 소식을 전할 수 있었지만, D&D 게임에 관심을 가질 만한 사람들을 확실하게 공략할 수 있었다. 그러나 여기에도 문제는 있었다. 나뭇결무늬 게임 상자에 들어 있는 무한한 모험을 종이 한 장에 어떻게 표현할

까? 초창기에는 게임의 이름보다 '검과 마법Swords & Sorcery'이라는 문구가 더 잘 보이게 광고했지만, 그림은 제품 표지 이상을 보여주기 힘들었다. 그래서 그렉 벨의 앞발을 든 말을 탄 기사와 드래곤, 키넌 파월의 히포그리프는 초창기 게임을 알리는 이미지가 되었다.

1974년 초에 인쇄한 초판 1,000부가 매진되기 훨씬 전, 개리 가이객스는 D&D 확장판을 기획했다. D&D가 확장되면서 판타지 소설에서 빌려온 익숙하지 않은 몬스터를 새롭게 추가했다. 그러다 보니 몬스터를 말로 설명해서는 플레이어의 머릿속에 몬스터의 모습이 잘 그려지지 않았다.

그러나 이 당시에 D&D 아트는 부차적인 것으로 여겨졌다. TSR이

아래 왼쪽부터 그렉 벨이 그린 〈그레이호크 Greyhawk〉 확장판의 오리지널 표지 그림. 〈으스스한 이야기 Eerie Tales〉 1974년 호에 수록된 에스테반 마로토의 〈저주받은 댁스 Dax the Damned〉 그림, 발간된 확장판 표지

맞은편 그렉 벨의 '빅 아이'라는 이름의 사용되지 않은 그림으로 1975년 〈그레이호크〉 확장판을 위해 만들어졌다. 이 신비한 크리처는 새롭게 탄생한 비홀더와 로퍼 Roper의 특징을 가진 것 같다. 가이객스가 쓴 '사용하지 말 것'과 '금지'라는 메모로 그가 '빅 아이'를 탐탁지 않게 여겼다는 것을 알 수 있다.

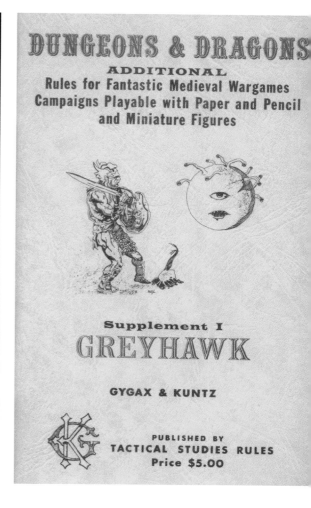

1975년 초에 출간한 정기간행물 〈전략적 리뷰 The Strategic Review〉는 표지에 제목만 적혀 있는 간단한 흑백의 소식지로 아트워크 표지도 없었다. 최초의 소식지에는 마인드 플레이어 Mind Flayer라는 새로운 크리처를 소개했지만 '인간의 모습을 한 크리처로 입 옆에 촉수 4개가 있으며 먹이를 가격할 때 사용한다'는 설명만 있을 뿐 그림은 없었다. 〈그레이호크〉 확장판이 같은 해 말에 출시되면서 시프와 팔라딘같이 새롭고 역동적인 클래스를 소개했을 때, 믿을 만한 일러스트레이터는 벨밖에 없었다. 1974년 6월에 쓴 편지에서 벨은 가이객스에게 비홀더 Beholder를 처음으로 소개했다. "11개의 눈이 달린 구 모양으로 각 눈은 고레벨 클레릭 주문이나 마법적 주문을 사용하며 가

장 큰 눈은 마법을 사용할 수 없게 만드는 반마법장을 만들어" 〈으스스한 이야기〉의 〈저주받은 댁스〉와 매우 닮은 전사와 결전을 펼치는 모습이다.

〈그레이호크〉의 발간으로 나뭇결무늬 상자 안에 들어 있는 D&D 제품 말고도 시장성이 있음이 확인되었다. 사람들은 이 게임이 마법같이 신비롭다고 생각했다. 하지만 1975년은 TSR에게 격동의 한 해가 되었다. 1월 말, 36세의 돈 케이가 갑자기 세상을 떠났다. 이미 막중한 책임을 맡고 있던 가이객스는 케이의 죽음을 애도하면서 TSR의 사장직을 맡을 수밖에 없었다.

비홀더

오리지널 초판본 에디션, 1975

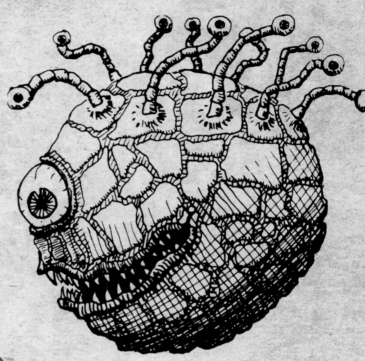

1판, 1977

2판, 1989

3판, 2000

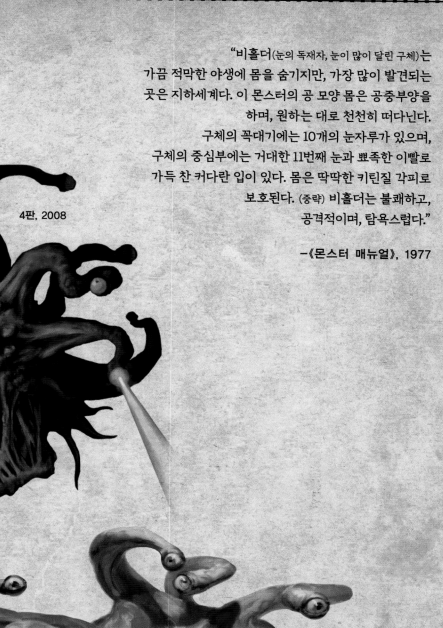

4판, 2008

"비홀더(눈의 독재자, 눈이 많이 달린 구체)는 가끔 적막한 야생에 몸을 숨기지만, 가장 많이 발견되는 곳은 지하세계다. 이 몬스터의 공 모양 몸은 공중부양을 하며, 원하는 대로 천천히 떠다닌다. 구체의 꼭대기에는 10개의 눈자루가 있으며, 구체의 중심부에는 거대한 11번째 눈과 뾰족한 이빨로 가득 찬 커다란 입이 있다. 몸은 딱딱한 키틴질 각피로 보호된다. (중략) 비홀더는 불쾌하고, 공격적이며, 탐욕스럽다."

–《몬스터 매뉴얼》, 1977

5판, 2014

LIZARD-MAN

왼쪽부터 시계 방향 개리 가이액스, 데이브 아네슨, 데이브 서덜랜드, TSR의 첫 본사로 윌리엄스 거리 723에 있는 저택을 상업용으로 용도 변경했으며, 직원들은 '그레이 하우스'라고 불렀다. 데이브 아네슨의 TSR 비즈니스 명함. 가이액스의 사진은 1976년 이안 리빙스톤이 찍었다.

맞은편 그렉 벨의 상징적인 〈그레이호크〉 리저드맨(1975)으로 TSR 하비스의 새로운 로고가 된다.

WARGAME RULES · FIGURES · BOARD GAMES · ACCESSORIES

TSR Hobbies, Inc.

DAVID L. ARNESON
RESEARCH DIRECTOR

414-248-3625

P. O. BOX 756
LAKE GENEVA, WI. 53147

주사위에 건 비즈니스

D&D 오리지널 부클릿의 뒷면에는 팬들에게 자신만의 D&D 버전을 만들라고 독려하는 글이 실렸고, 이때부터 TSR의 영향 밖에 있는 세력들이 움직이기 시작했다. 〈터널 앤 트롤Tunnels & Trolls〉과 같은 최초의 모방작들이 시장에 나타났다. 팬들은 〈얼래럼 앤 익스커전(난투)Alarums & Excursions〉 같은 게임 전문지도 제작하기 시작했다. 초창기 팬들은 D&D의 컴퓨터판을 자작하기 시작했다. 대표적인 예가 초창기 온라인 커뮤니티라고 할 수 있는 대학 간 네트워크 플라토PLATO의 혁신적인 그래픽 게임이다. 아직은 작지만, 성장세를 보이는 TSR은 그런 활동에 상반된 태도를 보였다. 모방하는 사람들을 비난하고 심지어 법적 조치를 취하겠다고 협박하는 한편으로 D&D를 홍보하는 사람들의 노력을 조심스럽게 장려하기도 했지만, 결국 D&D에 대한 통제는 조금도 풀지 않았다. 이처럼 D&D의 폭이 넓어지자, '롤플레잉 게임(RPG)'이라는 용어가 외부 제품 리뷰와 경쟁사 광고에 사용되기 시작했다. D&D라는 이름을 사용하지 않고 D&D와 같은 유형의 게임을 지칭하는 방법으로 사용해 TSR과의 법정 분쟁을 피한 것이다. RPG라는 용어는 D&D에서 파생돼 새롭게 등장한 장르를 지칭하는 이름으로 빠르게 자리 잡았다.

TSR의 야망도 이와 함께 커졌다. 영국의 퍼블리셔 '게임즈 워크숍

Games Workshop'과 같은 해외 배급사들이 처음으로 D&D를 해외에 배급하기 시작했다. D&D는 어려움에 처한 가이돈 게임즈의 일부 게임을 사들였고, 표지에는 TSR의 로고 밑에 잭 코긴스를 따라 그린 돈 로리Don Lowry의 그림이 여전히 실린 〈체인메일〉을 내놓았다. TSR은 1968년 개리 가이액스가 시작한 레이크 제네바의 게임 행사인 젠 콘의 공식 후원사가 되었다. 사망한 돈 케이의 아내를 커가는 TSR에서 놓아주기 위해 가이액스와 브라이언 블럼은 TSR의 자산을 새로운 회사 TSR 하비스TSR Hobbies, Inc.로 이관했으며, 이 작은 회사는 가이액스를 비롯한 소수의 도전적이며 검소한 동업자들에게 충분한 급여를 지급할 여유가 없었다. 새 회사를 각인하려면 새로운 트레이드 드레스(지적재산권의 한 형태로 제품의 색채, 크기, 모양 등 제품의 고유한 이미지를 나타내는 무형의 요소를 의미한다-옮긴이)가 필요했기 때문에 〈그레이호크〉의 속표지에 있는 그렉 벨의 리저드맨lizard man (왼쪽 그림)이 곧 새 회사의 로고가 되었다.

TSR 하비스가 더 매력적이고 세련된 제품에 투자하자, 벨은 회사에서 점차 늘어나는 아트 수요를 계속 담당하게 되었다. 회사의 소식지 〈전략적 리뷰〉 1호는 벨의 그림을 표지에 실었다. 가이액스는 1시간 거리에 있는 일리노이 록퍼드에 사는 벨이 TSR의 전업 아티스트로 근무할 수 있

Attack
of the
Stinges
x

위 〈전략적 리뷰The Strategic Review〉에 수록된 데이브 서덜랜드의 1975년 '스터지들의 공격'.

왼편 1977년 《몬스터 매뉴얼》에 사용된 후기 버전. 이 그림은 플레이어들이 '스터지'의 모습을 이해하고 정의하는 데 도움이 되었을 뿐 아니라, 던전 마스터에게 이 성가신 존재들을 사용해 떼지어 공격하게 함으로써 플레이어를 압도할 수 있는 방법을 완벽하게 알려주기도 했다.

맞은편 〈블랙무어〉에 실린 데이브 서덜랜드의 매복 공격 그림은 몬스터와 모험가 사이의 실제 상호작용을 보여주는 D&D 아트의 가장 초창기 사례 중 하나다. 그때까지 대부분의 D&D 그림들은 몬스터나 보물 그림처럼 단순하고 정적인 모습만 묘사했다.

게 레이크 제네바로 이사 오기를 원했다. 하지만 벨은 당시에 하고 싶은 일이 따로 있었고, 그림은 '취미'였을 뿐이라고 회상했다.

가이객스는 1975년 '와일드 웨스트풍 부클릿인 출간 예정작 〈부트힐 Boot Hill〉에서 다른 아티스트와 작업할 계획도 세웠다. 레이크 제네바 출신의 또 다른 10대 아티스트 14세 트레이시 레시로, 가이객스의 큰딸 엘리스가 중학교 역사 수업 시간에 레시의 스케치를 보고 가이객스에게 소개했을 때는 아직 14살밖에 안 되었다. 〈전략적 리뷰〉 5호에서는 TSR에서 가장 많은 작품을 남겼고 널리 인정받게 될 다른 아티스트의 그림도 볼 수 있다. 바로 데이브 서덜랜드다. TSR은 초창기 RPG인 〈꽃잎 왕좌의 제국Empire of the Petal Throne〉도 출간했는데, 미니애폴리스 기반으로 활동하는 언어학 교수 M. A. R 바커가 디자인한 이 게임에 실린 서덜랜드의 그림에 가이객스가 관심을 가지게 되었다. 트윈 시티즈에 거주하던 서덜랜드의 작품을 본 가이객스는 그를 "정말 뛰어난 아티스트"라고 칭하며, "서덜랜드에게 더 많은 작품을 그려 달라고 부탁했다"고 말했다. 전격 채용된 서덜랜드는 〈스티지의 공격At-tack of The Stirges〉이라 불리는 초기 작품을 비롯한 〈전략적 리뷰〉의 그림 제작

을 맡게 되었다.

서덜랜드가 D&D의 두 번째 확장판인 데이브 아네슨의 〈블랙무어〉의 일러스트를 제작하게 되면서, 벨, 레쉬, 서덜랜드가 〈블랙무어〉의 공식 일러스트레이터로 인정받았다. 〈그레이호크〉 확장판과 마찬가지로 〈블랙무어〉는 이번에 몽크와 어새신 같은 새로운 캐릭터를 소개하면서 D&D의 판타지 세계를 더욱 확장시켰다. 〈블랙무어〉는 D&D 용어집에 여러 게임 동호회에서 이미 '심판' 대신에 통용되던 '던전 마스터'라는 용어를 새롭게 소개하기도 했다. 벨은 〈저주받은 댁스〉에서 그림을 본떠 몬스터 초상화 몇 점을 그렸고, 레시는 D&D의 상징적인 몬스터 두 종류, 즉 마인드 플레이어와 로퍼(46쪽 참고)를 그렸다. 정식으로 미술 교육을 받은 서덜랜드가 그린 움버헐크Umberhulk와 키메라의 뛰어난 초상화와 햇불을 든 모험가들이 던전 모퉁이의 사각지대를 지나려 할 때 그들을 기다리던 몬스터의 매복 공격을 당하는 장면은 눈에 띄게 훌륭한 그림으로 TSR의 아트를 새로운 경지로 끌어올렸다.

TSR에서 서덜랜드의 높은 위상은 1975년 말 5,000부라는 적지 않은

"개리는 나에게 마인드 플레이어와 로퍼에 대해 초기 방향성을 아주 잘 제시해줬다. (중략) 마인드 플레이어는 무자비한 밍 Ming the Merciless 같이 아주 강하고 위험한 악당이면서 프로페서 엑스의 정신 제어 능력까지 갖췄다는 느낌이었다. 내 그림들을 보여주자 개리는 마인드 플레이어와 로퍼가 제 이미지를 찾았다며 내가 멋지게 해냈다고 말했다."

—트레이시 레시

맨 위 1975년의 D&D 3쇄 '브라운 박스'는 약간 길어진 상자 라벨이 특징이다.

위 1975년 D&D의 두 번째 확장판 〈블랙무어〉

위 오른쪽 트레이시 레시가 그린 〈블랙무어〉의 마인드 플레이어와 로퍼, D&D의 상징적인 두 몬스터의 최초 출간 그림

맞은편 당시 게임 도매상 소식지에 실린, 소매상에게 기회를 (로켓 우주선에 비유하면서) 놓치지 말라고 설득하는 광고

분량을 찍어낸 D&D의 4쇄에서 가장 잘 알 수 있다. 표지 그림을 벨이 아닌 서덜랜드가 그렸던 것이다. 던전에서 위저드가 적과 대치하는 새로운 장면 이었다. 마찬가지로 〈맨 앤 매직 룰 북Men & Magic Rule Book〉의 표지에서도 앞 발을 든 말을 탄 기사의 그림이 사라지고 그 자리에 서덜랜드의 실전적 갑 옷을 입은 보병 그림이 실렸다. 따라서 그 당시 광고에서는 서덜랜드, 벨, 파 웰을 D&D의 아트 홍보대사로 소개했다.

1976년 초, TSR은 작은 성공을 거두면서 레이크 제네바에서 작은 회 색 집(그레이 하우스)을 매입할 수 있었고, 그곳을 직원 몇 명이 근무할 수 있 는 본사 겸 소매점으로 사용했다. TSR은 트윈 시티즈에서 넘어온 D&D의 공동 크리에이터 데이브 아네슨을 영입했고, 데이브 서덜랜드Dave Sutherland 도 그의 뒤를 이어 트윈 시티즈에서 넘어와 합류하면서 TSR의 첫 번째 아 트 디렉터 역할을 맡게 되었다. 서덜랜드는 TSR 아트를 질적 양적으로 발전 시키며, TSR 제품 라인에 빠르게 영향을 미쳤다.

SALES WILL SKYROCKET

WITH THE TSR GAME LINE

THE HOBBY OF GAMING IS ONE OF THE FASTEST GROWING IN THE COUNTRY. When it comes down to launching record sales we have the vehicle; count <u>up</u> profits when you offer the <u>TSR</u> line of games, game rules, and gaming accessories. There are over 250,000 game enthusiasts, and you will enjoy a greater share of this market by selling our line, <u>TSR</u> introduced the concept of fantasy role-playing games, and we continue to lead the field with...

DUNGEONS & DRAGONS , plus

SCIENCE FICTION GAMES,

HISTORICAL BATTLE GAMES,

FAMILY AND ADULT GAMES, and much more.

FOR COMPLETE INFORMATION AND TERMS BE SURE TO COMPLETE AND MAIL THE POSTAGE FREE RESPONSE CARD CONTAINED IN THIS ISSUE OF CRAFT, MODEL & HOBBY. YOU WON'T BE SORRY YOU DID, WE GUARANTEE!

SALES GUARANTEE
If any product bearing our name does not meet your sales needs you may return it for refund or credit.

TSR HOBBIES, INC.
Dept. C10
P.O. Box 756
Lake Geneva, WI 53147

아세레락

1978

1978

1978

1981

1998

"아주 오래전, 어느 지독하게 사악한 인간 매직유저나 클레릭이 수 세기를 살아온 걸로도 모자라 생명력을 연장하기 위한 과정을 밟았고, 이렇게 리치가 된 존재가 바로 아세레락이다. 그 후 수십 년간 이 리치는 바로 그 무덤이 있는 언덕의 돌로 만든 우울한 홀에서 유령과 같은 하인 무리를 거느리고 지냈다. 결국 아세레락의 언데드 생명력마저도 사라지자, 리치의 하인들은 80년에 걸쳐 '툼 오브 호러'를 만들었다. (중략) 이제 아세레락의 남아 있는 유해라고는 지하 납골당 깊숙한 곳에서 쉬고 있는 아세레락의 뼈와 두개골 가루뿐이다."

— 〈툼 오브 호러〉, 1978년

2010

2014

2014

2017

DUNGEONS AND DRAGONS* CHARACTER RECORD

	Experience	Gold
Name _____		
Class _____		
Level _____		
Alignment_____		
Strength _____		
Intelligence_____		
Wisdom _____		
Dexterity _____		
Constitution_____		
Charisma		

Languages
   known

Equipment	Spells	Magic Items

*® APPLIED FOR

DUNGEONS & DRAGONS

Rules for Fantastic Medieval Wargames Campaigns Playable with Paper and Pencil and Miniature Figures

GYGAX & ARNESON

Original Collector's Edition

3-VOLUME SET

PUBLISHED BY
TACTICAL STUDIES RULES

위 〈오리지널 컬렉터스 에디션〉의 오리지널
D&D 게임 '화이트 박스' 세트

맞은편 TSR이 인쇄한 1976년 공식 캐릭터
시트. 현재는 매우 희귀하다.

오른쪽 〈엘드리치 위저드리Eldritch Wizardy〉에 트레이시
레시의 그림은 한 작품만 수록됐지만, 최고의 효과를
냈다. 그가 '죽음의 머리'라고 부른 그림은 리치가 불경한
예식을 거행하는 장면으로 책에서 가장 눈에 띄었고
보는 이의 마음을 불안하게 만드는 그림이었다.

맞은편 개리 가이객스가 〈엘드리치 위저드리〉의 데몬
그림에 대해 손으로 쓴 아트 지시사항. 위 그림은
서덜랜드가 그린 타입 1 데몬 그림이다. '깃털 꼬리'에서
'기다란 목 위의 독수리 머리'에 이르기까지 〈엘드리치
위저드리〉는 가이객스의 정확한 디자인 지시사항을
얼마나 잘 따랐는지를 보여주는 사례 중 하나다.

아래 개리 콰피스는 〈엘드리치 위저드리〉에 실린 단
하나의 작품만 실었지만, 단순히 몬스터나 정적인 장면을
묘사하는 대신 '그림으로 이야기를 전달하는 만화책을
좋아하는 자신의 취향'에서 영감을 얻어 좀 더 복잡한
게임 속 시나리오를 자아냈다. 이 그림은 플레이어들에게
조용한 이동이나 그림자 속 숨기 능력을 요긴하게 사용할
수 있다는 정보를 제공한 초기 작품이었다.

TRACY
LESCH

ARTIST FAVORITE

고대의 강력한 마법

1976년 5월 TSR이 D&D에 드루이드 클래스와 정신적 초능력('염력psionics'
이라고 함)에 대한 규칙을 소개한 〈엘드리치 위저드리〉를 출시했을 때는 이미
그렉 벨이 삽화를 그리지 않는 시기였다. 이 부클릿의 표지인 제단 위의 벌
거벗은 여인 그림은 TSR 최초의 컬러판 아트로, 미니애폴리스에서 활동하
던 젊은 아티스트 데보라 라슨Deborah Larson이 파스텔화로 그린 것이다. 이
장면은 이 게임이 꼭 어린이만 하는 것이 아님을 암시하는 최초의 힌트였다.
〈엘드리치 위저드리〉는 개리 가이객스의 지도하에 데이브 서덜랜드가 그린
오르쿠스와 데모고르곤을 비롯해 실제 고대 신화 속의 존재에서 빌려온 다
양한 악마를 그려서 유명세 아닌 유명세를 치르게 되었다. 내부 그림은 거
의 서덜랜드의 작품으로 채워졌지만, 트레이시 레시가 그린 오컬트 장면 한
장과 미시간 출신인 17세의 개리 콰피스Gary Kwapisz가 그린 극적인 던전 장
면도 수록되어 있었다.

DEMONS

	TYPE I	TYPE II	TYPE III	TYPE IV	BALROG TYPE V	ORCUS	DEMOGORGON
HEIGHT	8.4' 35mm	7.2' 30mm	9.6' 40mm	10.8' 45mm	12' 50mm	15.6' 65mm	18' 75mm
BUILD	THIN	THICK SQUAT	BROAD SHOULDERED	HEAVY	MANLIKE	HUGE	SLENDER
SKIN	FEATHERED	SMOOTH, WARTS	WRINKLED HIDE	HAIRY	SCALED	FURRED?	PLATED
HEAD	VULTURE'S - ATOP LONG NECK	TOAD'S - HUGE MOUTH HUMAN EARS	DOG'S - EARS	BOAR'S -	HUMAN —	GOAT'S —	BABOON OR MANDRIL (SEE OTHER)
FACE	HUMANOID BUT BIRD-EYED	TOAD	DOG MUZZLE	AS BOAR WITH TUSHES	HUMAN, BUT FANGED ?		AS HEAD
HORNS	—	—	GOAT'S	—	BULL'S ?	RAM'S	—
BODY	BIRD'S	GROSS, TOAD-LIKE	MAN-LIKE	APELIKE	WELL-MUSCLED MAN	GROSSLY FAT HUMAN	REPTILIAN
ARMS	WITH VULTURE'S TALONS	VERY LONG, HUMAN, CLAWED	MAN'S ENDING IN PINCERS	HUGE - SPRAYED FINGERS + NAILS LONG	HUMAN (see other)	HUMAN — COULD HOLD SKULL-TOPPED WAND	TENTACLES
LEGS	HUMAN, VULTURE'S FEET	TOAD	BOWED HUMAN	BOAR'S	HUMAN - MUSCLED	GOATISH	LIZARD
WINGS	BIRD	—	—	—	BAT	BAT	—
TAIL	FEATHERED	—	—	PIGS	—	TIPPED WITH ARROW HEAD	FORKED
OTHER			SMALL ARMS PROJECTING FROM CHEST		CAST WITH WHIP & JAGGED SWORD		TWO HEADS ATOP SERPENT NECKS

D&D와 펄프적 기원

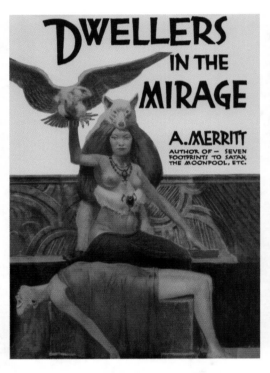

〈엘드리치 위저드리〉 표지의 반듯이 누운 여성은 에이브러햄 메리트가 쓴 고전 펄프 픽션 《신기루 속의 주민들Dwellers in the Mirage》 표지 그림에 등장하는 작자 미상의 인물과 뚜렷한 유사성을 지닌다(호레이스 리버라이트Horace Liveright, 1932년).

개리 가이액스와 데이브 아네슨은 1920~1940년대 대중 판타지 아트와 주제로부터 큰 영감을 받았다. 이 시대의 '펄프(통속물)'는 폭력적이고 노골적인 성적 내용으로 대체로 비주류 출판물로 인식되었으며, 호러, 판타지, SF와 같이 소수만 이해하는 장르를 배경으로 하는 경우가 많다. 그중에서도 D&D 크리에이터들에게 가장 큰 영향을 미친 작품은 로버트 E. 하워드의 기념비적인 검과 마법Swords-and-Sorcery 장르 시리즈물 소설 《키메르인 코난Conan the Cimmerian》으로, 1932~1936년에 〈위어드 테일즈Weird Tales〉지에 실리며 선풍적인 인기를 끌었다.

다른 판타지 작가들도 D&D의 내용과 아트에 큰 영향을 미쳤다. 에드거 라이스 버로스Edgar Rice Burroughs, H.P. 러브크래프트Lovecraft, 프리츠 라이버Fritz Leiber 등이 대표적인 예이며, 특히 잭 밴스Jack Vance는 D&D 고유의 '기억하고 잊기memorize-and-forget' 주문 시스템에 직접적인 영감을 주었다. 이는 매직유저 클래스의 힘을 제한하고 균형을 맞추기 위해 사용한 단순한 메커니즘이다.

DUNGEONS & DRAGONS

ADDITIONAL
**Rules for Fantastic Medieval Wargames
Campaigns Playable with Paper and Pencil
and Miniature Figures**

Supplement IV

GODS, DEMI-GODS
& HEROES

BY
KUNTZ & WARD

**PUBLISHED BY
TSR RULES
Price $5.00**

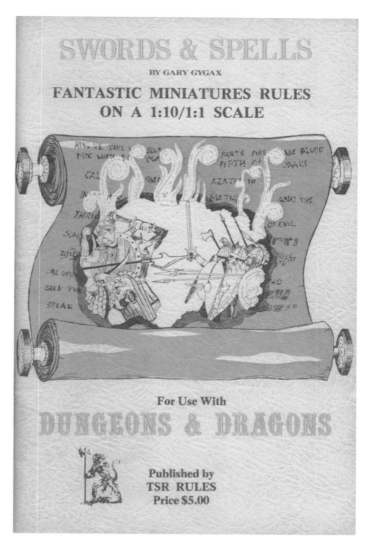

SWORDS & SPELLS
BY GARY GYGAX

FANTASTIC MINIATURES RULES
ON A 1:10/1:1 SCALE

For Use With
DUNGEONS & DRAGONS

**Published by
TSR RULES
Price $5.00**

위 데이브 서덜랜드는 오래된 〈체인메일〉
판타지 미니어처 룰 북의 계보를 이은 〈검과
주문Swords & Spells〉(1976) 표지에 불타는
두루마리를 그렸다.

왼쪽 데이브 서덜랜드는 〈신과 반신과
영웅들〉(1976)에 D&D의 두 번째 컬러 표지로
이집트식 일러스트를 그렸다.

서덜랜드의 독보적인 D&D 아트는 네 번째이자 마지막 D&D 확장판 〈신과 반신과 영웅들Gods, Demi-Gods & Heroes〉의 이집트식 표지에서도 빛을 발했다. 다만 그 안에는 오리지널 아트가 거의 없고 대부분이 페이지 장식으로 사용된 자유 사용 저작물이었다. 이 두 확장판 출간을 끝으로 D&D 오리지널 초판본의 라인업은 막을 내렸다. 굳이 덧붙이자면 D&D의 탄생 배경이 된 미니어처 세계에 한 발을 들이민 〈검과 주문Swords & Spells〉이라는 전술 판타지 전쟁 게임 규칙 부클릿도 포함시킬 수 있겠다.

1975년 말까지 D&D는 4,000부 이상 판매되었고, 1976년 1분기에는 추가로 1,500부가 판매되었다. 역사가 짧고 배급망이 제한적이던 취미 게임 시장에서 대단한 성과였다. 그 결과 TSR이 저예산의 〈전략적 리뷰〉를 오롯

이 판타지만을 위한 정기간행물 〈더 드래곤The Dragon〉으로 대체하려는 야심 찬 계획을 실행에 옮길 수 있는 시장이 충분히 형성되었다. 컬러판 표지가 들어간 이 세련된 잡지는 TSR의 광고를 실을 뿐 아니라 아티스트와 게임 디자이너를 모집하는 용도로도 사용되었다. 에롤 오투스와 제넬 자콰이Jennell Jaquays 같이 나중에 큰 역할을 했던 D&D 아티스트들이 이 잡지의 초기 몇 호의 내부 그림에 참여하면서 TSR 아티스트로서의 경력을 시작했다. 판타지 아티스트들은 〈더 드래곤〉지 표지를 맡아서 자신의 실력을 뽐낼 수 있는 기회를 얻길 바랐다. 서덜랜드 자신도 〈더 드래곤〉 5호 표지를 직접 그렸고, D&D의 위상이 점차 높아지자 유명한 아티스트들이 〈더 드래곤〉에서 기량을 선보였다.

데모고르곤

1976

Demogorgon

1977

2002

20'02

2008

2015

"이 데몬 프린스는 최강이며 어떠한 상황에서도 최고의 능력을 발휘한다는
얘기가 있다. 이 거대한 데몬은 키가 18피트(5.1미터)에 이르는 파충류다.
데모고르곤은 사악한 개코원숭이 특히 맨드릴개코원숭이와 닮은 머리가
두 개 있으며 다음에 나열하는 동물들의 흉칙한 특징을 갖고 있다.
청록색 피부는 뱀 같은 비늘로 덮여 있고, 몸통과 다리는 거대한 도마뱀 같고,
두 개의 목은 뱀을 닮았으며, 두꺼운 꼬리는 둘로 갈라져 있다. 팔 대신 거대한
촉수가 있다. 데모고르곤의 외모를 보면 뱀, 도마뱀, 문어와 같은 냉혈 동물을
지배한다는 것을 알 수 있다."

— 《몬스터 매뉴얼》, 1977

드래곤의 등장

D&D가 점차 게임계에서 강력한 존재로 부상하면서 TSR의 공식 신작 게임 개발 속도는 팬들의 요구를 따라가지 못하게 되었다. 그러다 보니 팬들이 직접 게임 콘텐츠를 만드는 경우가 많았고, 아직 인터넷이 없던 이 시대의 게임 커뮤니티에 활력을 준 것이 바로 아주 좁은 틈새 시장에 맞춰 집에서 만들고 흑백으로 극소량의 부수만 출간하는 '동인지fanzine'였다. 비록 한정된 사람에게만 배포되었지만, 동인지는 주류문화로 넘어가는 문턱에 있던 언더그라운드 문화에서 중요한 부분을 차지했다. D&D가 폭발적으로 성장하여 시대정신이 되자, '전문지' 〈더 드래곤〉(나중에 그냥 〈드래곤〉으로 변경)은 이 새로운 형태의 게임을 자연스레 확장하게 되었다. 이 작은 풀뿌리 커뮤니티가 점차 세계적으로 성장하자, 작은 마을의 게임 테이블이나 기껏해야 지역 게임숍에서만 오가던 대화가 이제는 드넓은 소통의 장을 갖추게 되었다

〈드래곤〉은 크리에이터, 아마추어, 프로 할 것 없이 다양한 인재가 모이는 창의적인 공간이 되어 새로운 아이디어를 실험하고, 이국적인 몬스터를 구상하며, 게임 메카닉을 소개하거나 수정하고, 사전 스크립트가 있는 모듈과 모험의 설정을 제시했으며, 그중 상당수가 나중에 TSR 룰 북에 수록되었다. 그 좋은 예가 에드 그린우드Ed Greenwood의 전설적인 〈포가튼 렐름Forgotten Realms〉 캠페인 설정인데, 원래 1980년대 초에 연재 기사를 통해 첫 선을 보였던 것이다. 아티스트들은 코미디, 폭력, 부조리를 탐구하면서 비주얼의 한계를 자유롭게 뛰어넘으며 D&D의 지경을 계속해서 넓혔다. D&D 게임처럼 〈드래곤〉지의 폭도 무한대인 것 같았다.

무엇보다도 〈드래곤〉지는 열정적인 팬 동호회에게는 일종의 고향이었다. 미소, 메카닉, 막장극 사이에서 크리에이터들의 칼럼과 출시 예정작에 대한 소문과 흥미진진한 행사에 대한 사설과 아트 경진대회, 크리처 이름 짓기 대회, 찬반 의견을 내는 포럼까지 온갖 것이 샘솟았다. 가이객스 자신도 가끔 우연히 시작된 논쟁에 끼어들어 해결하기도 했다. 〈드래곤〉지에서 팬은 중요했고 결코 소외감을 느낄 일이 없었다.

위 '크리처 특집'은 〈드래곤〉 13호에서 공개된 우편 참여 아트 경진대회였다. 여기 실린 수상작 네 작품 중 특히 '3등 상'을 받은 스테판 설리반(왼쪽에서 두 번째)과 '가작상'을 받은 에롤 오투스(왼쪽에서 세 번째)를 주목할 만하다. 이들은 D&D 디자인에서 오랫동안 기억될 만한 경력을 쌓았다.

맞은편 〈드래곤〉 편집장 팀 카스크의 전문대학 미술 강사인 빌 하난의 그림이 표지에 실린 〈더 드래곤〉 1호

June   Vol. 1, No. 1

Premier Issue

In this Issue:

- Fritz Leiber: a conversation with Fafhrd & the Mouser
- Languages in D&D by Lee Gold
- Part One of a new fantasy novel "The Gnome Cache"

$1.50

이 페이지 〈드래곤〉 97호 표지 그림인 로빈 우드의 〈음악
애호가(Music Lover)〉

보리스 발레조와 팀 힐데브란트와 같은 판타지 아트계
거장들의 그림과 추후 TSR의 전설이 되는 키스 파킨슨과
클라이드 콜드웰의 그림이 〈드래곤〉지에 가끔 실렸다.

맞은편 왼쪽 위부터 시계 방향 대니얼 혼의 〈드래곤〉 126호,
보리스 발레조의 〈드래곤〉 52호, 팀 힐데브란트의 〈드래곤〉
49호, 키스 파킨슨의 〈드래곤〉 137호

Monthly adventure role-playing aid

Dragon®

$3.50 USA   #126

The undead arise!
More mutant monsters
A surprise from
Wormy

·DANIEL R. HORNE·
©87

Monthly adventure role-playing aid

Dragon™

$3.00   #5_

● A portrait of BORIS VALLEJ_
8 pages of words and art
● GAMMA WORLD™ scenari_

BORIS ©81

Dragon®
MAGAZINE

#137
$3.50 USA

Wilderness adventures
Carnivorous plants
Weather & wild beasts

$3.00   #49

Dragon™

● TIM HILDEBRANDT:
The artist and his work
A special 12-page section

이 페이지 클라이드 콜드웰의 〈드래곤〉 65호 표지로, 이후에 〈북 오브 레어〉 (1985)의 표지로 다시 사용되었다.

맞은편, 왼쪽 위부터 시계 방향 케빈 데이비스의 〈드래곤〉 110호 (〈드래곤〉 10주년 기념호 표지 그림, 데니스 보베가 그린 장르를 뛰어넘는 〈드래곤〉 143호의 표지, 린다 메들리의 〈드래곤〉 120호, 데니스 보베의 〈드래곤〉 92호

CLYDE
CALDWELL

ARTIST FAVORITE

아래 다니엘 혼의 〈드래곤〉 156호 표지에는
D&D에서 가장 무섭고 공포심을 일으키는 몬스터
중 하나를 사랑과 경배의 대상으로 재해석한
그림이 수록되었다.

맞은편 클라이드 콜드웰의 〈드래곤〉 94호 오리지널
표지 그림

아울베어와 불렛, 녹 괴물의 기원

1975년 〈그레이호크〉에서 벨이 그린 아울베어는 그림의 영감을 준 플라스틱 장난감이나 1977년 《몬스터 매뉴얼》 서덜랜드의 표지 그림과 전혀 닮지 않았다.

서덜랜드가 최초로 그린 〈드래곤〉 1호의 불렛과 그림의 영감을 준 원달러샵의 미니어처

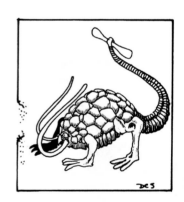

1975년경 개리 가이객스의 녹 괴물 스케치와 녹 괴물의 영감이 된 플라스틱 장난감. 1977년 《몬스터 매뉴얼》에 등장한 데이브 서덜랜드의 녹 괴물 그림

1970년대 중반, 소품들이 D&D의 비주얼에 직접적으로 영향을 미치기 시작했다. 1972년 〈전쟁 게이머의 소식지Wargamer's Newsletter〉에 실린 기사에서 개리 가이객스는 처음부터 '소프트 플라스틱 호러 피규어'와 '선사시대 플라스틱 동물 피규어'를 가지고 〈체인메일〉을 플레이했다고 말했다. 실제 우리는 〈드래곤〉 1호에서 그런 미니어처 피규어의 영향을 받은 게 분명한 데이브 서덜랜드의 몬스터 삽화를 볼 수 있는데, 둔해 보이기도 하는 총알billet 비슷하게 생긴, '땅상어Landshark'라고도 불리는 불렛bulette 그림이었다. 1년 뒤 그 후배가 《몬스터 매뉴얼》에 추가되었다. 불렛의 기원이 된

피규어와 같은 패키지에 들어 있는 호러 피규어와 놀랄 만큼 닮은 녹 괴물 rust monster이었다. 가장 이상한 사례는 아울베어일 것이다. 녹 괴물도 아울베어처럼 〈그레이호크〉에서 소개되었지만, 녹 괴물의 그림은 없고, 아울베어의 그림만 들어 있었다. 1975년 〈그레이호크〉에서의 이미지는 2년 뒤 《몬스터 매뉴얼》에 실린 서덜랜드의 아울베어 이미지와 완전히 달랐다. 서덜랜드의 그림은 플라스틱 호러 피규어 중 하나를 모델로 사용한 게 분명했다.

YOU'LL BE AMAZED

DUNGEON!

THE FANTASY ADVENTURE GAME FOR THE WHOLE FAMILY OR EVEN SOLO DUNGEON ADVENTURES. PLAYERS ARE ELVES, WIZARDS, HEROES AND SUPERHEROES. EACH MONSTER SLAIN COULD MEAN YOU GAIN THE WINNING TREASURE!

DUNGEONS & DRAGONS
*T.M. REG. APP. FOR

THE SWORD AND SORCERY GAME OF ROLE PLAYING FOR THREE OR MORE ADULTS. THE BASIC SET ☞ CONTAINS EVERYTHING YOU NEED TO BEGIN PLAYING. THE GREATEST FANTASY GAME EVER!

IF YOUR FAVORITE BOOK OR HOBBY SHOP DOESN'T HAVE THEM, ORDER YOUR COPIES DIRECT

TSR HOBBIES, INC.
POB 756 Dept. S
Lake Geneva
Wisconsin 53147

☐ DUNGEON $9.95
☐ DUNGEONS & DRAGONS $9.95
☐ Complete color catalog FREE

Name_____
Address_____
City_____
State_____ Zip_____

D&D와 그 보드게임 버전인 〈던전!〉을 홍보하는 1978년 광고. 데이브 아네슨의 오리지널 초판본 〈블랙무어〉 캠페인을 플레이했던 트윈 시티즈 원년 멤버이자 TSR 직원 데이브 머게리가 만들었다

위 톰 왐의 기발한 던전 모험가 이미지는 오리지널 초판본 D&D '화이트 박스판'에 들어 있으며, TSR 하비스의 '캐릭터 레코드 시트' 제품 표지에도 실렸다.

오른쪽 이 묵직한 서부 스타일 벨트 버클에서 볼 수 있듯이, TSR 말고도 많은 회사가 팬들을 걸어다 니는 광고판으로 만들고 싶어 했다. 현재 이 버클은 몇 개 없으며, 수집가들 사이에서 1,000달러가 넘는 가격 으로 거래되고 있다. 원래 판매 가격인 6달러로 산 사람은 거저 얻은 거나 다름없다.

맞은편 데이브 트램피어가 그린 1979년 오리지널 《던전 마스터 스크린Dungeon Master Screen》

This Is A Holdup!

AND TSR IS DOING THE JOB . . . BY OFFERING A FANTASTIC BELT BUCKLE TO HOLDUP YOUR JEANS OR SLACKS.

This massive, brass plated buckle, with extra-strong belt clasp and hook measures over three inches long by two inches wide. It depicts the dreaded lizardman and the words "TSR HOBBIES" in bold relief, just as pictured. Notice the fine detail and striking appearance which is sure to attract attention and let others know that you are an afficionado of the TSR game line in general and D & D in particular. Send for yours now!

BEAUTIFULLY DETAILED, MASSIVE-SIZED BUCKLE

For Only $5.95 postpaid

Available at your favorite hobby dealer or direct from:

 TSR HOBBIES, INC.
P.O.BOX 756
LAKE GENEVA. WI 53147

1976년 말, 경영진과 격렬한 다툼 끝에 데이브 아네슨은 TSR을 떠나 트윈 시티즈로 돌아간다. TSR은 D&D 제작에 이바지한 아네슨에게 비중 있는 직책을 주지 않았고, 그로 인해 아네슨이 퇴사하면서 회사와 오랜 법정 공방이 시작됐다. 그렇지만 같이 트윈 시티즈를 고향으로 두고 있는 아네슨의 동료 데이브 서덜랜드는 그 후로도 수십 년간 TSR에서 일하게 된다. 서덜랜드는 오리지널 D&D에서 기본 D&D와 AD&D라는 두 가지 제품군으로 정리되는 중요한 과도기에 브랜드 비주얼을 담당했다. 그러나 혼자서 할 수는 없었다. 《더 드래곤》 1977년 5월호에서는 톰 왐Tom Wham이 회사에 합류 했으며, "그가 우리를 위해 별난 일들을 하게 될 거다"라고 밝혔다. 가이돈 게임즈에서 돈 로리 밑에서 일했던 왐은 만화 같고 기발한 스타일로 TSR이 제작한 패키지에 들어간 첫 번째 캐릭터 시트의 표지를 장식했다. 두 달이 지나 《더 드래곤》은 'TSR의 새 아티스트' 데이브 트램피어를 소개했으며, 그의 연재 만화 《워미Wormy》는 향후 10년간 〈드래곤〉지에 고정으로 연재되었 다. TSR 직원들 사이에서 '트램프Tramp'로 알려진 그는 유머 감각과 현실감 을 겸비한 스타일로 서덜랜드의 작품과 대조를 일으키며 신선한 바람을 불 어넣었다.

데이브 서덜랜드의 〈기본 세트 Basic Set〉의
오리지널 표지 그림으로 게임 제목과
잘 어울리는 장면을 묘사했다.

```
       A small monster with the head, wings and legs of a cock and

    the tail of a serpent.  The cockatrice can fly and it turns opponents

    to stone with its touch if it scores a hit.

       The monster is not intelligent.


    Dervishes

    Move   120/turn
    Hit Dice  1 + 1 additional point
    Armor Class  Variable
    Treasure  A
    Alignment  Lawful


       These fanatically religious nomads fight like Berserkers.  They

    add +1 to the roll of their attack die because of their ferocity.

    Always led by a 8-10th order cleric.

       Composition of Force is like Nomads:

       50% light horse lancers, leather armor

       30% medium horse lancers, chain mail

       20% light horse bowmen, leather armor

       No prisoners.  Carry no gold or silver


    Displacer Beast

    Move   150/turn
    Hit Dice  6
    Armor Class  CM + S, 4
    Treasure  D

       The Displacer Beast resembles a puma with six legs and a pair

    of tentacles which grow from its shoulders.  It attacks with the

    tentacles which have sharp horney edges.  It is highly resistant to

    magic, gets a 2 on its saving throws.
```

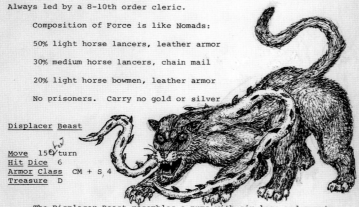

왼쪽 1975년 〈그레이호크〉 확장판에 실린 분신 야수displacer beast 그림은 A.E. 반 보그트의 펄프 시대 단편 《블랙 디스트로이어Black Destroyer》에서 차용했음이 확실하다. 〈기본 세트〉 원고 초안에 에릭 홈즈의 아들 크리스토퍼가 그린 이 그림은 실제로 출간되지 않았지만, 아마도 이 상징적인 D&D 몬스터를 그린 최초의 일러스트일 것이다.

아래 오리지널 비닐 포장에 들어 있는 〈기본 세트〉(1977)

다음 장 전체 데이브 서덜랜드가 그린 《AD&D 몬스터 매뉴얼》 오리지널 표지 그림으로, 자연 서식지에 있는 몬스터의 모습을 그렸다. 일종의 D&D 테라리엄인 셈이다.

TSR이 빠르게 성장하면서 아트 스태프를 세 명이나 고용할 만큼 예산이 늘었다. 그렇기 때문에 이제 TSR에게는 취미에 가까웠던 초창기에는 볼 수 없던 전문성이 필요했다. 1977년에는 서덜랜드와 트램피어, 왐의 '삼두정치 시대'로 D&D의 핵심 아트를 셋이서 분주하게 돌아가면서 담당했고, 각자 자신만의 스타일을 만들며 많은 양의 아트를 제작했다. 1979년 봄까지 이 세 명이 〈더 드래곤〉 아트 팀의 전부였다. 사실상 1977년에 출시된 모든 제품의 일러스트를 담당했다. 주요 제품으로는 간소화된 버전인 〈기본 세트〉와 가이객스가 D&D 전체를 리메이크해 확장시킨 어드밴스드 던전 앤 드래곤Advanced Dungeons & Dragons(이하 AD&D)의 데뷔작 《몬스터 매뉴얼》이 있었다. 손바닥만 한 크기의 소프트 커버를 버리고 〈기본 세트〉와 《몬스터 매뉴얼》은 대중시장을 염두에 두고 고품질의 A4용지 크기로 제품 형태를 바꾸었다. 이 규격이 동호회 밖에서도 판매하기 적합했고, 전국 체인 케이마트나 대형서점 월든북스에서도 볼 수 있을 법한 제품이었다. 두 제품의 표지는 서덜랜드가 직접 그렸다.

TSR이 대중시장을 생각하기 시작하면서, D&D의 복잡하고 소수만 이해하는 규칙을 대중이 이해할 수 있는 게임으로 녹여내는 작업이 필요하다는 사실이 분명해졌다. 그런 와중에 우연히 D&D 게임을 좋아하는 서던 캘리포니아 대학의 에릭 홈즈Eric Holmes라는 신경과 전문의가 저레벨 캐릭터에 대한 규칙을 이해하기 쉽게 정리해 한 권 분량으로 압축하는 작업을 하고 싶다고 TSR에 편지를 보냈다. 과도한 업무에 시달리던 레이크 제네바

의 직원들은 기꺼이 그 제안을 받아들였다. TSR이 새로운 플레이어들을 유치하기 위한 첫 시도로 홈즈의 〈기본 세트〉는 전쟁 게임과 판타지 소설의 열성 팬이 아닌 일반 대중도 입문하기 좋은 제품이 되었다.

〈기본 세트〉 안에는 파란색 단색 표지의 페이퍼백 룰 북 한 권과 봉지에 든 다면체 주사위 세트, 던전 마스터들이 최소한의 준비로 재빨리 던전을 마음대로 만들 수 있도록 구성된 던전 미로 모듈 '던전 지형Dungeon Geomorph' 몇 장과 신입 던전 마스터들이 적들과 보상을 사용해 지하세계를 만드는 데 도움을 주는 〈몬스터 앤 트레저 모음Monster & Treasure Assortment〉이 들어 있었다. 〈기본 세트〉는 매월 1,000부 이상씩 빠르게 판매되었다.

D&D가 비주류에서 주류로 편입되면서 몇 종의 판타지 크리처는 TSR에서 사라져야 했다. 톨킨 에스테이트의 창작물에 관한 비어문 저작권을 가지고 있던 엘란 머천다이징Elan Merchandising은 TSR에 사용 중지 명령을 보냈고, 그 결과 TSR은 호빗, 엔트, 발로그를 하프링, 트렌트, 발러 종류의 데몬으로 대체하게 되었다. 이러한 변화는 주로 명칭만 바뀐 거지만, 〈기본 세트〉를 급하게 수정하고 《몬스터 매뉴얼》 출시를 12월 마지막 날로 연기하는 등 TSR의 발 빠른 움직임에 제동이 걸렸다. 그럼에도 일부 톨킨의 그림자는 다음 해에 출시된 일부 제품에도 의도치 않게 계속 이어졌다. 그러나 TSR이 어떤 문제를 안고 있든 D&D 게임은 확실히 상승기류를 타고 있었고, TSR의 운명은 D&D와 끊으려야 끊을 수 없게 되었다.

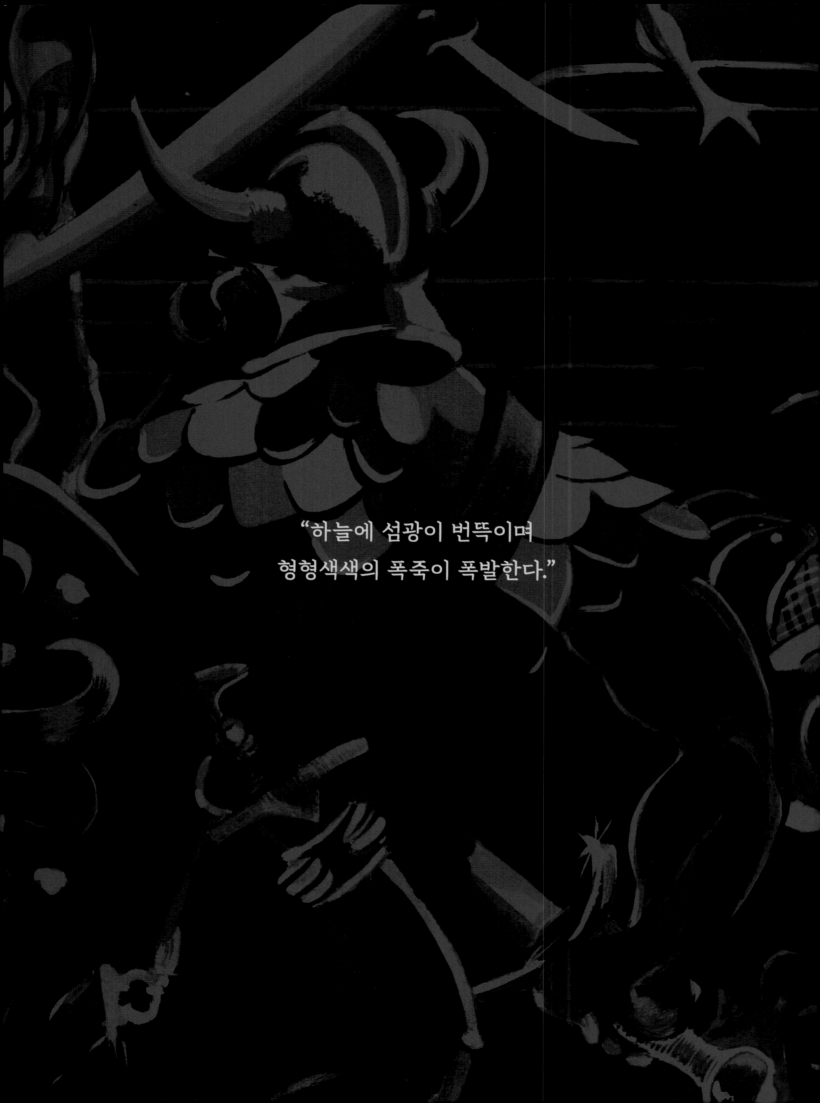

"하늘에 섬광이 번뜩이며
형형색색의 폭죽이 폭발한다."

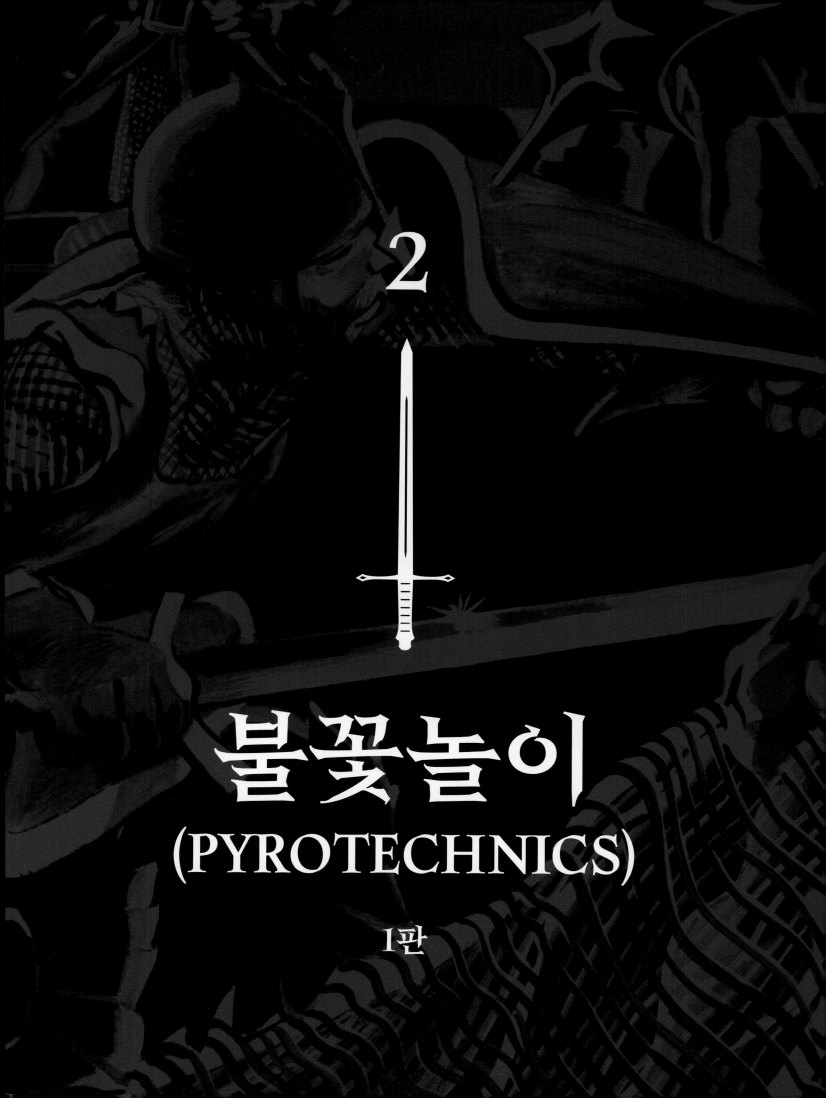

2

불꽃놀이
(PYROTECHNICS)

1판

3-1
STONE GIANT

36%

ILLO.
#84

맞은편 《몬스터 매뉴얼》에 수록된 데이브
트램피어의 오리지널 돌 거인|stone giant 그림

다음 장 전체 데이브 트램피어가 그린 《플레이어
핸드북Players Handbook》 표지. 전체 게임 설명을
한 장의 그림에 담았다.

아래 소책자 3권으로 된 '브라운 박스' 오리지널
초판본에서 영감을 받은 AD&D 3부작은
지금까지도 흔히 사용되는 핵심 룰 북의 표준
모델이 되었다.

〈기본 세트〉와 1977년 출시된 백과사전 같은 《몬스터 매뉴얼》의 성공으로 TSR은 포효하듯 힘차게 1978년 한 해를 시작했다. (어쩌면 '쉭쉭'과 '으르렁'거리는 소리도 함께했을 것이다.) 획기적인 새 룰 북은 D&D 시스템에 등장하는 몬스터의 특징과 수를 정하는 것은 물론, 몬스터 외형의 표준을 세웠다. 책에 수록된 200장 이상의 그림은 대부분 초상화였으며, 거의 모든 몬스터의 외형을 묘사했다. 이번에도 그림 대부분은 데이브 서덜랜드와 데이브 트램피어Dave Trampier가 맡았지만, 톰 왐도 비홀더를 비롯한 몇 가지 상징적인 몬스터의 이미지를 그렸고, 머잖아 TSR의 디자인 팀에 합류하게 되는 진 웰스Jean Wells가 몬스터 그림 두 점을 그렸다. 통틀어서 《몬스터 매뉴얼》의 이미지는 D&D 전체 판타지 크리처의 이미지를 정식으로 대표하게 되었고, 이후 탄생한 수많은 판타지 게임의 권위 있는 현대판 크리처 모음집이 되었다.

〈기본 세트〉는 급성장하는 초보자들의 시장을 키웠고, 《몬스터 매뉴얼》은 《플레이어 핸드북》이 출시되면서 1978년 여름에 시작된 AD&D 시스템 출시의 완결을 고대하는 노련한 플레이어들의 열기를 끌어올렸다. 시리즈의 시작인 《플레이어 핸드북》은 한 권으로 된 튼튼한 양장본으로 룰북, 확장판, 정기간행물 등 복잡하게 흩어져 있던 D&D 플레이에 필요한 수많은 캐릭터 클래스, 주문, 종족, 성향, 무기, 기타 시스템적 요소들을 효율적으로 한데 모아 만들었다. 이 책은 출시되자마자 D&D 게임을 하는 데 꼭 필요한 최고의 지침서가 되었다. D&D의 역사상 가장 상징적인 이미지 하나를 꼽자면 데이브 트램피어가 그린 《플레이어 핸드북》 표지의 던전 인카운터가 끝난 후 뒷정리를 하는 모험가 일행의 모습을 담은 장면일 것이다.

《플레이어 핸드북》이 출시될 때까지 D&D는 이미 여러 차례 비주얼 변화를 겪었다. D&D 게임은 빠르게 인기를 얻었지만, 입문자들에게 설명하기 힘든 게임이라는 걸 TSR에서도 이미 잘 인식하고 있었다. "보드게임인가요? 어떻게 해야 이기는 건가요?"와 같은 질문이 쏟아졌다.

따라서 새로운 게임 팬들의 상상력에 직접 지식을 전달할 필요가 있었다. 트램피어의 《플레이어 핸드북》 표지에는 알아야 할 모든 것이 한 화폭에 담겨 있었다. 풀컬러 그래픽에 분위기는 어둡고 침침했다. 그러나 무엇보다도 시각적으로 많은 내용을 담고 있었고 입문자에게 일반적으로 D&D를 하게 되면 무엇을 기대할 수 있는지를 설명했다.

GAMES FOR IMAGINATIVE PEOPLE

FROM
TSR

ROLE-PLAYING GAMES

We introduced this concept to the gaming hobby! In the role-playing game it is usual for one individual to act as game referee while the balance of the participants create game personas which then engage in successive game ''adventures'' in order to gain skill and wealth. TSR's role-playing games include **Dungeons & Dragons, Advanced Dungeons & Dragons, Gamma World, Metamorphosis Alpha,** and **Boot Hill.** In the near future still others will be added, such as **Top Secret.**

FANTASY & SCIENCE FICTION GAMES

While many of the role-playing games mentioned above fall into this category, we offer still more. Included are: **Dungeon! Divine Right, Lankhmar, Star Probe,** and **Star Empires.** New releases in this category, such as **Star Squadrons,** are forthcoming.

HISTORICAL BATTLE GAMES

The hobby of wargaming is one of the fastest growing pastimes, and TSR offers a line of fully researched and accurate conflict simulation games for wargamers such as: **Fight In The Skies** and **African Campaign.** Innovative new games will be added periodically to increase this portion of the game line, including **Battles for the German Frontier!**

ADULT AND FAMILY GAMES
from

THE GAME WIZARDS

PARLOR GAMES

Family games, as well as those for younger players, will be increasingly featured by TSR. Already mentioned are such titles as **Dungeon!** and **4th Dimension** and we also offer **Cohorts** (the Roman Checkers Game), **Suspicion** (the ultimate in murder mystery games), **Warlocks & Warriors** (an introductory level fantasy game), and **Snits Revenge** - pure fun!

RULES FOR MINIATURE WARGAMES

TSR started operations as a producer of miniatures rules, and we have not forgotten this aspect of the gaming hobby. We provide many leading titles for recreating battles with miniature figurines. A complete list is found later, but these titles encompass history from ancient times with **Classic Warfare,** through the Middle Ages, with **Chainmail,** the Revolutionary War with **Field Regulations** and **Valley Forge,** and the modern period with such rules as **Air Power, Panzer Warfare, Tractics** and **Modern Armor.**

GAMING MAGAZINE

For the devotee of imaginative gaming TSR publishes **The Dragon,** the monthly magazine of gaming in all of its popular forms - - heroic fantasy, science fiction, military miniatures, simulation board games, strategy games, and more. Each issue is designed to keep the game hobbyist abreast of trends and informed on the latest releases in role playing, boardgames, and miniatures.

TSR Hobbies, Inc.

TSR Games - TSR Periodicals - TSR Rules

POB 756   Lake Geneva, WI 53147 - (414)248-3625 or (800)558-2420

맞은편 TSR의 1979년 컬러판 카탈로그는 회사가 크게 성장해 아주
다양한 고품질의 게임을 제작하고 있었음을 보여준다.

오른쪽 개리 가이객스가 만든 사랑받는 'G' 시리즈 모듈을 소개하면서
모험 모듈 시장에 TSR의 입성을 알리는 1978년 광고. 모듈 출시와 함께
TSR의 새로운 회사 로고를 발표했다. 벨의 리저드맨은 위저드와
'더 게임 위저즈'라는 슬로건으로 대체되었다.

아래 1978년까지 TSR은 레이크 제네바 도심 중심부에 있는 고급 호텔
클레어를 비롯해 추가로 공간을 확보했다. 예전의 호텔 로비는 TSR의
'던전 하비 샵'이 되었고, 낡은 위층 공간은 경영진, 디자인, 개발 공간으로
사용되었다.

DUNGEON ADVENTURES...
but not for the faint at heart!

Here is a series of adventure modules to challenge even the most intrepid DUNGEONS & DRAGONS players!

Men - - heroes - - in the lairs of giants . . . Daring to enter these forbidding places to pay back the giants for their marauding raids of death and destruction against human settlements . . . Seeking some clue as to who or what is causing these giants to ally against mankind . . . Trying to deliver a blow to prevent them from ever menacing civilization again . . .

Dungeon modules G1, G2 and G3 are the first three releases in a new series of playing aids for ADVANCED DUNGEONS & DRAGONS, specially prepared by co-author Gary Gygax. By using them, a Dungeon Master can moderate a pre-developed game situation with a minimum of preparation - - and players can use new or existing characters for adventuring. The applications and possibilities are many - - incorporation of the modules and their locales into existing D & D campaigns, or as one-time adventures simply for a change in pace. Whatever your choice, you're sure to find the modules an interesting and worthwhile addition to your library of D & D materials.

Dungeon modules G1, G2 and G3 are designed to provide an ordered progression of successive adventures as marked, or to function as individual modules if purchased separately.

DUNGEON MODULE G1, Steading of the Hill Giant Chief $4.49
DUNGEON MODULE G2, Glacial Rift of the Frost Giant Jarl $4.49
DUNGEON MODULE G3, Hall of the Fire Giant King $4.98

Plus three new modules to be released at GenCon!

TSR HOBBIES
THE
GAME
WIZARDS

시중 판매라는 모험

《플레이어 핸드북》 출시에 맞춰 TSR은 예전에 제작한 컨벤션 토너먼트 시나리오를 집에서 플레이할 수 있는 '모험 모듈'이라는 완전히 새로운 제품 라인을 시작했다. 대략 30쪽 분량의 모듈은 지도, 보물, 악당이 완비된 조립식 스토리로, 누구나 자신이 플레이하는 캠페인 거의 어느 부분에나 끼워넣을 수 있다. 던전 마스터 스크린과 지도 역할을 할 수 있게 따로 분리된 판지 표지가 소프트 커버 부클릿을 둘러싸고 있는 형태의 보급형 제품으로 코어 북과 함께 사용하게 만들어졌다. 각 모듈은 독립적인 미션이었기 때문에 게임과 스토리 콘텐츠를 제공할 뿐 아니라 던전 마스터가 어떻게 설득력 있는 시나리오를 구성할지 보여주는 전문적인 사례로도 사용되었다.

언덕, 서리, 불 거인과 연달아 전투를 펼치는 가이객스의 3단계 전투를 다룬 1978년 오리진 토너먼트 직후, TSR은 이러한 모험을 모듈로 포장해서 팔기 시작했다. 한두 달 뒤에 열린 젠 콘의 그와 비슷한 세 부분으로 구성된 토너먼트에서도 모험 모듈 패키지를 팔았다. 간단한 상품 코드가 필요했던 TSR은 모듈별로 숫자와 문자로 이루어진 코드를 도입했고, 첫 번째 타이틀 〈언덕 거인 추장의 농장The Steading of the Hill Giant Chief〉은 'G1'이라는 코드명이 붙었다. 이후 팬들은 이런 명명 규약을 모듈 제목만큼이나 많이 사용하게 되었다. 표지 디자인에 기본 검정색 외에 다양한 단색을 썼기 때문에 '모노크롬'이라는 별명이 붙은 모듈의 황금기는 초기 고전 게임에서 사실상 모

든 그림에 참여한 데이브 서덜랜드와 데이브 트램피어의 펜 끝에서 생명력을 얻게 된다. 그해 말 TSR은 과거 토너먼트 던전 목록도 뒤져서 마침내 〈툼 오브 호러〉를 개별 상품으로 출시했는데, 그 이름에 걸맞게 수천 명의 플레이어는 자신들이 사랑하는 캐릭터가 이 무덤 깊숙한 곳에서 수치스러운 죽음을 맞이하는 공포에 휩싸이게 된다.

1978년 모듈 출시의 성공이 계속되자, 다음 해 TSR은 〈기본 세트〉로 눈을 돌려서 마이크 카Mike Carr가 전용 모듈로 쓴 〈미지를 찾아서In Search of the Unknown〉라는 신작을 내놓았다. 카는 트윈 시티즈 출신으로 D&D에 영감을 준 유명한 〈블랙무어〉 캠페인에 참여해 첫 번째 성직자 역할을 플레이했고, 초기 전쟁 게임 프로젝트에서 가이객스와 아네슨을 도왔다. 그는 누구 못지않은 전쟁 게이머였기 때문에 D&D에 객관성을 불어넣었고, 그 결과 그는 D&D 게임 최고의 실질적인 해설가이자 격의 없는 편집장 역할을 했다. 무엇보다도 그는 《플레이어 핸드북》 편집자였다. 그의 〈기본 세트〉 모듈은 아트 면에서도 중요한 작품인데, 표지를 트램피어와 서덜랜드가 공동으로 작업했기 때문이다. 이것은 드문 일이었다. 트램피어가 다소 만화같이 그림을 그리면, 서덜랜드가 완성도 있는 일러스트로 각색했다.

DUNGEONS & DRAGONS®

Dungeon Module G1
Steading of the Hill Giant Chief
by Gary Gygax

This module contains background information, referee's notes, two-level maps, and exploration matrix keys. It provides a complete module for play of ADVANCED DUNGEONS & DRAGONS, and it can be used alone or as the first of a three-part expedition adventure which also employs DUNGEON MODULE G2 (GLACIAL RIFT OF THE FROST GIANT JARL) and DUNGEON MODULE G3 (HALL OF THE FIRE GIANT KING).

©1978, TSR Games

TSR Games
POB 756
LAKE GENEVA, WI 53147

PRINTED IN U.S.A. 9016

SECOND OF 3

DUNGEONS & DRAGONS®

Dungeon Module G2
The Glacial Rift of The Frost Giant Jarl
by Gary Gygax

This module contains background information, referee's notes, maps, and exploration matrix keys. It provides a complete module for play of ADVANCED DUNGEONS & DRAGONS, and it can be used alone or as the second of a three-part expedition adventure which also employs DUNGEON MODULE G1 (STEADING OF THE HILL GIANT CHIEF) and DUNGEON MODULE G3 (HALL OF THE FIRE GIANT KING).

©1978, TSR Games

TSR Games
POB 756
LAKE GENEVA, WI 53147

PRINTED IN U.S.A. 9017

THIRD OF

DUNGEONS & DRAGONS

Dungeon Module G3
Hall of the Fire Giant King
by Gary Gygax

This module contains background information, referee's notes, three level maps, and exploration matrix keys. It provides a complete module for play of ADVANCED DUNGEONS & DRAGONS, and it can be played alone or as the last of a three-part expedition which also employs DUNGEON MODULE G1 (STEADING OF THE HILL GIANT CHIEF) and DUNGEON MODULE G2 (GLACIAL RIFT OF THE FROST GIANT JARL).

If you have enjoyed these modules, watch for the release of the next series, D1-D3, DESCENT INTO THE DEPTHS OF THE EARTH, which continues where this series ends. ©1978, TSR Games

TSR Games
POB 756
LAKE GENEVA, WI 53147

PRINTED IN U.S.A.

MODULES

ADVANCED DUNGEONS & DRAGONS®

Dungeon Module D1
Descent Into the Depths of the Earth
by Gary Gygax

module contains background information, a large-scale referee's map with a matching partial map for players, referee's notes, special ... tion and encounter pieces, a large map detailing a cavern area, encounter and map matrix keys, and an additional section pertaining to a new creature for use with this module and the game as a whole. A complete setting for play of ADVANCED DUNGEONS & ... ONS is contained herein. This module can be played alone, as the first part of a series of three modules (with SHRINE OF THE ... TOA, D2, and VAULT OF THE DROW, D3), or as the fourth part of a continuing series of modules which form a special ... sive campaign scenario (DUNGEON MODULES G1, G2, G3, D1, D2, D3, and Q1, QUEEN OF THE DEMONWEB PITS, soon to be released).

If you have found this module and its companions exciting, stay tuned for more action from The Game Wizards!

©1978, TSR Games

TSR Games
POB 756
LAKE GENEVA, WI 53147

PRINTED IN U.S.A. 9019

D2

SECOND OF 3 MODULES

ADVANCED DUNGEONS & DRAGONS®

Dungeon Module D2
Shrine of The Kuo-Toa
by Gary Gygax

This module contains background information, a large-scale referee's map with a matching partial map for players, referee's notes, special exploration and encounter pieces, a large map detailing a temple complex area, encounter and map matrix keys, and an additional section pertaining to a pair of unique new creatures for use with this module and the game as a whole. A complete setting for play of ADVANCED DUNGEONS & DRAGONS is contained herein. This module can be played alone, as the second part of a series of three modules (with DESCENT INTO THE DEPTHS OF THE EARTH, D1, and VAULT OF THE DROW, D3), or as the fourth part of a continuing series (DUNGEON MODULES G1, G2, G3, D1, D2, D3, and Q1, QUEEN OF THE DEMONWEB PITS).

If you have found this module and its companions exciting, stay tuned for more action from The Game Wizards!

©1978, TSR Games

TSR Games
POB 756
LAKE GENEVA, WI 53147

PRINTED IN U.S.A. 9020

D3

THIRD OF 3 MODULES

ADVANCED DUNGEONS & DRAGO...

Dungeon Module D3
Vault of the Drow
by Gary Gygax

This module contains background information, a large-scale referee's map with a matching partial map for players, refe... exploration and encounter pieces, a hex map detailing an enormous cavern area, a special temple map, encounter and map ... additional sections pertaining to unique new creatures for use with this module and the game as a whole. A complete se... ADVANCED DUNGEONS & DRAGONS is contained herein. This module can be played alone, as the final part of ... modules (with DESCENT INTO THE DEPTHS OF THE EARTH, D1 and SHRINE OF THE KUO-TOA ... sixth part of a continuing series of modules which form a special campaign scenario (DUNGEON MODULES G1, G... D3, and Q1, QUEEN OF THE DEMONWEB PITS, soon to be released).

If you have found this module and its companions exciting, stay tuned for more action from The Game Wiz...

©1978, TSR Games

TSR Games
POB 756
LAKE GENEVA, WI 53147

PRINTED IN U.S.A.

MODULE

ADVANCED DUNGEONS & DRAGONS®

by Gary Gygax

TOMB of HORRORS

... module was originally used for the Official DUNGEONS & DRAGONS tournament at Origins I. The author wishes ... xpress his thanks to Mr. Alan Lucien who was kind enough to submit the ideas for this dungeon. This version has ... n revised and updated to conform to ADVANCED DUNGEONS & DRAGONS. Included herein are background ... mation for players, including the Legend of the Tomb—as is true of all TSR DUNGEON MODULES, the location of ... area is upon the Map of the World of Greyhawk (WORLD OF GREYHAWK from TSR)—DM notes, level map and ... rix, player character statistics for varying numbers of participants, and over two dozen special illustrations to ... hically enhance your players' enjoyment of the adventure, as the drawings are keyed to various scenes and ... encounters in the Tomb.

If you enjoy this module, be sure to try any of the many other unique offerings in this line from TSR!

© 1978, TSR Games

TSR Games
POB 756

S2

SPECIAL MODULE

ADVANCED DUNGEONS & DRAGONS™

Dungeon Module S2
White Plume Mountain
by Lawrence Schick

This module contains background information, referee's notes, player aids, a complete map level, and a cutaway view of the mountain complex. WHITE PLUME MOUNTAIN is from the Special ("S") series; like others in this series, it is meant to stand on its own and is a complete ADVANCED DUNGEONS & DRAGONS adventure. The recommended number of players is four to ten, with levels ranging from fifth to tenth.

If you find this module interesting and challenging, look for the TSR logo on future publications from The Game Wizards!

©1979, TSR Games

TSR Games
POB 756
LAKE GENEVA, WI 53147

T1

FIRST OF 2 MODULES

ADVANCED DUNGEONS & DRAGON...

Dungeon Module T1
The Village of Hommlet
by Gary Gygax

INTRODUCTORY TO NOVICE LEVEL

The Village of Hommlet has grown up around a crossroads in a woodland. Once far from any important ... embroiled in the struggle between gods and demons when the Temple of Elemental Evil arose but a few leagues ... its inhabitants, the Temple and its evil hordes were destroyed a decade ago, but Hommlet still suffers from incu... and strange monsters . . .

This module contains a map of the village and lands around, a large scale map of the inn, church, trading post, ... (main floor, upper rooms and cellars), an informational key regarding the inhabitants, and a map and exp... destroyed moat house, a former outpost of the Temple of Elemental Evil. The whole provides a complete, ready-... and is a lead-in to DUNGEON MODULE T2, THE TEMPLE OF ELEMENTAL EVIL.

TSR Games
POB 756
LAKE GENEVA, WI 53147

위 마이크 카의 작품 〈미지를 찾아서〉용으로 그린 데이브
트램피어의 오리지널 만화풍 표지. 바로 아래에 데이브
서덜랜드가 각색해서 최종 제품에 사용된 그림이 있다.
트램피어와 서덜랜드는 자신들의 이니셜을 스타일리시하게
'DIS&DAT'으로 서명하면서 공동 작품임을 재치 있게 선보였다.

맞은편 모든 표지를 데이브 서덜랜드와 데이브 트램피어가
담당한 1978년과 1979년의 오리지널 〈모노크롬〉 모듈

Enter The Gateway to Adventure

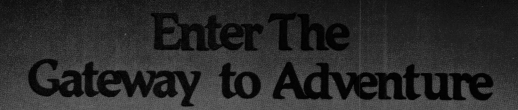

with Dungeons & Dragons®

A game that will take you to new worlds of fun and adventure with an assortment of characters and game plans that will bring you hours of enjoyment.

Dungeons and Dragons® Basic Set, for ages 12 to adult contains everything you need to start playing: A 48 page game booklet, an introductory module, and a set of randomizer chits. For the best in fantasy role-playing games look to The Game Wizards at TSR Hobbies.

Available wherever better games are sold.

TSR Hobbies

POB 756, Lake Geneva, WI

TSR *Welcomes You To* GENCON XII

We hope that you will visit our booth to see . . .

DUNGEON MASTERS GUIDE
VOLUME THREE OF ADVANCED D & D

VILLAGE OF HOMMLET
AD & D DUNGEON MODULE FOR BEGINNING LEVELS

WHITE PLUME MOUNTAIN
AD & D DUNGEON MODULE FOR INTERMEDIATE LEVELS

★ SPECIAL ★

Each day, one dozen copies of the DUNGEON MASTERS GUIDE, sold at random will be autographed and dated by the author and by the principal illustrator!

TSR Hobbies, Inc.
The Game Wizards

POB 756
Lake Geneva, WI 53147
414-248-3625

18   19

맞은편 TSR의 주사위가 동이 나자, 대신 숫자가 적힌 딱지와 가이객스의 〈변두리 땅의 요새The Keep on the Borderlands〉를 넣은 〈기본 세트〉의 1980년 광고

왼쪽 새로운 〈던전 마스터 가이드〉의 개리 가이객스와 데이브 서덜랜드가 서명한 한정판은 TSR의 빠르게 성장하는 전시회인 12회 젠 콘에서 구매할 수 있었다.

다음 장 전체 〈AD&D 던전 마스터〉(1979)의 데이브 서덜랜드가 그린 표지 그림으로 전설 속 '황동의 도시City of Brass'가 위험천만한 '불의 정령계' 위에 불길한 기운을 뿜으며 떠올라 있다.

아래 AD&D 책의 '성 삼위일체'를 담은 1980년 광고

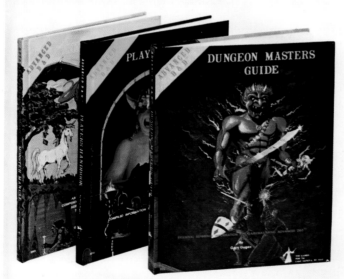

THE ULTIMATE

IN ADVENTURE GAMES --
IN HOBBY GAME SALES!

CONTACT YOUR TSR REPRESENTATIVE TODAY!

TSR Hobbies, Inc.
The Game Wizards

POB 756
Lake Geneva, WI 53147
414-248-3625

Model Retailer 231

경험치 보너스

1979년 여름은 D&D에게 진정한 불꽃놀이와 예상치 못한 오명을 안겨주었다. 〈기본 세트〉와 신작 AD&D 제품 라인의 강세에 힘입어 D&D 제품이 매월 5,000~6,000부씩 판매되면서 TSR은 1978년 이례적인 성장세를 경험했다. 1979년까지 〈기본 세트〉 판매가 급격하게 치솟아 사사분기에만 10만 부를 넘어서자 TSR은 말 그대로 주사위가 동이 났고, 필요할 경우 주사위 대신 모자에서 뽑는 형태로 숫자가 적힌 작은 종이 조각을 제공할 수밖에 없었다. 재구매를 유도하기 위해 TSR은 연말이 되기 전에 〈기본 세트〉에 마이크 카의 〈미지를 찾아서〉를 다른 입문용 모듈인 가이객스의 〈변두리 땅의 요새〉로 대체했다. 그리고 D&D가 끌어들인 열정적인 독자를 새로 출판된 《던전 마스터 가이드Dungeon Masters Guide》가 맞이했다. 《던전 마스터 가이드》에는 모험 설계와 전투 판정에 대한 조언뿐 아니라, 모든 모험가가 탐내는 마법 물품이 있는 궁극의 보물 방이 있었다. 플레이어들이 자신의 캐릭터를 신으로 바꿔줄지도 모른다는 환상을 품을 만한 아티팩트를 끝도 없이 구경할 수 있는 페이지들이었다. 악마 같은 거대한 붉은 이프리트에 맞서 싸우는 모험가 일행의 모습을 그린 데이브 서덜랜드의 표지 그림은 책등을 감싸며 뒤표지까지 이어졌고, 거기에는 기이한 불의 호수 위에 기하학적인 황동의 도시가 떠 있었다. 《던전 마스터 가이드》 발간으로 AD&D 시스템의 핵심이 완성되었고, D&D 게임은 성숙기에 접어들면서 떠오르는 대중문화에서도 보일 정도가 되었다.

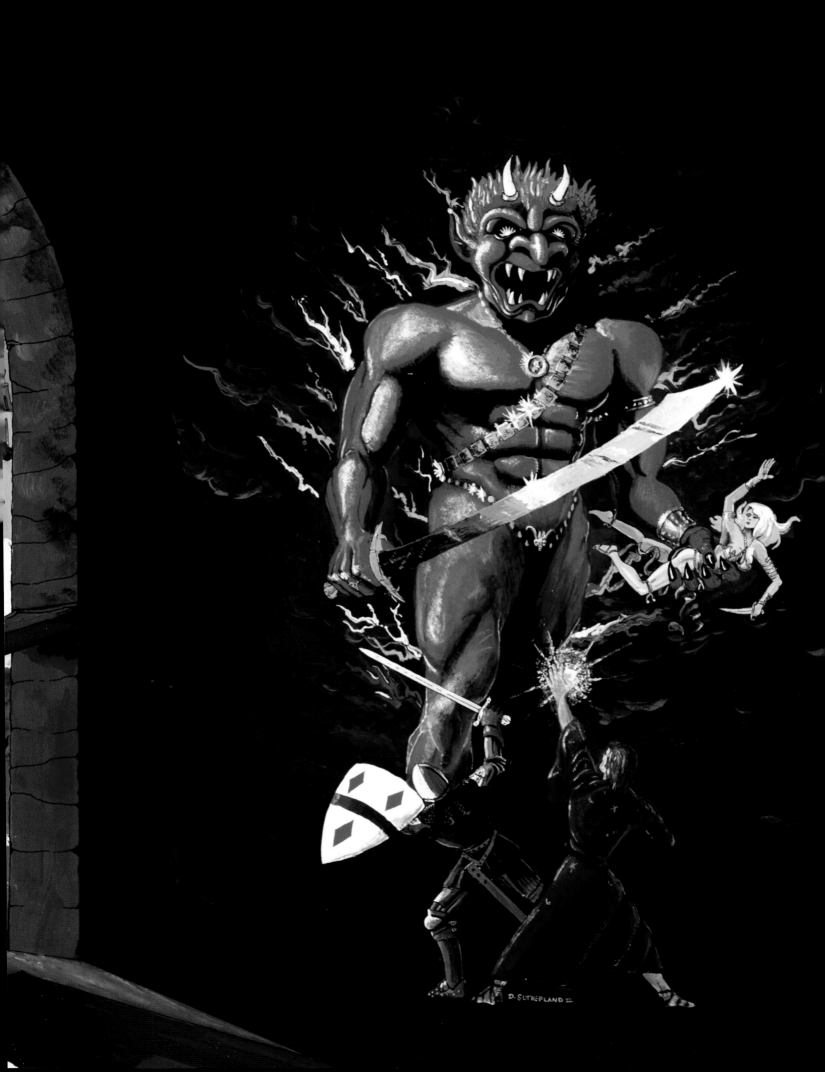

D. SUTHERLAND III

위 《던전 마스터 가이드》에 수록된 데이브
트램피어의 〈혼돈의 에메리콜Emirikol the Chaotic〉

맞은편 《플레이어 핸드북》에 수록된 데이브
서덜랜드의 '지옥의 팔라딘' 오리지널
일러스트레이션. 종이에 잉크 펜으로 그렸다.

> "《플레이어 핸드북》 1판에 실린 '지옥의
> 팔라딘'은 나에게 우상과도 같아서 기회가
> 주어졌을 때, 나는 '지옥의 팔라딘'에 대한
> 2판 모듈 전체를 썼다."
>
> —TSR 디자이너, 몬티 쿡

PALADIN IN HELL

DAVID C. SUTHERLAND

"4, 5단어로만 된 짧은 설명밖에는 의존할 만한 내용이 거의 없을 때가 많았다."

–TSR 초기 아트 디렉션 수준에 대한 달린의 생각

AD&D의 '성 삼위일체'는 당시 수백만 젊은 게이머들의 사랑을 받으며 철저히 음미되었기 때문에 이 세 책의 수많은 아트 중에 주목할 만한 작품 몇 점만 뽑아내기란 불가능에 가깝다. 책 속에 수록된 모든 삽화는 아무리 사소하더라도 이젠 상징이 되었다. 그래도 《플레이어 핸드북》에 수록된 '지옥의 팔라딘'과 《던전 마스터 가이드》에 수록된 '혼돈의 에미리콜' 같이 데이브 서덜랜드와 데이브 트램피어의 대표작인 한 면을 차지하는 흑백 그림에 제일 먼저 눈길이 간다. 작은 푸투라 폰트와 읽기 힘든 표로 빽빽이 채워진 독특한 페이지들조차도 매우 사랑받는 스타일로 자리 잡았으며 이후 여러 해에 걸쳐 다른 게임 책에 영향을 미쳤다.

하지만 서덜랜드와 트램피어 팀은 과다한 업무로 향후 제품 생산 속도를 따라가기 힘들어졌다. 이미 이들은 《던전 마스터 가이드》에서 D&D가 발전하는 데 주요한 역할을 한 다른 아티스트들과 공동 작업을 한 경험이 있었다. TSR에서 첫 작품으로 〈드래곤〉지의 칼럼 상단 삽화를 그린 달린 Darlene은 오브리 비어즐리를 오마주한 전면 삽화와 타이틀 페이지의 점묘화로 그린 유니콘 삽화를 포함해 내부 아트의 상당 부분을 담당했으며, 1979년에 사실상 데이브 트램피어를 대신해 아트 스태프가 되었다. 갑옷을 입은 전사가 녹 괴물을 보고 격분한 매지션의 품으로 뛰어드는 것과 같은 윌리엄 맥닐 William McLean의 유머러스한 만화들은 게임 비주얼의 다양성을 강화했고, 그 농담을 알아들은 팬들과의 유대감을 키웠다. TSR의 전직 출고 담당 직원에서 아티스트로 변신한 디젤 라포스 Diesel LaForce도 같이 참여했으며, 버클리 출신의 젊고 환각적인 아티스트 에롤 오투스는 《던전 마스터 가이드》 2쇄 이후에 삽화 몇 점을 슬쩍 끼워넣을 수 있었다

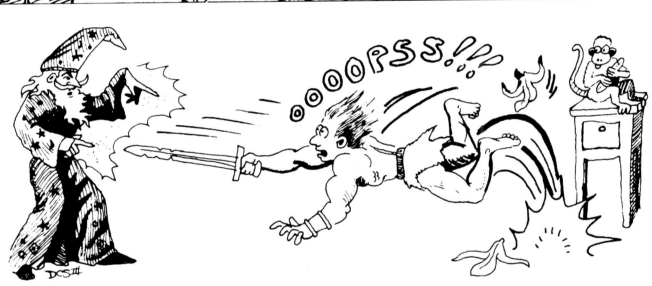

"이건 대단한 신작 판타지 롤플레잉 게임이야.
산업화된 기술 사회의 노동자와 학생 역할을 하는 거지."

"흠… 매직유저가 다양한 빅비의 손 주문을 시전하게 해주는
것이거나, +2 등긁개일 거야. 아직은 어느 쪽인지 모르겠네…"

"시방 이 시라소니랑 얘기해야 한다는 게 먼 소리여? 저번에
우리가 말을 걸었던 몬스터는 파티 절반을 씹어먹었당께!"

맨 위, 중앙 《던전 마스터 가이드》에 수록된
윌리엄 맥닐의 유머러스한 만화 컷들
(적어도 D&D 플레이어들에게는 웃음을 준다)

바로 위 《몬스터 매뉴얼》에 수록된 톰 왐의
시라소니 만화

맞은편 맨 위 《몬스터 매뉴얼》에서 정신을 잡아
먹는 중인 마인드 플레이어를 가볍게 해석한
톰 왐의 그림

맞은편 중앙, 아래 《플레이어 핸드북》에 수록된
데이브 서덜랜드의 코믹 컷

에롤 오투스: D&D의 초현실주의자

축축한 지하 동굴에서 원시적인 살점 거품으로 만들어진 웅덩이가 흐물거리는 부속기관, 삐죽삐죽 이빨 돋은 구멍, 부어오른 눈알, 기거나 미끄덩거리거나 심지어 썩어가는 날개를 퍼덕거리며 잠시 날다가 다시 점액질 속으로 무너져 내리는 온갖 소름 끼치는 것들을 낳는다. 〈신과 반신Deities & Demigods〉(1980)에 나오는 혼돈의 살아 있는 화신이다. 이런 것을 그릴 사람은 에롤 오투스밖에 없다.

당시 모든 판타지 삽화가와 마찬가지로 오투스는 1960년대와 1970년대 코난 표지로 유명한 프랭크 프라제타Frank Frazetta의 그림을 공부했다. 하지만 오투스의 전사는 건장한 체격이 아닌 뼈만 앙상했고, 그가 그린 위저드는 괴짜나 부적응자 같다. 그의 무분별한 스타일은 호러 아티스트 버니 라이트슨Bernie Wrightson 못지않게 닥터 수스의 영향을 받았다고 설명했다. 마치 공포 잡지 〈위어드 테일스Weird Tales〉의 표지에 나올 법한 하네스 복Hannes Bok의 초현실적인 과장과 버질 핀레이Virgil Finlay의 유령의 집 불빛과 같은 1930년대 펄프적 감성도 엿보인다. 그러나 오투스는 언더그라운드 웨스트 코스트 코믹의 환각적인 스타일과 현대의 반문화적인 요소도 더했다.

캘리포니아 버클리에서 고등학교를 졸업하기 1년 전, 오투스는 초기의 비공식 확장판인 〈아두인 마법서Arduin Grimoire〉(1977)의 오리지널 표지를 포함한 삽화용으로는 처음으로 전문적인 게임 그림을 그렸다. 친구이자 게임 디자이너인 폴 라이체Paul Reiche와 함께 오투스는 〈네크로노미칸 앤드 부티 앤드 더 비스트Necronomican and Booty and the Beasts〉와 같은 베이 에어리어 확장판을 만들었다. 오투스는 자신의 작품을 〈드래곤〉지 13호에서 광고한 '크리처 그림' 팬 경진대회에 출품했고, 가작상을 받고 TSR에서 일하게 된다. 그 후 머지않아 라이체는 오투스를 방문했다가 "소문과는 달리, TSR 사람들은 사악하거나 불쾌한 사람들이 아니다"라는 사실을 알게 되면서 디자인 팀에 합류하게 된다. 업계의 많은 경쟁자 사이에 TSR은 그런 이미지를 가지고 있던 게 분명했다.

D&D 팬들은 오투스를 〈신과 반신〉 표지와 1981년 〈기본 세트〉, 〈전문가 세트〉의 표지를 통해 만났다. D&D의 전성기에 〈기본 세트〉가 TSR의 대표 상품이 되자, 두 명의 모험가가 지하 동굴에서 반쯤 물에 잠긴 그린 드래곤과 싸우는 장면을 그린 오투스의 〈기본 세트〉 표지 그림이 널리 알려졌다. 오투스는 아트를 공부하러 버클리로 돌아가기 전인 1979~1981년까지 TSR에서 아티스트로 일하며 데이브 서덜랜드와 함께 모듈

〈신과 반신〉(1980) 내부에 수록된 에롤 오투스의 삽화

EROL OTUS

ARTIST FAVORITE

위 에롤 오투스가 그리고 톰 몰드베이가 편집한 1981년 〈기본 세트〉의 표지 그림. 오투스는 별로 크지 않은 던전 공간에 거대한 드래곤을 만들어 내려고 얕아 보이는 웅덩이를 이용해 모험 가득한 밀실공포증 분위기를 만들었다.

맞은편 위 자신의 탐욕에 굴복한 어리석은 위저드 모습을 그린 1981년 〈기본 세트〉 부클릿 삽화

맞은편 아래 〈타모아칸의 숨겨진 사원The Hidden Shrine of Tamoachan〉 모듈 속의 뒤틀린 아름다움을 지닌 지버링 마우서

의 수많은 표지와 내부 삽화를 그리며 아티스트로 열심히 일했다.

오투스의 세계에서 불행한 운명의 인간들은 몸의 반은 곤충이고 나머지 반은 달팽이인, 눈과 혀와 촉수만 있는 음탕한 신들 앞에 몸을 바짝 엎드리고 있다. 그 말고는 지버링 마우서gibbering mouther를 그릴 다른 사람을 생각할 수 없다. 그의 상상력은 때로 가족용 게임의 한도를 넘어서기도 했다. 〈은왕자의 궁전The Palace of the Silver Princess〉 모듈 B3의 악명 높은 1쇄에서는 논란의 여지가 있는 이미지가 많이 있지만, 에롤의 머리가 셋 달린 자웅동체가 곁눈질하는 모습보다 관습을 거스르는 존재는 없을 것이다. B3 모듈을 회수해 파쇄했으며, 심지어는 여러 해가 지난 뒤 경영진인 케빈 블룸Kevin Blume이 B3를 몰래 감추고 있는 직원이 있다면 모두 없애라는 메모를 돌린 일화는 유명하다.

disappearance
id dragons, dungeons
wallow Dallas Egbert?
Boy may h
in dungeo
Claimed Missing
ntasy Gam
th feared
hinted gar
in
may
Hu
thr
a vict
ppe
robe
mind
n-age c
iz
genius is
Police continue Michigan tunnel search
Missing you
police try fa
Missing Genius Rep

Tunnels Are Searched for Missing Student

By NATHANIEL SHEPPARD Jr.

Special to The New York Times

EAST LANSING, Mich., Sept. 7 — The authorities at Michigan State University and private investigators are combing an eight-mile maze of steam tunnels underneath the campus here in an effort to find a 16-year-old computer science student who disappeared Aug. 15.

The student's disappearance in summer school is shrouded in mystery, and school officials believe that he may either have become lost in the tunnels, which carry heat to campus buildings, while playing an elaborate version of a bizarre intellectual game called Dungeons and Dragons or that the disappearance might be just a hoax.

"He could be in the tunnels, he could have committed suicide or it could be just a hoax," said Capt. Ferman Badgley, chief of field services for the university's police force and coordinator of the search.

James Dallas Egbert 3d, a sophomore, was last seen on campus Aug. 15 at dinner in the student dining hall. He was reported missing a week later by a former roommate, and the search is now in its third week.

Described as Brilliant

Mr. Egbert was described as a brilliant student with a grade point average above 3.5 and a penchant for science fiction and intellectually challenging games.

When the school authorities and the youth's parents searched his dormitory room they found a note printed in large capital letters that said, "To whom it may concern: If my body is found I wish to be cremated."

However, handwriting specialists who compared the note with other samples of the student's writing said they doubted it had been written by him.

William Dear, head of the five-man private investigator team hired by the student's family, said, "It is our opinion that the boy is dead."

Anonymous Phone Calls

Captain Badgley said the authorities had received anonymous telephone calls from a woman who said Mr. Egbert and other students had been playing Dungeons and Dragons in the steam tunnels and that if the student was found he would be found dead.

Dungeons and Dragons is a game produced by T.R.S. Hobbies of Lake Geneva, Wis. The game is an apparent takeoff on the popular J.R.R. Tolkien trilogy, "Lord of the Rings," a fantasy that deals with the search for a magic ring and features an assortment of terrible creatures that menace the heroes and threaten the world.

Dungeons and Dragons, like "Lord of the Rings," features a wizard, a fearless hero, dwarfs, "halflings," "orks" and various other nasties. Each player portrays a character and the object is for the players to find a way out of an imaginary labyrinth to collect great treasures.

Students at Michigan State University and elsewhere reportedly have greatly elaborated on the game, donning medieval costumes and using outdoor settings to stage the contest.

A spokesman for T.R.S. Hobbies said that more than 300,000 Dungeons and Dragons games had been sold in the last few years.

The school authorities said that if Mr. Egbert had gone into the tunnels it was likely that he had become lost and would likely have died from the intense heat, well above 100 degrees during the day, or from lack of oxygen.

The heat is so intense during the day that the search has been conducted at night when the temperatures are somewhat lower.

Mr. Egbert's mother, Anna Egbert of Dayton, Ohio, said her son had a history of not being where he was supposed to be.

'He'd Suddenly Disappear'

"Throughout life he wasn't always where you told him to be," she said in a telephone interview. "We would go shopping and he would suddenly disappear for half an hour. Then I would turn around and he would be there.

"Even when he was a small child, he would get out of his crib and someone would bring him back from the street," she said.

Mrs. Egbert said her son was particularly interested in science fiction, attending every convention that he could, and that he had dabbled with computers and calculators since he was about 10. "At age 12 he had his own programmable calculator," she said, "and he programmed it to play games with him."

Mrs. Egbert also said the condition of her son's dormitory room bothered her when she inspected it. "It was in immaculate condition, with books stacked neatly according to height, his clothes were washed, ironed and put away, and his socks were stacked almost in military style," she said. "Even the wall posters had been removed and rolled up neatly.

"It was so strange and eerie," she said, "because it was nothing like him, He was never neat. It looked like he was checking out."

The note left in large letters and the condition of the room led to speculation that Mr. Egbert had been the victim of foul play and that efforts had been made to cover up a crime or that the incident was a hoax.

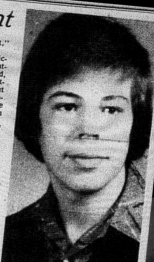

Associated Press

James Dallas Egbert 3d

William Dear, a private detective, beginning his search for James Dallas Egbert 3d in the steam tunnels beneath Michigan State University. The student has been missing since Aug. 15. At right is Mr. Dear's helper, Dick Riddle.

Associated Press

아래 《던전 마스터 가이드》에 실린 달린의 서큐버스 삽화. 19세기 말 삽화가 귀스타브 도레의 유명한 그림을 따라 한 것으로, 어린이 D&D 플레이어들이 자주 찾는 상상의 세계 속에 간교한 크리처가 도사리고 있음을 보여주는 생생한 예다.

맞은편 1979년 9월 8일 〈뉴욕타임스〉에서 발췌한 에그버트 사건 기사. © 1979 New York Times. 모든 저작권은 뉴욕타임스에 있다.

> "그 게임을 하다 보면, 어떤 경우에는
> 실제로 넋이 나가버릴 때가 있다."
>
> −〈더 드래곤〉에서 인용한 사립 탐정 윌리엄 디어의 말

악마는 디테일에 있다

1979년 8월, 미시간 주립대에서 컴퓨터 공학을 전공하는 16세의 학생이 여름 학기에 실종되는 사건이 발생했다. 학생의 이름은 제임스 달라스 에그버트 3세James Dallas Egbert III로 얄궂게도 D&D 플레이어였다. 에그버트가 실종된 직후, 걱정이 된 부모는 텍사스에서 독특하고 효과적인 방법을 사용하는 것으로 잘 알려진 사립 탐정 윌리엄 디어William Dear를 고용했다.

미시간주의 이스트 랜싱에 도착한 디어는 에그버트의 방을 뒤졌고, 마침내 큰 단서를 찾았다고 생각했다. 기이한 규칙과 오컬트 이미지를 담은 AD&D 게임을 찾은 그는 이상한 모양으로 배열된 압정이 붙어 있는 게시판에 불길한 불빛을 비추게 된다. 익명의 제보에 따라 일종의 던전과 같은 대학교 지하의 방대한 증기 터널에서 같이 D&D 게임을 하곤 했다는 에그버트와 같은 과 친구들에게 디어가 질문했다. 그는 학생들이 하는 D&D 게임을 관찰한 후, 하나의 이론에 집착하게 되었다. D&D는 몰입형 게임으로 판타지와 현실의 경계를 흐리게 만든다는 것이었다. 그의 이론에 따르면 에그버트는 자신이 게임의 캐릭터라고 생각하고 미로와도 같은 지하 증기 터널에서 모험을 하다가 길을 잃었다는 것이다.

회의적인 대학 교직원들이 증기 터널을 탐색하겠다는 제안을 달가워하지 않자, 디어는 자신의 이론을 이스트 랜싱 형사들과 언론에 떠들었다. 그때부터 언론의 서커스가 시작되었다. 몇 주가 채 되지 않아 〈뉴욕타임스〉를 비롯한 여러 신문사에서 그 소식을 듣고 D&D는 '기이한 두뇌 게임'이라고 부르며, 디어의 이론에 힘을 실었다. 그 이야기는 들불처럼 퍼졌고, 전국적으로 수십 개의 신문사가 뒤이어 보도했다. '사이비 종교'라는 단어가 관련 기사의 헤드라인에 많이 실렸다. TSR의 직원들은 에그버트의 게시판 사진을 분석해서 단서가 될 만한 D&D의 암호나 지도를 분석해달라는 부탁을 받았다. 그러나 게시판에는 아무것도 없었다. 마침내 디어가 소원한 대로 터널을 탐색했지만, 마찬가지로 아무것도 발견할 수 없었다.

9월 중순, 에그버트는 루이지애나에서 모습을 드러냈다. 그는 단순히 학업 스트레스와 다른 개인적인 문제 때문에 도망친 것이었다. 그러나 이 사실은 이미 선정적으로 보도된 D&D 이론에 비해 좋은 기삿거리가 되지 못했고, 첫 보도만큼 크게 보도되지 않았다. 에그버트 사건이 해결되고 D&D 이론이 사실이 아니라고 밝혀졌지만, D&D 게임은 새로운 감시를 받게 되었다. 어두운 의혹이 뿌리를 내렸다. 불안한 부모들은 아이들이 가지고 노는 D&D 게임의 룰 북을 자세히 들여다보기 시작했고, 데몬, 리치, 아울베어와 같은 그래픽 이미지들만 발견하게 되었다.

약 40년 전에 검열의 칼날을 불러온 초창기 펄프 소설과 공포 만화처럼 D&D 책들도 폭력적이고 성적인 장면들이 담겨 있는 것만 같았다. 또한 주문은 물론이고 그 주문을 시전하는 방법에 대한 규칙도 들어 있었다. RPG 방식을 전혀 이해하지 못하던 독자, 특히 종교적 근본주의를 지향하는 사람들에게는 그야말로 무섭기 그지없는 내용이었다.

순식간에 D&D는 사탄 숭배와 마녀 집회를 위해 은밀하게 모집하는 수단이라는 새로운 주장들이 생겨났는데, D&D의 사진만 대충 훑어보고 내놓은 주장일 때가 많았다. TSR은 또 다른 AD&D의 양장본 코어북과 1976년에 출간된 《신과 반신과 영웅》을 개정한 1980년 《신과 반신》 백과사전을 발간할 때 외부의 걱정을 잠재우려는 노력을 거의 하지 않았다. 전작에서 사용했던 자유 이용 저작물 중세 그림과 장식적인 디자인 대신에 완전히 새로운 아트를 채워 넣은 것이다. 게다가 역사적 신앙에서 이름을 따온 부분과 판타지 픽션에서 가져온 신과 소신의 만신전이 뒤섞여 담겨 있었다. 첫 2쇄를 찍은 뒤 일부 개정을 했는데, 실제 종교에서 가져온 부분을 줄였다면 종교적인 비난을 덜었겠지만, 아이러니하게도 오히려 저작권 우려 때문

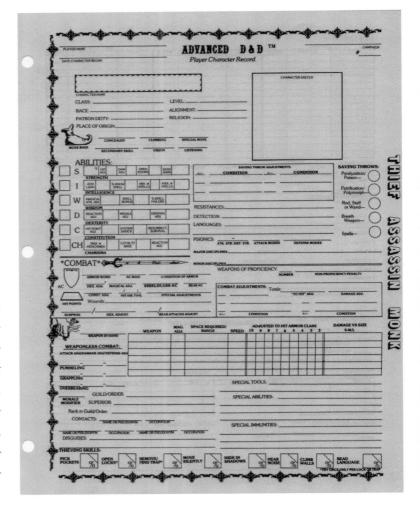

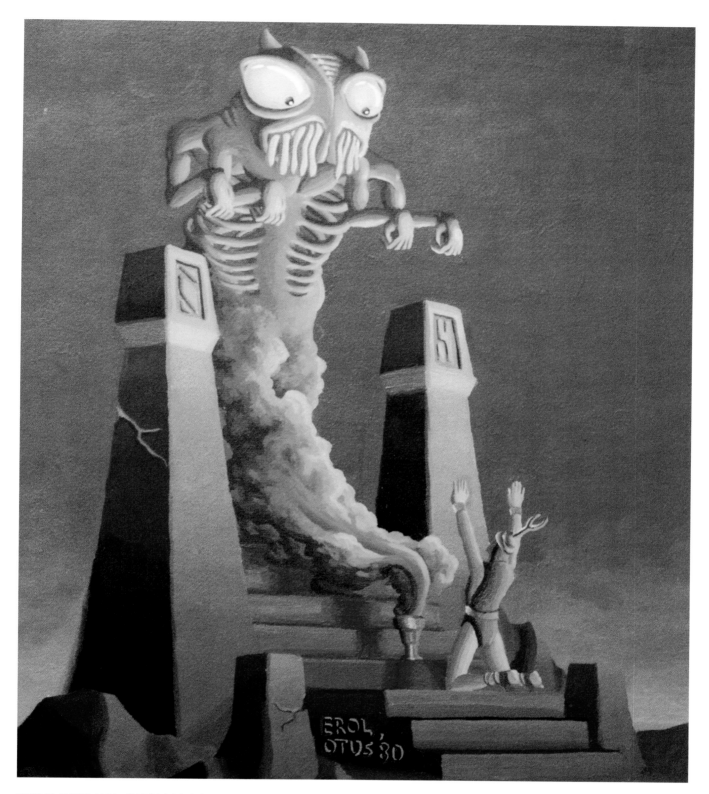

맞은편 위, 위 1980년 AD&D의 양장본 〈신과 반신〉의 에롤 오투스가 그린 오리지널 표지 그림. 약간의 펄프적인 느낌과 함께 오투스는 천계를 지배하기 위해 다투는 오컬트적이고 무정하고 무심한 신을 위해 싸우고 신에게 머리를 숙이는 인간들의 한심한 고난을 보여주었다.

맞은편 아래 에그버트 사건과 같은 시기의 캐릭터 시트. 지적 에너지가 필요하고, 낯설고 비의적인 디테일을 정교하게 따라가며, 이상한 종교를 참조하며, 영적 가치와 무기가 등장하고, 불길하게 들리는 주문까지 있으니 D&D와 의문의 실종 사건을 연관 짓는 신문 기사를 읽는 성인들의 오해를 불러일으켰다.

Orcus

위 〈신과 반신〉에서 거미들의 데몬 여왕 롤스에게 바친 인간 제물을 그린 에롤 오투스의 그림(1980).

맞은편 맨 위 왼쪽부터 시계 방향 《몬스터 매뉴얼》(1977)에서 데이브 트램피어의 핏 핀드Pit Fiend와 리치. 〈엘드리치 위저드리〉(1976)에서 데이브 서덜랜드의 데몬 타입 6과 오르커스Orcus. 《몬스터 매뉴얼》에서 데이브 서덜랜드의 서큐버스와 아스모데우스

맞은편 아래 1978년 《플레이어 핸드북》에 들어 있는 데이브 트램피어의 악마적인 그림

아래 〈신과 반신〉의 모든 이미지가 논란이 된 건 아니었다. 여기에는 데이브 '디젤' 라포스의 순화된 이미지가 있었다.

에 20세기 판타지 픽션 스토리에서 가져온 만들어진 신앙 부분을 줄였다. 의도치 않게 D&D는 종교와의 고리를 강화했고, 그로 인해 논란이 가열되었다.

이제 D&D를 플레이하는 청소년은 언제든 게임에서 나쁜 영향을 받은 문제 학생으로 간주될 수 있었다. 더욱이 TSR이 더는 게임에 관한 대화를 통제하지 못했다. 과잉보호하는 부모들과 기삿거리에 굶주린 언론에 끌려다녔다. 그 결과 대중은 D&D의 충격적인 이미지와 더불어 몰입감은 있지만 이해하기 어려운 게임 방식 때문에 D&D를 헐뜯기 시작했다. 그러나 이 모든 비난은 오히려 역효과를 일으켰다. TSR은 '모든 언론 보도는 좋다'는 옛말이 옳다는 걸 빠르게 입증하게 되었다. 순이익이라는 가장 중요한 부분에서 TSR이 옳다는 것이 입증된 것이다.

DIESEL LAFORCE
ARTIST FAVORITE

THE GAME WIZARDS
PRESENT YOUR . . .

GATEWAY TO ADVENTURE

TSR HOBBIES, INC.
LAKE GENEVA, WI 53147

감시자들에게 의도치 않게 이 '모험의 관문'이 실제로
오컬트로 향하는 입구라고 시사했을 수 있는 '데몬
얼굴 모양의 문'이 등장하는 TSR의 1980년 카탈로그

TSR HOBBIES'
GAMES & ACCESSORIES

TSR
The Game Wizards
© 1980 TSR Hobbies, Inc. All Rights Reserved.

YOUR
GATEWAY
TO
ADVENTURE

"여러분, 걱정 마세요! 이 모험의 관문은 하나도 무서워할 필요가
없어요!" TSR의 1981년 카탈로그는 TSR의 광고 총괄이자 개리
가이객스의 오랜 친구 데이브 디머리가 콘셉트로 만든 만화풍의
위저드 몰리를 등장시켰다. 몰리는 데블과 데몬의 이미지를
완벽하게 가리며, TSR과 그 대표 게임인 D&D를 한층 부드럽고
어린이들에게 쉽게 다가갈 수 있는 이미지로 만들었다.

© 1981 TSR HOBBIES, INC. ALL RIGHTS RESERVED.

Bring a Dragon
into your classroom

위, 맞은편 맨 위 검열관들과 종교 단체에 대응하면서. D&D 게임의 팬층을 어린이들까지 넓히고 싶다는 바람으로 TSR은 재미있고 어린이 친화적인 게임이라는 이미지를 광고하고 제품 패키지에 담으려는 노력에 박차를 가했다.

맞은편 아래 또한 TSR을 비판하는 사람들에 대응하려고 TSR은 1980년에 로고를 변경했다. 1980년 짐 로슬로프가 만든 판권 상징 콘셉트

아래 달린이 그린 TSR 최종 로고(1980)

되돌아온 흐름

1979년 여름, '증기 터널' 사건으로 악명을 얻은 D&D에게 1980년은 좋지 않은 해가 되리라 생각했지만, 오히려 반대가 되었다. 끝없이 팽창하는 RPG 시장의 수요에 따라 빠르게 성장한 TSR은 이미 지난 2년간 매출이 두 배가량 상승했고, 1980년 회계연도에도 비슷한 성장세를 예상했다. 실제 매출은 회사의 기대조차도 훨씬 뛰어넘어 230만 달러에서 870만 달러로 수직상승하면서 거의 4배로 증가했다. D&D에게는 논쟁에 노출된 것이 재무적으로는 많은 도움이 되었다. 하지만 그와 동시에 걱정하는 부모들과 검열 기관, 종교 단체와 주류 언론의 철저한 감시를 받아야 한다는 새로운 문제에 봉착했다. 그래서 TSR은 D&D 게임이 위험하며 오컬트적이라는 주장에 열심히 소리 높여 맞서 싸웠다. 한편으로는 D&D의 이미지를 부드럽게 만들고 책 읽기를 홍보하고, 도덕성을 높이며 건강한 사회관계를 구축하는 가족 친화적인 게임이라는 이미지를 만들기 위한 노력이 이미 진행 중이었다.

한편 TSR은 최초의 캠페인 설정서인 〈그레이호크의 세계The World of Greyhawk〉와 같은 신제품을 빠르게 출시했다. 지시에 따라 길을 떠나는 단편적인 스토리 모듈 대신, 캠페인 설정을 소개하고 게이머들에게 지도, 역사,

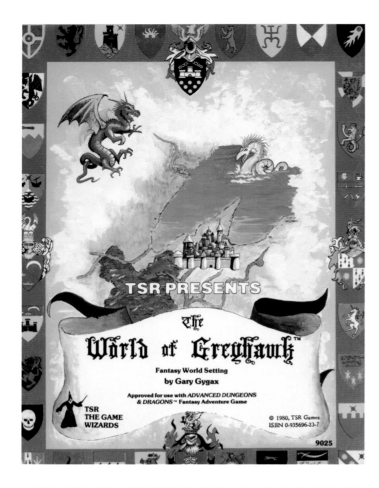

지리적·정치적 배경과 신화적 풍경을 제공했지만, 모험가들이 따라야 하는 미리 제작된 스토리는 없었다. 1980년 무렵엔 〈그레이호크〉 설정에 활용할 자료가 많았는데, 개리 가이객스가 제작한 캐슬 앤 크루세이드 동호회의 오리지널 〈더 그레이트 킹덤〉까지 거슬러 올라가는 게임 플레이 배경이 풍부했기 때문이다.

1980년 여름에는 〈기본 세트〉가 매월 5만 부 가까이 판매되었다. 수요에 발맞추기 위해 TSR은 인기 많은 모험 모듈과 1970년대 말의 다른 상품들을 컬러판 표지와 개정된 내용으로 작업해 재발매를 시작했으며, 짐 로슬로프Jim Roslof, 제프 디Jeff Dee, 빌 윌링험Bill Willingham, 에롤 오투스와 같은 TSR 소속 아티스트들의 아주 개성 있는 신작 아트로 꾸몄다.

위 2절판으로 인쇄된 〈그레이호크의 세계〉(1980)

맞은편 2절판 〈그레이호크의 세계〉(1980)에 수록된 달린의 플라네스 지도. 이 컬러판 육각타일 지도는 〈그레이호크〉 설정의 결정판 지도로 간주된다. "이 작품의 규격은 아주 커서, 실제로는 보드에 펼쳐놓고 작업해야 했다"고 달린이 설명했다. 2장으로 된 접는 형태의 지도는 86×112센티미터 크기로 향후 〈그레이호크〉에 관한 모든 책에서 지리를 참고하는 지도로 사용되었다.

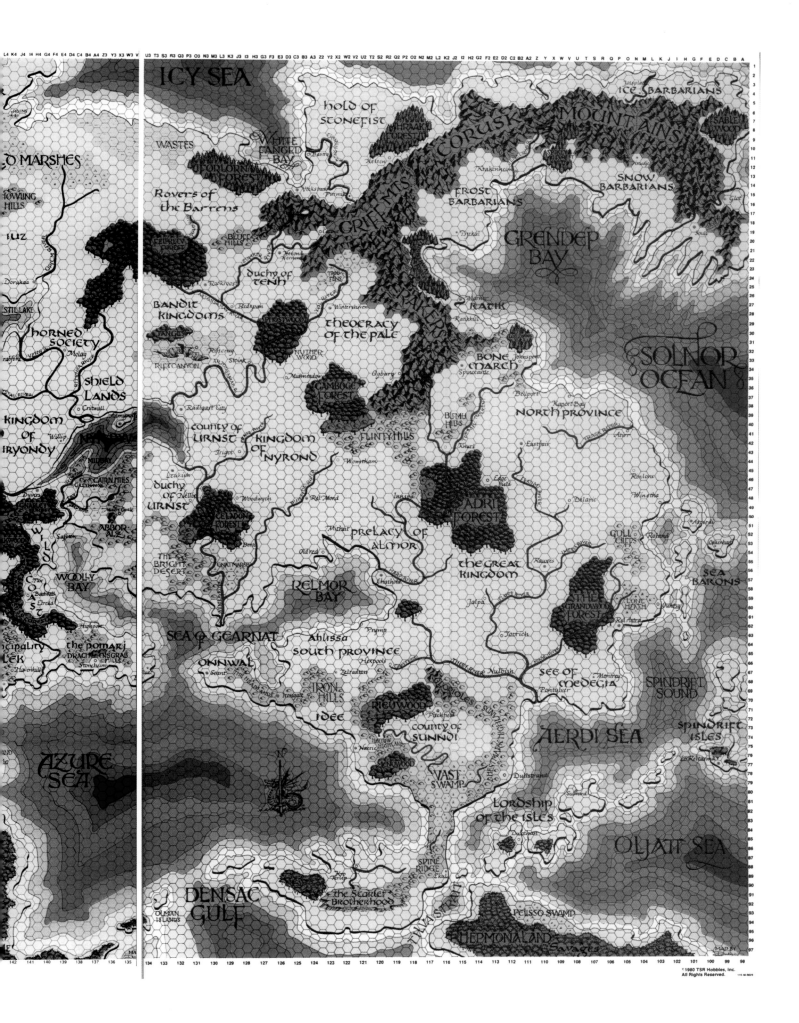

ICY SEA

hold of
STONEFIST

WASTES

WHITE
FANGED
BAY

FORLORN
FOREST

Rovers of
the Barrens

HRAAK
FOREST

ICE BARBARIANS

CORUSK
MOUNTAINS

SABLE
WOOD

SNOW
BARBARIANS

FROST
BARBARIANS

GRIFF MTS.

GRENDEP
BAY

O MARSHES

OWLING
HILLS

IUZ

HELPREEK
FOREST

BLUFF
HILLS

duchy of
TENH

TROLL
FENS

RATIK

SOLNOR
OCEAN

Dorakaa

STILLAKE

HORNED
SOCIETY

BANDIT
KINGDOMS

THEOCRACY
OF THE PALE

BONE
MARCH

Melag

SHIELD
LANDS

RIFTCANYON

NUTHER
WOOD

BLEMU
HILLS

NORTH PROVINCE

Critwall

KINGDOM
OF
IRYONDY

COUNTY OF
URNST

KINGDOM
OF
NYROND

CAMBOGE
FOREST

FLINTY HILLS

Eastfair

WILD
WOOD

duchy
OF NELLIX
URNST

CELADON
FOREST

ADRI
FOREST

Innspa

Woodwych

ABBOR-
ALZ

PRELACY OF
ALMOR

THE GREAT
KINGDOM

GULL
CLIFFS

THE
BRIGHT
DESERT

RELMOR
BAY

WOOLLY
BAY

SEA
BARONS

principality
LEK

DRACHENSGRAB
HILLS

SEA OF GEARNAT

AhIISSA
SOUTH PROVINCE

Prymp

SEE OF
MEDEGIA

THE
GRANDWOOD
FOREST

Rel Astra

SPINDRIFT
SOUND

AZURE
SEA

ONNWAL

IRON
HILLS

IDEE

RIEUWOOD

county of
SUNNDI

Zelradton

AERDI SEA

SPINDRIFT
ISLES

MENOWOOD

VAST
SWAMP

LORDSHIP
OF THE ISLES

OLJATT SEA

SPINE
RIDGE

DENSAC
GULF

OLMAN
ISLANDS

the SCARLET
BROTHERHOOD

PELISSO SWAMP

HEPMONALAND
Savages

MAP BY

2 · 불꽃놀이   109

© 1980 TSR Hobbies, Inc.
All Rights Reserved.

롤스

1978

1978

1980

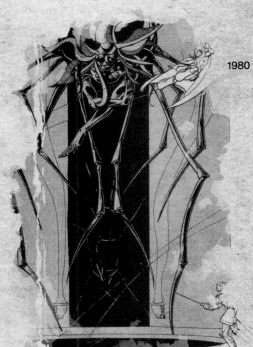

1980

1980

1980

1981

"다크 엘프들은 심연의 데몬 로드를 숭배한다.
가장 잘 알려진 예로는 데몬 여왕 롤스 숭배가 있다. 드로우는
(다른 이의) 피와 부를 롤스에게 바친다. 데몬 여왕 롤스는
아주 강력하며 경외의 대상이 되는 데몬 로드다.
롤스는 보통 거대한 검은과부거미 형상을 하고 있다.
그러나 눈부시게 아름다운 여성 다크 엘프의 모습도 즐긴다.
롤스의 목적에 대해서는 거의 알려져 있지 않으며, 드로우가
롤스를 숭배하기에 이 여왕이 지상에 강림한다는 정도만
알려져 있다."

— 〈신과 반신〉, 1980

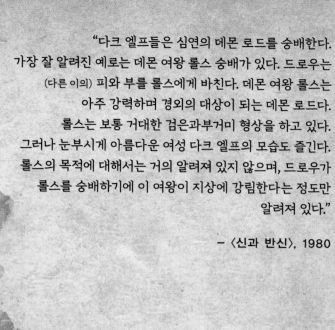

2001

2002

2008

혼돈의 동굴들

1980년 모험 모듈 〈변두리 땅의 요새〉
표지와 커버 아티스트 짐 로슬로프가
색채를 연구하기 위해 그린 초기 수채화

1980년 개리 가이객스는 TSR의 베스트셀러 D&D 〈기본 세트〉를 바꾸었다. 이전에는 카의 〈미지를 찾아서〉가 들어 있었지만, 이제는 플레이어들이 가이객스의 〈변두리 땅의 요새〉를 접하게 되었다. 수백만 명의 플레이어들이 이제 그의 위험천만한 최신작을 만나게 되었다. 몬스터로 넘치는 〈혼돈의 동굴들〉은 많은 플레이가 D&D 세계로 입문하는 계기가 되었다. 여러 층이 존재하는 동굴은 요새에 머무르면서 명성과 부를 찾는 모험가들에게 인기 많은 장소가 되었다. 하지만 경험이 적은 파티에게는 동굴 선택이 러시안룰렛과 같이 음험한 게임이 될 수 있었다. 동굴 안에 무엇이 도사리고 있을지 알 수 없기 때문이다.

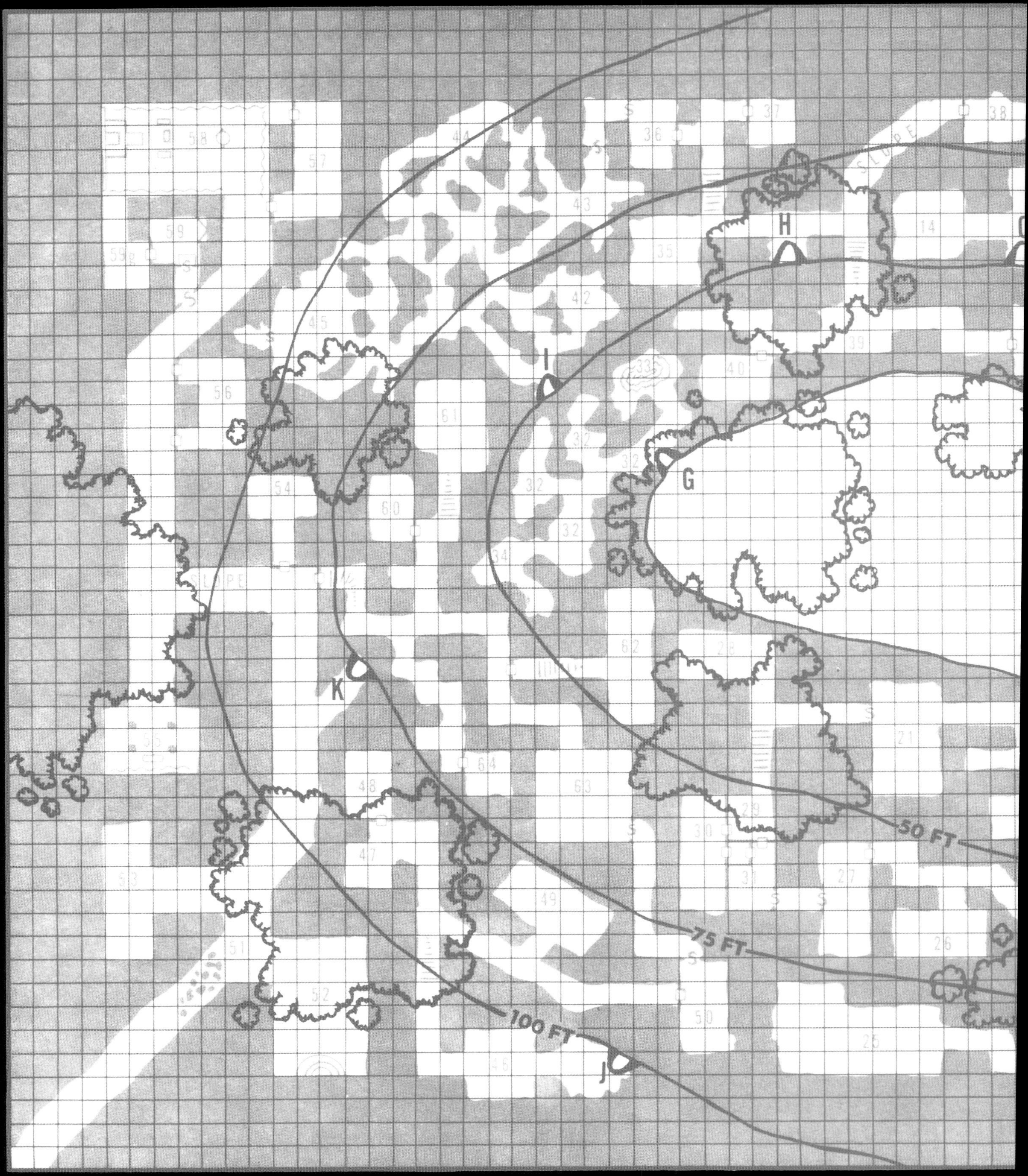

58
57
44
36
37
38
SLOPE
43
59
H
14
35
45
42
39
I
40
33
56
61
32
G
54
60
34
SLOPE
62
28
K
21
55
64
48
63
29
50 FT
30
47
53
31
27
49
75 FT
51
26
52
100 FT
50
25
46
J

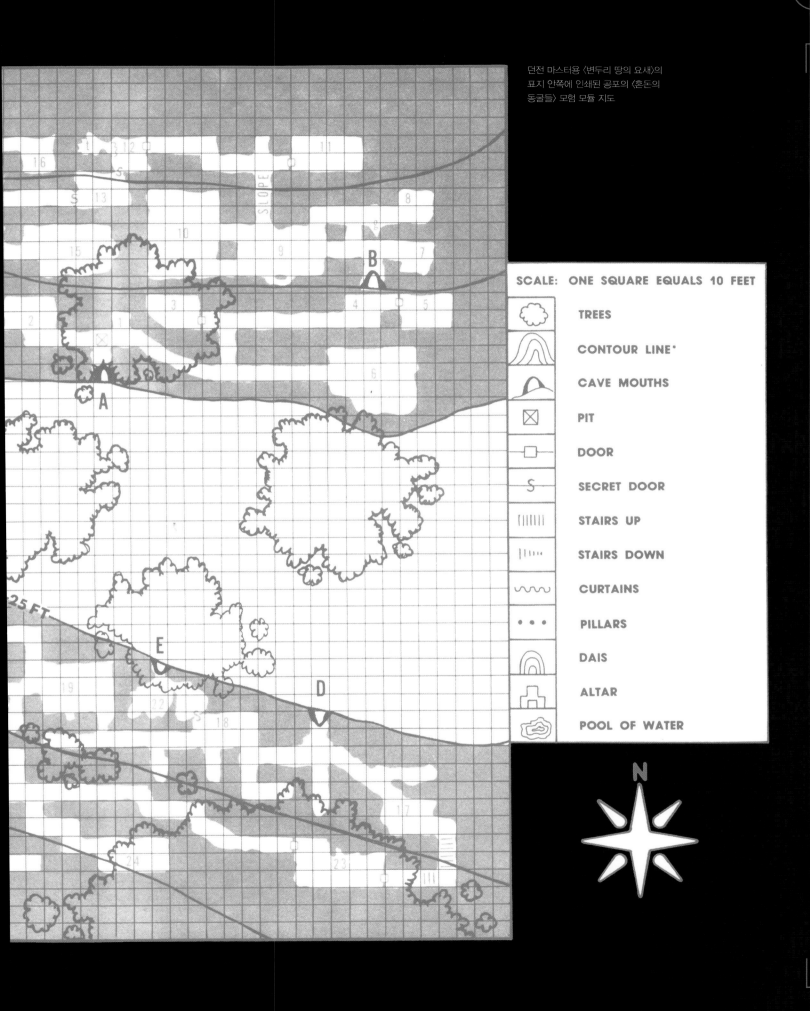

던전 마스터용 〈변두리 땅의 요새〉의
표지 안쪽에 인쇄된 공포의 〈혼돈의
동굴들〉 모험 모듈 지도

SCALE: ONE SQUARE EQUALS 10 FEET

TREES

CONTOUR LINE*

CAVE MOUTHS

PIT

DOOR

SECRET DOOR

STAIRS UP

STAIRS DOWN

CURTAINS

PILLARS

DAIS

ALTAR

POOL OF WATER

모험의 황금기

1980년대 초반, D&D 역사상 가장 성공하고 게임의 상징이 된 모험들이 만들어졌다. 그러나 게임 콘텐츠의 상당 부분이 새로 만들어진 것이 아니라 1970년대의 인기 모듈의 표지를 바꾸거나 다시 취합해서 만들었다. 〈툼 오브 호러〉와 거인 시리즈 모듈의 전통을 따라 〈쵸칸트의 잃어버린 동굴The Lost Caverns of Tsojcanth〉과 〈사라진 타모아칸Lost Tamoachan〉 같은 다른 토너먼트 모듈도 소매용 모듈로 전환되었는데, 〈사라진 타모아칸〉은 〈타모아칸의 숨겨진 사원The Hidden Shrine of Tamoachan〉으로 이름이 변경되었다. 수정본의 가장 독특한 특징 중 하나는 컬러판으로 새로 제작한 그림으로 앞뒤 표지를 새롭게 디자인했다는 점이다. 1970년대 '모노크롬' 모듈은 취미용품점이나 우편 주문 판매에 적합했지만 이제 D&D는 일반 매장에서 판매되었다. 그리고 주요 장난감 가게와 서점의 선반 위에서 다른 제품과 경쟁하려면 다양한 색상과 전문적인 표지가 필요했다.

위 '황금기'에 가장 인기를 끈 모험 모듈들 (제일 위 왼쪽부터 시계
방향으로) 에롤 오투스가 표지를 그린
〈장벽 산맥으로의 여정Expedition to the Barrier Peaks〉(1980),
에롤 오투스가 표지를 그린 〈캐슬 앰버Castle Amber〉(1981),
짐 할로웨이가 표지를 그린 〈더 로스트 시티The Lost City〉(1982),
클라이드 콜드웰이 표지를 그린 〈레이븐로프트Ravenloft〉(1983)

맞은편 왼쪽 〈쵸칸트의 잃어버린 동굴〉의
오리지널 토너먼트 모듈과 출간된 모듈

맞은편 오른쪽 〈사라진 타모아칸〉의 오리지널
토너먼트 모듈과 〈타모아칸의 숨겨진 사원〉으로
출간된 2개의 모듈

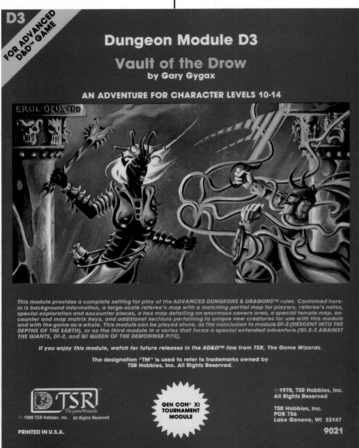

1980~1981년에 걸쳐. 1970년대에 가장 성공한 '모노크롬'
모듈 중 일부의 외관이 상당히 많이 바뀌었다.
데이브 서덜랜드의 〈드로우의 지하묘지Vault of the Drow〉는
에롤 오투스에 의해 총천연색 옷을 입었다.

제프 디가 다시 그린 〈톰 오브 호러〉

과거에 서덜랜드와 트램피어의 표지 그림을 품고 있던
3부작 'G' 시리즈 모듈은 빌 윌링험이 표지 그림을
그린 〈거인에 맞서Against the Giants〉 모듈이 되었다.

가장 큰 스타일 변화였을지도 모를 〈홈릿의 마을Village of Hommle〉에
수록된 트램피어의 영화 포스터 같은 표지가 제프 디의 손끝에서
코믹북 같은 표지로 재탄생했다.

1981년 재발행된 D1과 D2 모듈에 수록된
짐 로슬로프의 오리지널 표지 아트는
D1타이틀 〈지저로의 하강Descent into the Depths
of the Earth〉으로 취합되었다.

맨 위부터 시계 방향 TSR 동료 아티스트 데이브 서덜랜
드의 모험 〈데몬웹 구덩이의 여왕Queen of the Demonweb Pits〉
뒤표지로 제프 디가 그린 일러스트레이션, 빌 윌링험의
〈지저로의 하강〉(1981) 뒤표지, 〈툼 오브 호러〉의 1981년
재인쇄판 뒤표지로 에롤 오투스가 그린 전설적인 '거대한
녹색 데블의 얼굴Face of the Great Green Devil'

CREATIVE FUN EQUALS GROWING SUCCESS

© 1980 TSR Hobbies Inc.   All Rights Reserved

"When it came to taking risks, I was always rather conservative," says E. Gary Gygax, president and founder of TSR Hobbies, Inc., "but everyone else was ultra-conservative."

Gygax's "conservativism" certainly paid rich dividends — in the seven years since he introduced the Dungeons & Dragons fantasy role playing game, the product has revolutionized the gaming industry. This TSR flagship has become so popular that it is now often credited as the catalyst for the creation of a new segment of the toy and hobby industry: Adventure Gaming.

Adventure gaming includes board games, role playing games, and games using miniature figures. It covers the topics of fantasy, science fiction, and history, among others. The newest and most rapidly growing area of adventure gaming is that of fantasy role playing games: the Dungeons & Dragons game is the biggest of this type.

E. Gary Gygax, President and founder of TSR Hobbies, Inc.

AS SEEN IN

Toy & Hobby World MAY 1981

위 왼쪽 TSR이 1980년대 초 셰리든 스프링스 로드에 경영진 사무실로 임대한 건물. 이전 임차인이었던 레저 앤 레크리에이션 프로덕츠의 이름을 따 LRP빌딩이라 불렀다.

위 오른쪽 1981년 TSR의 프로필로 비즈니스적 기업 이미지를 사용한다는 걸 보여준다. 불과 몇 년 전 지하실에서 취미로 운영하던 비즈니스와는 사뭇 다르다.

왼쪽 위저드 몰리를 어릿광대이자 아동살해자로 묘사한 이 만화는 아트 디렉터 짐 로슬로프 소유물로 TSR 아트팀의 저속한 유머 감각과 어린이 친화적인 회사 방향성에 대한 전반적인 반감을 동시에 드러낸다.

맞은편 TSR 하비스의 인사총괄 더그 블럼이 TSR의 던전 하비 샵에서 포즈를 취하고 있다.

레벨 업

탄생한 지 6년이 지난 D&D는 여전히 TSR의 내부 아트팀이 공들여 '수작업하는' 아트였다. 1980년 데이브 서덜랜드가 짐 로슬로프에게 아트팀의 통솔권을 넘겼고, 새로운 경영진의 통솔하에서도 아트팀은 여전히 회사에서 가장 제멋대로 구는 집단이었다. 물론 개발·디자인·아트팀 모두가 젊고 떠들썩했지만 말이다. 주로 20대 초반 이하의 남성들로 구성된 아트팀은 확실히 제멋대로 일했다. TSR을 설립하던 당시의 회사는 태평스러운 게이머 집단이었기에 이런 정서가 더욱 부추겨졌다. 그러나 사업이 커지고 제품 개발 속도가 빨라지면서 경영진은 더 진지한 비전을 추구하기 시작했고, 체계화된 작업을 강조하기 시작했다. TSR은 이제 유머러스하고 외설적인 캐리커처가 사무실에 걸리는 것을 허용하지 않았다.

1981년 4월, 자유분방한 개발·디자인·아트팀과 TSR의 경영진 사이의 긴장감은 예측했던 상황에 도달했다. 디자이너 스티브 윈터Steve Winter의 말에 따르면 두 명의 10대 직원 폴 라이체와 에반 로빈슨은 "불복종이라는 과장된 혐의"로 봄에 해고됐지만, 성숙하지 않고 프로답지 않은 행동 때문

에 해고당했을 가능성이 컸다. 제프 디와 빌 윌링험이 공개적으로 해고에 대한 불만을 표출하며 자신들의 소지품을 싸는 상징적인 행동을 보이자, "태도 불량"을 이유로 그들도 해고당했다. 다른 아티스트와 디자이너들은 이에 반발하며 회사를 떠났고, 아트팀에는 로슬로프와 에롤 오투스만 남았다. 그 사건은 회사 내에서 '대숙청'으로 알려졌고, TSR 직원 소식지 〈랜덤 이벤트 Ramdom Events〉의 1981년 5월 13일 발행 호에서는 "우리 직원을 대상으로 한 '숙청'이나 암묵적인 위협은 없다!"는 주장을 펼쳤지만 오히려 그것이 사실임을 입증하는 것 같았다. 아트팀은 어느 때보다도 빠르게 늘어나는 수요에 대응하느라 고군분투하던 상황이었고, 이 사건은 큰 걱정거리가 되었다. 그러나 곧 구원의 손길이 도착했다.

1970년대 말, D&D에 대한 세계적인 수요로 TSR은 TSR 하비스 UK라 불리는 영국 자회사를 설립했다. D&D가 크게 도약하면서 성장통은 자연스러운 과정이었다. 세계적인 확장과 AD&D 양장본의 성공 덕분에 TSR의 레이크 제네바 본사 밖에서 만들어진 D&D 제품을 위한 무대가 만들어

인기 있는 SF지 《옴니Omni》의 1980,
1981년호에 실린 프랑스어. 앞뒤 순서를
바꾸어 쓴 영어. 독일어로 번역된 광고들.
마이크 카(주최자)와 엘리스 가이객스(제일 왼쪽),
홍보책임 데이브 디머리(헬멧을 쓰고 칼을 든 사람)
등 TSR 직원들(아래 사진의)은 독일 광고에
영감을 주었다.

TSR HOBBIES, INC. PRESENTS

MONSTERS FROM ENGLAND

THE Fiend Folio™ TOME

Created by hobbyists for hobbyists, the FIEND FOLIO™ Tome is a collection of new and fearsome monsters to add to the ADVANCED DUNGEONS & DRAGONS® gaming system. Over 120 pages, fully illustrated, the FIEND FOLIO is an excellent companion to the AD&D™ Monster Manual.

For free color catalog write to:
TSR Hobbies, Inc.
The Game Wizards
POB 756 Dept. 170-82D2
Lake Geneva, WI 53147

TSR
The GameWizards
© 1980 TSR Hobbies Inc.
All Rights Reserved

In the U.K. write to:
TSR Hobbies (U.K.) Limited
The Mill
Rathmore Road
Cambridge, ENGLAND
CB1 4AD

ADVANCED DUNGEONS & DRAGONS, FIEND FOLIO and AD&D are trademarks of TSR Hobbies, Inc. ©1981 TSR Hobbies, Inc. All Rights Reserved.

왼쪽 1981년 AD&D 후속 양장본으로 미국과 영국 디자이너와 아티스트가 협업한 《핀드 폴리오》를 위한 광고

다음 장 전체 에마뉘엘이 그린 《핀드 폴리오》(1981)의 오리지널 겉표지

졌다. 1981년 8월 TSR의 오리지널 영국 배급사인 게임즈 워크샵이 발행한 게이밍지 〈화이트 드워프White Dwarf〉에 주로 등장한 몬스터를 담은 《영국 핀드 폴리오UK Fiend Folio》가 독특한 아트와 스타일을 가지고 판매되기 시작했다. 무엇보다도 《핀드 폴리오》는 기스양키githyanki를 비롯한 새로운 몬스터와 적들을 소개하는 책으로 유명해졌다.

맨 위 에롤 오투스가 그린 1981년 〈기본 세트〉와
〈전문가 세트〉의 생동감 있고 매우 양식화된 새 표지

위 제프 디가 그린 〈공포의 섬〉 모험 모듈 표지 아트

맞은편 위 톰 몰드베이의 〈전문가 세트〉(1981)
표지용으로 짐 로슬로프가 그린 콘셉트 그림

맞은편 아래 주사위 공급 부족으로 지난 세트에
주사위 대신 딱지를 공급했던 TSR은 자체 제작한
주사위를 공급하기 시작했다.

1981년 TSR의 대표적인 〈기본 세트〉는 개정과 확장이라는 두 단계를 거치게 되었다. 톰 몰드베이Tom Moldvay가 〈기본 세트〉를 개정했고, 데이비드 '젭' 쿡David 'Zeb' Cook과 스티브 마시Steve Marsh가 〈전문가 세트〉라 불리는 고레벨의 캐릭터를 위한 후속편을 개발했다. 두 제품 다 에롤 오투스의 새 표지 그림을 실었고, 〈전문가 세트〉에는 상징적인 〈공포의 섬The Isle of Dread〉이 들어 있었는데, D&D의 입문용 캠페인 세계인 미스타라의 '알려진 세계Known World'를 비공식적으로 맛보여준 모듈이었다. 인기가 정점에 도달했을 때, 〈기본 세트〉는 연간 75만 개가 판매되었으며, 12월에 〈인크Inc.〉지는 TSR을 미국에서 가장 가파르게 성장하는 비상장 100대 기업 중 하나로 꼽았다.

지금까지는 대체로 팬이 만든 동호회에 가까웠던 TSR은 빠르게 성장하는 D&D 시장을 키우기 위해 새롭고 혁신적인 방법을 모색했다. 과거에는 젠 콘과 〈드래곤〉지가 그 역할을 맡았지만, 점차 D&D가 주류시장으로 빠르게 편입되면서 TSR이 팬덤을 공식화하고 전문 클럽을 만들 필요성이 커졌다. 1981년 초 TSR은 롤플레잉게임연합(RPGA)를 만들어 양질의 RPG를 장려하며 자신이 발간한 〈폴리헤드론Polyhedron〉지의 도움을 받아 미국 전역의 게이머들을 단결시켰다. 지금까지 D&D가 손댄 것은 모두 황금으로 변했다.

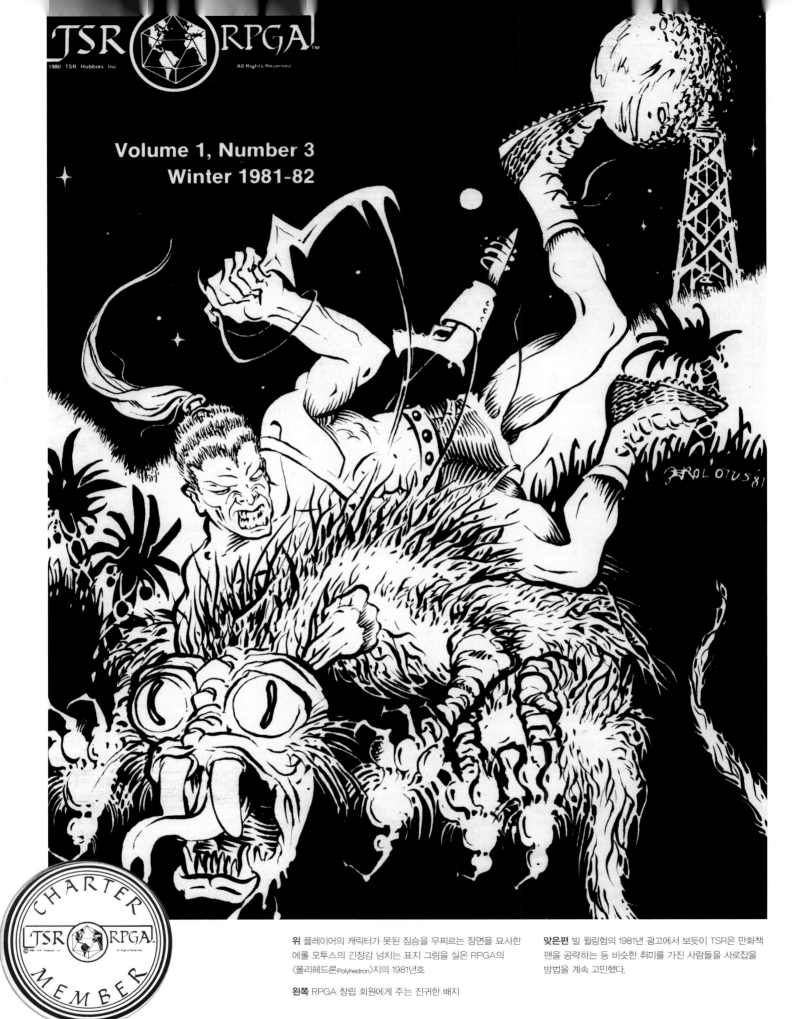

TSR RPGA
1980 TSR Hobbies Inc.
All Rights Reserved

Volume 1, Number 3
Winter 1981-82

EROL OTUS 81

CHARTER
TSR RPGA
1980 TSR Hobbies Inc.
All Rights Reserved
MEMBER

위 플레이어의 캐릭터가 못된 짐승을 무찌르는 장면을 묘사한 에롤 오투스의 긴장감 넘치는 표지 그림을 실은 RPGA의 〈폴리헤드론Polyhedron〉지의 1981년호

왼쪽 RPGA 창립 회원에게 주는 진귀한 배지

맞은편 빌 윌링험의 1981년 광고에서 보듯이 TSR은 만화책 팬을 공략하는 등 비슷한 취미를 가진 사람들을 사로잡을 방법을 계속 고민했다.

Professionals always use Grenadier fantasy miniatures on their quests.

It's just one more good reason why your fantasy figures should be the official ADVANCED DUNGEONS & DRAGONS™ miniatures by Grenadier Models. Ask for them at your local game or hobby store.

G Grenadier Models, Inc. Box 305, Springfield, PA 19064

헤비메탈

D&D를 판매하던 최초의 유통업자와 취미용품점은 미니어처 피규어도 판매했으므로, D&D와 판타지 미니어처의 연동 상품이 만들어지는 것은 당연한 수순이었다. D&D 피규어의 첫 번째 공식 라이선스는 명망 있는 영국 미니어처 기업의 뉴욕 지사인 미니피그MiniFigs로 돌아갔다. 그들은 TSR의 정확한 사양에 따라 데모고르곤 등 〈엘드리치 위저드리Eldritch Wizardry〉의 유명한 데몬을 포함한 1976년식 제품을 생산했다. 미니피그의 미니어처는 헤리티지의 '판타지 판타스틱스Fantasy Fantastics'와 그레너디어의 '위저드 앤 워리어Wizzards & Warriors'를 비롯한 경쟁 제품으로 가득한 판타지 피규어 시장에 진입했다.

1980년이 되자 TSR은 D&D 브랜드를 세그먼트별로 나누어 라이선스를 부여할 수 있다는 사실을 알게 되었다. 1980년, TSR의 AD&D 25밀리미터 미니어처에 대한 2년간의 신규 라이선스가 그레너디어에게 돌아갔다. 하지만 TSR은 오리지널 AD&D를 제외한 사업권과 〈그레이호크〉 캠페인 설정과 같은 소유물을 다른 기업에 부여할 수 있는 권리가 있었고, 따라서 사업권은 미니피그에 주어졌다. TSR은 이미 1년 전에 〈감마 월드Gamma World〉용 피규어를 만드는 라이선스를 그레너디어에 부여했었고, 더 큰 기회를 줄 정도로 그레너디어에게 깊은 인상을 받았다. 로렌스 시크는 TSR을 위해 그레너디어의 미니어처 디자인을 샅샅이 조사해 《몬스터 매뉴얼》과 플레이어 캐릭터들에 대한 요구사항을 잘 준수했는지 확인했다. 그레너디어의 독특한 금색 포장은 레이 루빈Ray Rubin의 화려한 미니어처 그림과 AD&D 트레이드 드레스와 함께 당시 D&D 게임의 비주얼 정체성의 큰 부분을 차지하게 되었다.

1980년대 초 TSR의 기념비적인 성공으로 제작의 상당 부분을 내부에서 처리하고 핵심 사업을 다각화시켰다. 미니어처는 분명히 게임의 유관 산업이었기 때문에 1982년 TSR은 업계에서 전설적인 듀크 사이프리드 Duke Seifried를 헤리티지에서 영입해 TSR의 게임 제품 라인을 보완하도록 사내 미니어처 부서를 맡겼다. 그러나 1983년 회사를 축소하면서 사이프리드는 회사를 떠나게 되고 그 이후 미니어처에 대한 투자가 줄면서 AD&D의 상자에 든 세트와 블리스터 포장을 한 미니어처의 전성기는 짧게 막을 내렸다.

때마침 1983년에 TSR의 오리지널 영국 배급사이자 성장세에 있던 영국의 게임 배급사 게임즈 워크숍이 자사의 대표 상품 〈워해머Warhammer〉 판타지 미니어처 게임과 자회사 시타델에서 제작한 관련 피규어를 팔기 시작했다. 이 게임에 대한 시장 반응이 좋자, TSR은 경쟁 제품으로 시장 재진입을 노리게 되었다. AD&D 제품과도 호환성이 있으며 게임의 뿌리인 미니어처 전쟁 게임으로 돌아가는 〈배틀시스템Battlesystem〉 판타지 대규모 전투 규칙이었다. 〈배틀시스템〉은 두 개의 주역 피규어와 스티브 윈터의 〈3차원 게이밍의 기술The Art of Three-Dimensional Gaming〉의 반짝이는 팸플릿도 제공했다. 〈배틀시스템〉은 〈워해머〉의 인기 상승세를 뒤집지 못했지만, 1976년 〈검과 주문〉 이후 판타지 미니어처 게임을 D&D 산하에 넣으려던 TSR의 첫 번째 시도라는 의의가 있다. 이런 제품군의 필요성은 그 뒤로도 수십 년간 점점 더 절실해진다.

맞은편 레이 루빈의 아트로 골드 박스 포장을 한 그레너디어의 미니어처 광고

왼쪽 미니피그가 만든 1976년 데모고르곤 미니어처. 가이객스가 제시한 사양과 〈엘드리치 위저드리〉에 수록된 데이브 서덜랜드의 삽화에 따라 디자인되었다.

아래 라이선스를 얻기 위해 TSR 맞춤으로 제작한 진귀한 그레너디어 시제품

Introducing TSR's Own Official
ADVANCED DUNGEONS & DRAGONS®
Metal Miniatures

Actual Size

The Only Miniatures With The Best Known Names in Adventure Gaming

Now you can offer a total retail package to the hobby enthusiast with our all-new lines of metal miniatures, paints and accessories. TSR's best-selling role-playing games team with 3-dimensional products to make any store a one-stop shopping center.

All feature the finest packaging and an integrated, in-store merchandising system.

Our releases begin with four sets of AD&D™ Player Characters: "Fighters, Rangers & Pala-

dins," "Clerics & Druids," "Magic-Users & Illusionists," and "Monks, Bards & Thieves."

Players and collectors alike will want these finely crafted miniatures, which are sculpted and cast according to the highest quality standards. Our "state-of-the-art" operation is personally directed by Duke Seifried, appointed by TSR President Gary Gygax to inaugurate our hobby division. Watch for our complete line of hobby products... Names you won't forget.

For your free catalog call or write:
Sales Department
Toy, Hobby & Gift Division
TSR Hobbies, Inc.
P.O. Box 756 T203
Lake Geneva WI 53147
(414)248-3625

TSR Hobbies, Inc.
Products Of Your Imagination

ADVANCED DUNGEONS & DRAGONS, AD&D, STAR FRONTIERS, and PRODUCTS OF YOUR IMAGINATION are trademarks owned by TSR Hobbies Inc.   © 1983 TSR Hobbies, Inc. All Rights Reserved.

Circle No. 32 on Reader Service Card

THE ART
OF THREE-DIMENSIONAL GAMING
An Introduction to Tabletop Miniatures by Steve Winter

TSR, Inc.
Official Advanced
Dungeons & Dragons®
Character Miniatures

5708 MAGIC USERS
(3 FIGURES) INSP.54

TSR, Inc.
Official Advanced
Dungeons & Dragons®
Character Miniatures

5705 CLERICS
(3 FIGURES) INSP.50

FOR USE WITH THESE EXCITING NEW MODULES FROM TSR, INC.

X10 RED ARROW,
BLACK SHIELD
When the Master of the
Desert Nomad leads his
armies out of the desert,
the entire D&D® game
world is embroiled in war!
Includes a complete War
Machine wargame and
200 new counters!
(December 1985)

DL8 DRAGONS OF WAR
(A DRAGONLANCE®
ADVENTURE)
The Heroes of the Lance
make a desperate last
stand in a ruined castle as
the entire Dragonarmies
lay siege! Includes
multi-level floor plans for a
huge castle! (August 1985)

H1 BLOODSTONE PASS
A few brave adventurers
lead a handful of peasants
against a terrifying army of
evil! Includes a complete
3-D village and over 100
new counters! (August
1985)

ADVANCED DUNGEONS & DRAGONS, BATTLESYSTEM, D&D,
DRAGONLANCE, PRODUCTS OF YOUR IMAGINATION,
and the TSR logo are trademarks owned by TSR, Inc.
1985 TSR, Inc. All Rights Reserved

맨 위 〈배틀시스템〉 상자 안에는 스티브 원터의 〈3차원 게이밍의 기술〉 팸플릿이 들어 있었다.

위 TSR이 미니어처에 다시 집중하면서 플레이어들이 캐릭터 시트에 쏟은 에너지만큼 캐릭터 미니어처를 칠하는 섬세한 과정에 에너지를 쏟기를 바랐다. TSR은 납으로 된 미니어처라는 화폭을 기꺼이 제공했다.

오른쪽 TSR의 〈배틀시스템〉 광고

맞은편 미니어처화된 전설적 피규어 제작자 듀크 사이프리드가 자신이 만든 미니어처들과 대화하는 장면을 연출한 TSR의 자사 미니어처 제품 광고

왼쪽 마텔의 〈컴퓨터 래버린스 게임〉은 수십 년간 향수를 불러일으킨 독특한 상자 아트와 개성 있는 사운드 효과가 특징이다.

맞은편 마텔은 마지막 전자 D&D 게임 도전작을 아타리의 경쟁 제품인 자사의 가정용 게임 콘솔 인텔리비전용으로 만들었다.

아래 인텔리비전용 게임 카트리지 2개

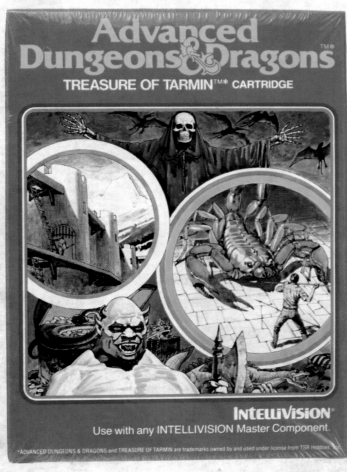

Advanced Dungeons & Dragons Video Game

Volume 1, the CLOUDY MOUNTAIN™* cartridge was only the beginning of the ADVANCED DUNGEONS & DRAGONS™* video game series for Intellivision.® Now comes Volume 2, the TREASURE OF TARMIN™* cartridge. You want the treasure. And over 50 different creatures want you!

ADVANCED DUNGEONS & DRAGONS™ TREASURE OF TARMIN™

NEW

MATTEL ELECTRONICS®
INTELLIVISION®

*ADVANCED DUNGEONS & DRAGONS, TREASURE OF TARMIN, and CLOUDY MOUNTAIN are trademarks owned by and used under license from TSR, Inc. These cartridges are approved by TSR, Inc., the publisher of the "Fantasy Role-Playing Games" sold under the trademark ADVANCED DUNGEONS & DRAGONS.®
© 1982 TSR, Inc. All Rights Reserved.   © Mattel Electronics, Inc., 1983. All Rights Reserved.

WE'RE B.A.D.D.

BOTHERED ABOUT DUNGEONS & DRAGONS

Non Profit Organization

P. O. BOX 5513
RICHMOND, VA
23220

(804) 264-0403

A LAW ENFORCEMENT

PRIMER ON

FANTASY

ROLE PLAYING

GAMES

This brochure was prepared by:
Patricia Pulling, Director
of B.A.D.D., Inc. (Bothered
About D & D and other harm-
ful influences on children),
Board Member of the National
Coalition on TV Violence,
Vice-President/Ritualistic
Crime, Advisory Council for
the American Federation of
Police,
Licensed Private Investigator
State of Virginia.

For additional information
please write to:

B.A.D.D. INC.
P.O. Box 5513
Richmond, Virginia 23220

****

Additional reading materials of
interest.

THE DICTIONARY OF MYSTICISM AND
THE OCCULT, by Nevill Drury,
Harper & Row Publishers, retail
value $12.95 (can be purchased
or ordered through most book-
stores). Topics covered: General
occult terms.

LIFE FORCES, A CONTEMPORARY GUIDE
TO THE CULT AND OCCULT, by Louis
Stewart, copyright 1980, Andrews
& McMeel, Inc-Time & Life Bldg.,
suite 3717, 1271 Ave. of the
Americas, NY, NY 10020 (this book
can be most easily obtained through
most public libraries). Topics
covered: General occult.

THE BLACK ARTS, by Richard Cavendish,
copyright 1967, Perigee Books, The Put-
nam Publishing Company, 200 Madison Ave
NY, NY 10016 (this book can be obtained
in many public libraries or can be pur-
chased/ordered through most bookstores
approx cost $7.95) Topics covered:
Occult, black mass and a number of
occult practices.

THE ULTIMATE EVIL, by Maury Terry,
A Dolphin Book, Doubleday & Company,
Garden City, NY, copyright 1987
(this book can be purchased/ordered
through most bookstores, $17.95)
Topic Covered: "An investigation of
America's most dangerous Satanic Cult
with new evidence linking Charlie
Manson and the Son of Sam".

MICHELLE REMEMBERS, by Michelle Smith
& Dr. Lawrence Pazder, M.D.,copy-
right 1980, Congdon & Lattes, Inc,
Empire State Building, NY,NY 10001,
(this book can generally be obtained
in most public libraries or purchased
hardback, $12.95, paperback $4.95)
TOPIC COVERED: Ritual abuse of a child
now grown who was abused and raised
in a "satanic type family."

RAISING PG KIDS IN AN X-RATED SOCIETY,
by Tipper Gore, Abingdon Press, 201
Eight Ave S., Nashville, TN 37202,
copyright 1987, (this book can be
purchased/ordered through most book-
stores approx cost $8.95) Topics
Covered: Music which is having an
impact on the lives of teen includ-
ing explicit lyrics of such music
some "satanic type music."

SAY YOU LOVE SATAN, by David St. Clair
Dell Publisher, copyright 1987,

can be purchased most bookstores
for approx $3.95. Topic Covered:
Actual case of a boy, Ricky
Kasso, Long Island, NY, who
murdered another boy and forced
him to say he loved satan before
dying.

THE SATAN HUNTER, by Tom Wedge
and Robert L. Powers. This is
to be released Oct 31, 1987,
by Canton Publisher. Cost is
unknown. Topic covered: Focu-
ses on Satanists -"people who
worship Satan - and other oc-
cult practices in the 1980's.
Also included is some infor-
mation on Teen Devil Worship
and one Chapter on Fantasy
Role Playing Games.

TEEN

UNITED IN SPIRIT WHSL. DIST.

DEVIL

WORSHIP

맞은편 D&D 반대 단체 '던전 앤 드래곤이 불편한 사람들(BADD)'의 선전물. BADD는 다양한 사람들의 관심을 끌기 위해 선전물마다 디자인과 이미지 스타일을 다르게 한 듯하다. 불안해하는 부모들과 종교 단체를 선동하기 위해서 악마와 오컬트 스타일의 이미지를 수록했다. 반면 주류 사회로 뻗어가고 심지어 잃은 게이머들을 끌어들이기 위해서는 전통적인 판타지 테마와 스타일을 썼다.

오른쪽 전도사 잭 칙이 그린 〈다크 던전스Dark Dungeons〉는 호주머니에 들어갈 만한 크기의 작은 만화책으로 D&D가 오컬트와 사탄 숭배의 세계로 들어가는 관문 역할을 한다고 노골적으로 주장했다.

아래 《몬스터 매뉴얼》에 나오는 데이브 트램피어가 그린 가시 데빌

DARK DUNGEONS

J.T.C.

> "상당수의 젊은이가 판타지와 현실을 구분하기 어려워하는 듯하다. 다시 말해 롤플레잉 게임이 그들의 행동을 바꿔서, 현실에서도 게임에서처럼 반응할 지경이 되었다"
>
> —BADD 대표, 패트리샤 풀링

불편하신 뉴스

D&D가 갑자기 주류에 편입되면서 더 많은 문제가 생겼다. 게임을 둘러싼 논쟁이 더욱 새롭고 선정적으로 변해가기 시작한 것이다. 1982년 슬픔에 잠겨 아들의 자살 원인을 찾던 패트리샤 풀링Patricia Pulling은 D&D를 반대하는 민간 단체인 '던전 앤 드래곤이 불편한 사람들(BADD)'에서 활동하기 시작했다. 그 단체의 사명은 지방 정부, 사법기관, 교회, 검열 단체와 연대해 전국적인 D&D 유행을 막는 일이었다. 이러한 노력으로 D&D는 정신적으로 위험할 뿐 아니라 사탄 숭배와 같은 불길한 오컬트 현상에 입문하는 관문이라는 주장에 힘이 실렸다.

TSR은 에그버트 사건에서 부정적인 언론 보도도 매출 증가로 이어질 수 있다는 걸 알게 되었지만, 1982년에 이르자 더는 과거와 같은 가파른 상승곡선을 그리지 않았다. 성장에 방해되기 전에 이런 분위기를 역전시킬 무엇인가가 필요했다. TSR은 그 해에 내부 전담 조직을 만들어 제품 라인을 전면 개선하는 일을 감독했으며, 불건전해 보이는 면모는 일소했다. 악을 미화하는 텍스트를 없애는 노력도 뒤따랐다. 그중 눈에 더 띄는 활동은 선반 위에 놓인 D&D 게임이 소비자들에게 보이는 방식을 바꾸는 과정이었다.

DAT

June 7, 1982

TO: E. G. Gygax   E. Gygax   W. Niebling
       B. Blume   D. Sturm   J. Witt
       K. Blume   D. Blume   M. Carr
       D. Snow   D. Dimery   J. Jaquet
       B. Knorr   T. Malone   D. Dimoneit
       H. Kilpin   F. Mentzer   G. Gierahn
       B. Pitzer   D. Gleason   G. Sanchez
       J. Pickens   A. Hammack   H. Johnson
       J. Roslof   K. Mohan   M. Pozorski
       S. Williams   M. Gray   G. Gile
       T. Quinn

FROM: Duke

RE: Religious "Persecution" Action Plan Programs. These are the GUIDELINES
       required for fulfilling programs RPR03, RPR06, RPR08, RPR09, RPR10,
       RPR16 and RPR18.

I am pleased to enclose the GUIDELINES required to complete program RPR02.
Our thanks to Brian Blume for his efforts on the preparation of these standards.
They are primarily drawn from the COMICS code. We will entertain your
suggestions and discussion of further additions to this code you may feel
worthwhile. Please contact this office if you have relevant input. It is our
desire to develop a workable and reasonable set of GUIDELINES fitting our
company's needs that are designed to create a wholesome yet interesting
impression on the public. We do not wish to be offensive to our potential
customers yet by the same token we do not need to eliminate the spark that
intrigues the buyer. These GUIDELINES are intended to provide a code of propriety
for TSR products and a reflection of the attitude of its staff and management.

DS/jh

위 1982년 듀크 사이프리드가 전체 리더십에 보내
'대중에게 건전하지만 재미있다는 인상'을 주기 위한
제품 지침을 소개하는 TSR의 내부 메모

맞은편 10대 후반의 청소년들이 건전하게 게임을
즐기는 장면을 담은 1982년 광고. 이 광고에 등장한
배우들이 당시 D&D의 TV 광고에도 출연했다. 기존의
어둠으로 들어가던 모험가와 대비되는 어둠에서
나오는 모험가라는 미묘한 암시도 게임의 이미지를
조금 밝게 만들었다.

THE ADVENTURE IS YOURS...

WITH DUNGEONS & DRAGONS® Fantasy Adventure Games

The Basic Set starts your journey through enchanted lands of dragons and magic. Advance your skill and add to your excitement with the D&D® Expert Set.

Basic Set.

Expert Set.

DUNGEONS & DRAGONS® Games

The Original Fantasy Role Playing Adventure

SUNDRY LORE

은막에서
황금 찾기

"D&D 영화가 〈스타워즈〉나 〈레이더스〉 정도의 영화가 아니라면,
나는 그 영화를 폭파해버릴 뿐만 아니라 (중략) 여러분에게
사과하겠습니다. (중략) 우리에게 D&D 장르도 좋은 영화가 될 수
있다는 걸 증명할 기회를 주세요!"

−1982년 7월, 개리 가이객스가 〈드래곤〉지에서 한 말

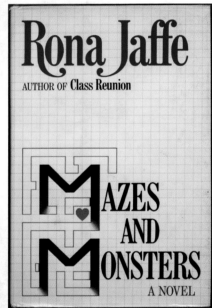

맞은편 왼쪽 젊은 시절의 톰 행크스가 출연한 로나 재프의 《메이지스 앤 몬스터스Mazes and Monsters》를 각색한 TV드라마 광고를 실은 1982년 〈TV 가이드〉

위 1982년 스티븐 스필버그의 걸작 〈E. T.〉는 지금까지 영화가 보여준 D&D 장면 중 가장 유명한 장면을 선사했다.

맞은편 오른쪽 로나 재프가 쓴 1981년 책 《메이지스 앤 몬스터스》는 윌리엄 디어의 오리지널 D&D 이론을 바탕으로 제임스 달라스 에그버트 3세의 실종사건을 살짝 보여주었다. 같은 해 존 코니의 《홉고블린Hobgoblin》을 비롯해 다른 주류 소설도 윌리엄 디어의 주장에서 영감을 얻었다.

D&D는 1970년대 말부터 1980년대 초반까지 놀라울 정도로 성장했다. 대형화면의 영화로 각색해달라는 요구가 있었고 때마침 기회가 왔다. D&D의 위험성을 주제로 한 소설을 각색해 젊은 시절의 톰 행크스가 게임으로 인해 정신병에 걸리는 대학생 역할로 등장하는 TV 드라마 〈메이지스 앤 몬스터스〉가 만들어지기까지 언론보도로 '나쁜 보도란 없다'는 사실을 증명했다. 이제 할리우드가 레이크 제네바로 눈을 돌리는 것인가?

영화관에 D&D 영화가 상영되는 꿈을 가지고 있던 개리 가이객스는 다른 장르 영화가 좋은 박스오피스 성적을 거두자 큰 기대를 품게 되었다. 1981년 존 부어맨의 대서사극 〈엑스칼리버〉가 성공을 거두었고, 인기가 하늘을 찌르던 코난은 1982년 여름, 은막으로 옮겨가 〈코난 더 바바리안〉으로 선풍적인 인기를 끌었다. 내용이 많이 삭제되어 애니메이션으로 각색된 J.R.R. 톨킨의 〈반지의 제왕〉이 팬들의 관심을 사로잡았고, 〈비스트마스터와 드래곤슬레이어The Beastmaster and Dragonslayer〉에서 〈소드 앤 소서러The Sword and the Sorcerer〉와 〈타이탄의 충돌Clash of the Titans〉에 이르기까지 비슷한 수많은 영화가 인기를 끌었다. 〈스타워즈〉라는 소소한 우주 판타지는 말할 것도 없고, 고전 신화에 깊이 뿌리 둔 영화들이 계속해서 기록을 경신하며 장난감 가게를 장악했다. 이러한 추세는 끝날 기미가 보이지 않았다. 'D&D의 성공은 시간문제일 뿐이다…'라고 TSR 경영진은 생각했다.

1983년 개리 가이객스는 자신이 만든 테이블 톱 거인을 CBS와 토요일 아침의 방송 시리즈를 비롯해 다양한 형태로 바꾸는 프로젝트를 총

괄하라는 미션을 받고 할리우드로 보내졌다. 개리 가이객스는 베테랑 제임스 골드만James Goldman을 영입해 극본을 쓰게 했지만, 개리 가이객스는 개발 과정을 공개하지 않고 지나치게 간섭하면서 자신의 창작물을 통제하길 원했다. 할리우드 스튜디오 시스템이 들어주기 힘든 외부인의 요구였다.

골드만이 쓴 대본을 보면 '영웅들'이 영웅적인 행동은 전혀 하지 않는 내용이었기 때문에 골드만이 게임의 콘셉트를 제대로 이해하지 못했다고 생각될지 모른다. 대본의 초안을 보면, 주요 캐릭터들 중에서 무기를 휘두르거나 주문을 걸거나 자물쇠를 따거나 마법물을 사용하는 캐릭터는 없고, 위험한 상황에서 도망만 다녔다. 가장 흥미로운 점은 10대 여행자들이 지구에서 판타지 세계로 보내져서 그곳에서 집으로 다시 돌아가는 길을 찾기 위해 지혜로운 노인의 인도를 받는다는 플롯이었다. 어디서 들어본 것 같지 않은가? 톤과 매체는 다르지만 CBS에서 방송된 D&D 시리즈와 아주 비슷했다. 영화에 이런 주제를 사용한 것은 이전의 몰리와 이후의 만화처럼 가족용으로 어린이들이 보기 좋게 만들겠다는 D&D의 의도가 숨어 있었다.

골드만의 초안은 전통적인 D&D에서 상당히 벗어났고, 가이객스가 이후에 여러 번 수정했지만, 최종 결과물은 결코 고품질이 될 수 없었다. 이 영화는 태어날 운명이 아니었다.

"읽는 행위가 폭발의 룬을 격발하고,
독자는 내성 굴림 없이 피해를 입는다."

3

폭발의 룬
(EXPLOSIVE RUNES)

1983년의 붕괴

맞은편 제프 이슬리의 1983년 《던전 마스터
가이드》의 표지, '들어오시오.'

아래 책 내용은 바뀐 게 없지만, 1983년 AD&D
재인쇄판은 제프 이슬리가 새롭게 그린 도발적인
표지 그림이 있었다.

1983년 초, TSR은 대중과 종교 근본주의의 압력에 처음으로 통합 대응했다. 더 이상 TSR의 로고에는 마법사나 판타지적인 요소를 찾아볼 수 없었다. 아주 희미하게 던전 지도임을 암시하는 굵은 기하학 형태로의 'TSR'이라는 세 글자만 있었고, TSR이 판타지 이외의 분야로도 비즈니스를 다각화할 생각임을 미묘하게 보여주었다. 짐 로솔로프는 중동계 미국인의 기분을 언짢게 할 수 있는 데이브 서덜랜드와 데이브 트램피어가 그린 뿔 달린 붉은 캐릭터들을 없애고, 모든 핵심 룰 북의 표지를 새로 만들라고 제프 이슬리에게 지시했다. 그해 D&D와 AD&D 모두 D&D의 트레이드 드레스인 '&'를 불을 뿜는 드래곤 모양으로 바꾸기 시작한 일은 잘 알려져 있었다. TSR의 D&D와 D&D 이외의 제품들을 비주얼로 구분한 것이다.

1983년에 D&D는 첫 번째 전성기에 도달했다. 게임의 번역본이 프랑스에서 출시되었다. 그리고 10여 개 언어로 번역되어 20개국 이상에서 판매되면서 서유럽에서 아시아까지 뻗어나가며 미국뿐 아니라 세계적으로 큰 인기를 누렸다. 《몬스터 매뉴얼 II》와 프랭크 멘처Frank Mentzer가 이끈 〈기본 규칙〉 개정판 같은 신제품이 끊임없이 출시되면서, TSR은 거의 2,700만 달러의 매출을 달성해 취미 게임 업계의 정점에 도달했다. 제프 이슬리는 AD&D 양장본 제품군 최고의 표지 아티스트였지만, 성장하는 기본 D&D 제품군의 박스 표지 그림은 래리 엘모어가 맡았다.

Niveau Débutant

Règles de Base, Module d'Introduction,
un Jeu de Six Dés, plus un Crayon, ci-inclus.

DONJONS & DRAGONS™

Jeu d'Aventures Fantastiques

Manuel de Base avec Module d'Introduction

Le Premier Jeu de Role de Fantaisie
Pour Trois Joueurs ou Plus, A Partir de 10 Ans.

TSR Hobbies, Inc.

위 현지 출판사가 해외 시장을 위해 만든 다양한 D&D 제품 모습. 이 게임의 해외판은 크기와 형태가 다양했으며, 현지 시장에 맞게 다양한 표지 아트를 쓰기도 했다.

오른쪽 TSR 아티스트 짐 할로웨이의 다른 표지 아트를 수록한 〈변두리 땅의 요새〉의 1983년 프랑스판

맞은편 1983년 프랑스판 몰드베이의 〈기본 세트Moldvay Basic Set〉는 영어가 아닌 언어로 제작된 최초의 공식 D&D 제품이다.

위 래리 엘모어의 다른 디자인을 들고 있는 〈기본 세트〉의 디자이너 프랭크 멘처의 사진(2017)

오른쪽 래리 엘모어의 〈기본 규칙〉의 독특한 대체 표지 콘셉트

'레드 박스'를 만든 영감

커버 아티스트 래리 엘모어의 말에 따르면, 이 상징적인 삽화는 1982년 엘모어가 D&D의 공동 크리에이터 개리 가이객스를 불쑥 찾아갔을 때 그로부터 직접 영감을 받았다고 한다. 엘모어는 이 삽화를 위해 벌써 여러 점의 콘셉트를 완성했지만, 리더십의 의견과 개선 요구가 여러 손을 거쳐 그에게 전달될 무렵에는 희석되어 모호해지고는 했기에 갈피를 못 잡고 방황하고 있었다. 그런 의견 교환 절차를 또 한 차례 밟은 후, 가이객스의 사무실로 찾아가 접견을 요청했다. 가이객스의 문지기 비서가 엘모어를 쫓아내려 하자, 가이객스가 직접 밖으로 나와 젊은 아티스트인 엘모어에게 안으로 들

어오라고 말했다. 엘모어가 그 삽화에서 필요한 게 무엇인지 정확하게 말해 달라고 요구하자, 가이객스는 몸을 앞으로 기울이며 손을 발톱처럼 들어 올리고 드래곤이 '달려들어야' 한다고 말했다. 엘모어는 원하던 답을 듣게 되었고, 그 대답만으로 충분했다. 흔히 '레드 박스'로 알려진 D&D의 〈기본 규칙 세트1〉은 D&D의 인기가 절정에 달할 때 TSR의 베스트셀러 중 하나가 되었으며, 세계적으로 수백만 명의 플레이어들이 D&D의 세계로 들어가는 관문이 되었다.

사업다각화

1980년대 초 D&D의 성공은 욕심을 초래했다. 10여 명이던 TSR의 직원 수는 불과 3년 만에 300명 이상으로 증가했으며, TSR의 지배 주주이자 사장인 브라이언 블럼, 케빈 블럼, 개리 가이객스 세 명은 회사의 지휘권을 놓고 서로 다투었다. 방만하게 커지던 TSR은 수익성을 놓쳤고, 처음으로 1983년에 적자를 경험했다. 경영진은 게임 비즈니스를 이끌 새로운 기업 TSR 주식회사를 설립해 적자를 내는 사업의 재정적 출혈을 중단하면서, 다른 한편으로는 상품 라이선스, 미니어처 제작, 엔터테인먼트 미디어, 소설 출간과 같은 영역으로 사업을 확장했다. 독자적인 벤처 중 하나인 D&D 엔터테인먼트 컴퍼니(DDEC)는 D&D가 CBS방송에서 〈던전 앤 드래곤〉이라는 제목의 만화 시리즈의 방영 시간을 확보했을 때 출범했다. 텔레비전 프로그램과 같은 활동은 D&D의 인지도를 높였지만, TSR의 사업은 다양해지면서 확장한 일부 사업은 핵심 비즈니스와의 관련성이 아주 낮았다. TSR은 관리하기 힘들 정도로 너무 빠르게 성장하는 기업들이 겪는 증상들을 모조리 보였다. 얼마 안 가 들뜬 야망이 회사와 분열된 경영진의 발목을 잡게 되었다.

위 사업다각화를 위한 TSR의 그린필드 니들위민 인수는 D&D출판사에게는 수익은 없고 비용만 드는 벤처였다. 이러한 D&D 테마 만들기 세트는 서로 다른 두 가지 취미를 한데 모으려 한 잘못된 시도의 좋은 예시다.

아래 브라이언 블럼(중앙)과 함께 TSR의 최고 디자이너 젭 쿡(왼쪽)과 짐 워드(오른쪽)가 1983년 디자인 판매 공로를 인정받아 '백만 달러 클럽'상을 받은 모습

어린이들의 놀이를
위한 라이선스

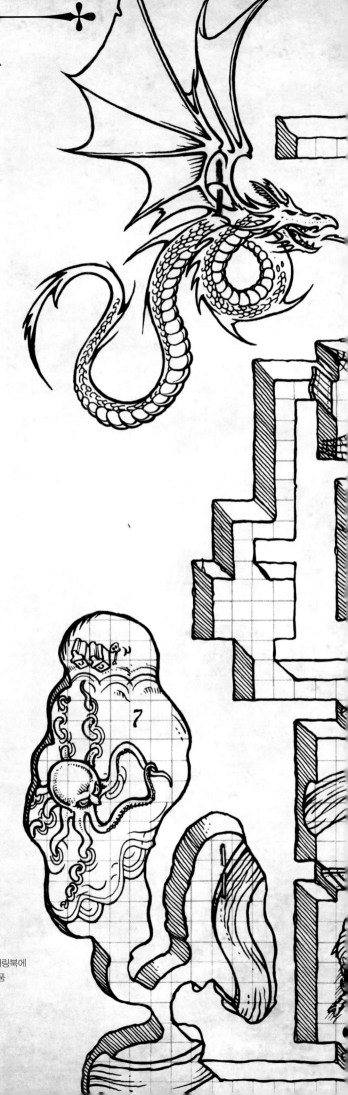

D&D가 주류시장에 편입되자 미니어처 피규어나 전자 게임과 같이 교차 홍보가 가능한 제품이 아닌 분야에서도 라이선스를 얻고자 했다. 컬러링 북, 특히 트루바도르 출판사와의 협업으로 첫 단추를 끼운 것은 결코 우연이 아니다. TSR의 추산에 따르면, 1982년까지 11~14세 유소년 시장은 D&D로 포화되었고, 라이선스 전략은 더 어린 연령층을 공략하는 데 주력했다.

당시 TSR 라이선스를 총괄하던 엔디 레빈슨Andy Levinson은 모든 라이선스는 두 가지 목표 중 하나를 달성해야 한다고 주장했다. "첫째, 어린이들에게 우리 게임의 캐릭터와 플레이 콘셉트를 소개해야 한다. 둘째, 우리 게임의 플레이 경험 자체를 향상시켜야 한다." 유행의 절정에 있던 TSR은 매월 라이선스 계약을 한 건씩 체결했다. 레빈슨은 라이선스 계약을 '사실상 간접비가 들지 않는 수입원'이라 불렀고, 연간 200만 달러에 가까운 수익이 발생했다.

라이선스에 대한 수요로 TSR은 '팔라딘 스트롱하트Strongheart the paladin', '어둠의 위저드 켈렉Kelek the dark wizard', '바바리안 노스로드Northlord the barbarian', '악한 파이터 워듀크Warduke the evil fighter'를 비롯한 D&D의 상징적인 캐릭터들을 만들게 되었다. 각 캐릭터는 개리 가이객스가 직접 이름을 붙였고, 캐릭터의 콘셉트 아트는 래리 엘모어, 제프 이슬리, 팀 트루먼Tim Truman을 비롯한 TSR 내부 아티스트들이 담당했다. 모든 캐릭터의 게임 스탯은 1983년 개요서《수상한 드래곤 여관The Shady Dragon Inn》의 '특별 캐릭터' 절에 수록되었다.

이러한 상징적인 캐릭터들은 어린 독자들을 대상으로 한 마블 코믹스가 라이선스를 가진 컬러링북과 활동지에 등장해, 어린이들에게 성향과 캐릭터 클래스 같은 판타지 RPG의 기본 콘셉트에 익숙해지게 했다. 스트롱하트는 D&D 애니에이션 시리즈 한 편에 카메오로 출연하기도 했다. 가장 눈에 띄는 라이선스는 인기 있는 E. T. 장난감과 브룩 실즈 인형의 제작사 LJN에게 돌아갔으며, LJN은 1983년 초 D&D 장난감을 위해 300만 달러 상당의 광고를 예약했다고 하며, TSR은 듀크 사이프리드의 장난감·취미·선물 부서가 제작한 '벤디스'로 불리는 고무 몬스터 액션 피규어로 LJN 상품을 보완했다.

1979년 트루바도르 출판사가 출간한 컬러링북에 나오는 던전. 아티스트 그렉 아이언스 작품

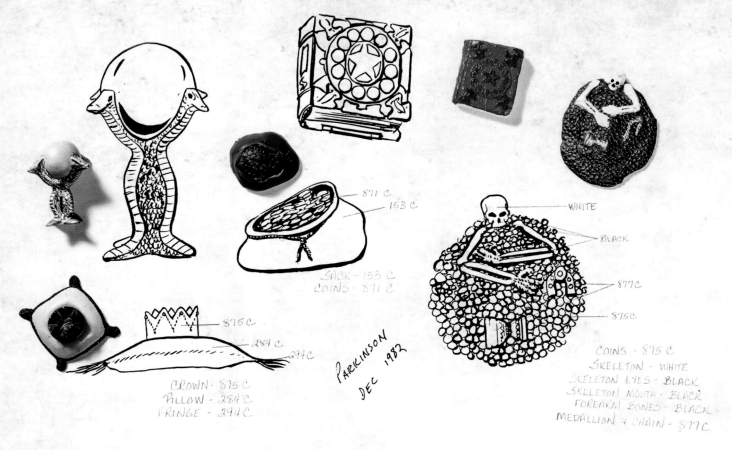

871 C
153 C

SACK - 153 C
COINS - 871 C

875C
284 C
294C

CROWN - 875 C
PILLOW - 284 C.
FRINGE - 294 C.

PARKINSON
DEC 1982

WHITE

BLACK

877C

875C

COINS - 875 C
SKELETON - WHITE
SKELETON EYES - BLACK
SKELETON MOUTH - BLACK
FOREARM BONES - BLACK
MEDALLION & CHAIN - 877C

Official
Advanced
Dungeons & Dragons™ TOYS

Bugbear & Goblin

Ages 4 and Over

BUGBEAR
FIGURE A
CHARGING MODE

OCT 10-29
1982

VEITCH

VEITCH

이러한 라이선스 제품들은 당시 어린이들의 행동 방식에 약삭빠르게 대응한 것이었다. 이 상징적인 캐릭터들은 당대의 인기 장난감인 쉬링키 딩크와 컬러폼에서도 찾을 수 있었고, 입체경으로는 이들이 움직이는 모습을 볼 수 있었으며, 키드 스터프 레코드 앤 테이프가 만든 '토킹 스토리북'에서는 캐릭터들의 모험을 함께 따라 읽을 수 있었다. 아이가 D&D를 테마로 한 생일파티를 원하면, 상냥한 부모는 C. A. 리드가 만든 스트롱하트와 워듀크의 전투 장면이 그려진 브랜드 테이블보와 일회용 접시, 냅킨 등으로 꾸밀 수 있었다. 아뮤롤 프로덕츠 컴퍼니가 만든 다양한 몬스터 모양의 D&D 사탕을 살 수 있고, 사탕 상자 뒷면에 있는 게임 스탯을 이용해서 이 몬스터들을 게임에 사용할 수 있었다. 테이블 게임을 하다가 해변으로 끌려간다 해도, R.A. 브릭스 컴퍼니가 만든 던전 테마의 비치타월에 몸을 기대어 마음을 달랠 수 있었다. 1983년 〈기본 규칙〉의 표지에 등장한 래리 엘모어의 레드 드래곤으로 장식된 라라미Larami가 만든 지갑에 돈을 넣을 수도 있다.

왼쪽, 아래 TSR과 LJN이 제작한 액션 피규어의 카드 뒷면은 어린 소비자들에게 "전부 다 수집하세요"라며 홍보했다.

맞은편 인기 있는 D&D와 AD&D 장남감과 부속 상품 모음 및 TSR 아티스트 키스 파킨스(제일 위)와 팀 트루먼과 리처드 바우쉬(아래)의 오리지널 콘셉트 그림들

DUNGEONS & DRAGONS™
BOOK AND RECORDING

Kid Stuff
RECORDS & TAPES
LKSR 839

attack of the assassins

DUNGEONS & DRAGONS is a trademark owned by
and used under license from TSR, Inc.

TSR
TSR, Inc.

DUNGEONS & DRAGONS™
Attack of the Assassins
This recording is approved by TSR, Inc., the
publisher of the 'Fantasy Role-Playing
Games' sold under the trademark
Dungeons & Dragons ®

KID STUFF RECORDS AND TAPES, DIVISION OF IJE, INC., 450 NORTH PARK ROAD, HOLLYWOOD, FL. 33021

팔라딘 스트롱하트를 눈에 띄게 그린 키드
스터프 레코드 앤 테이프의 책과 따라 읽기
레코드, 1984년도 오디오북

아래 상자 앞면에는 래리 엘모어의 1983년 〈기본 규칙〉과 〈전문가 규칙〉 표지 아트가 있고 뒷면에는 몬스터와 캐릭터 트레이딩 카드가 그려져 있는 D&D 캔디 피규어

맨 아래 마블의 1983년 컬러링북과 중고 입체경 필름

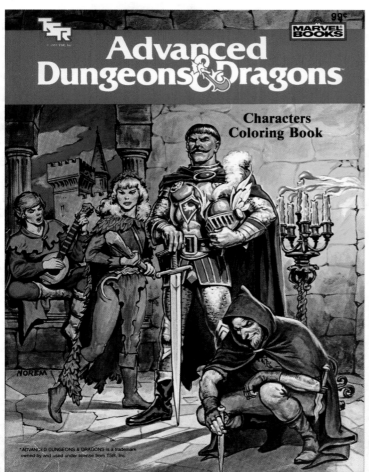

아래 비치 타월, 슈링키 딩크, 컬러폼을 비롯한
1982~1983년 D&D 라이선스 제품들

맞은편 1977년 《몬스터 매뉴얼》에서 처음 선보인
반은 사자, 반은 드래곤 몬스터인 드래고느Dragonne의
LJN 장난감을 위해 켄 켈리가 그린 오리지널 박스
아트. 켈리는 전설적인 록밴드 키스의 앨범
《디스트로이어Destroyer》와 《러브 건Love Gun》 표지
그림으로 유명한 판타지 아티스트 프랭크 프라제타의
조카다.

애니메이션 시리즈

1983년 6월 TSR이 조직개편을 단행할 때, 개리 가이객스는 이 야심찬 출판사를 위해 영상 엔터테인먼트라는 새로운 벤처를 직접 이끌게 되었다. 가이객스와 브라이언과 케빈 블럼 형제는 '던전 앤 드래곤 엔터테인먼트기업(DDEC)'이라는 신생 자회사에 큰 기대를 걸고 있었다. 가이객스가 할리우드에서 크게 성공한다면, 부수적으로 발생한 모든 수입은 회사의 출판 사업 부분을 지탱할 것이었다.

가이객스는 '하려면 제대로 하자'는 생각을 가지고 전설적인 황금 시대의 영화감독 킹 비더King Vidor가 살았던 비벌리 힐스 중심가의 대저택으로 이사 가서 마블 제작사와 TSR이 공동 제작하고 일본 기업 토에이 애니메이션이 동화를 담당한 〈던전 앤 드래곤: 애니메이션 시리즈Dungeons & Dragons: The Animated Series〉의 데뷔 과정을 감독했다.

이 시리즈의 첫 편에서 6명의 청소년이 D&D 놀이공원에서 놀이기구에 올라타자 '더 렐름'이라는 신비의 땅에 보내지게 되고, 요다같이 생긴 현자이자 테이블 게임의 전지전능한 심판의 현신인 던전 마스터가 그들을 환영했다. 던전 마스터는 용감한 청소년들이 도착하자마자 캐릭터 클래스로 그들을 분류해 클래스에 맞는 마법 도구를 나눠주었다. 그리고 위험한 판타지 세계에서 길잡이를 하며 인생의 성장통을 경험할 때마다 포춘쿠키와 같은 지혜를 나눠주었다. 레인저 행크, 바바리안 바비, 마법사 프레스토, 매지션 프레스토, 시프 실라, 카발리에 에릭, 아크로뱃 다이애나(마지막 두 명의 클래스는 프로그램이 시작하기 불과 몇 달 전에 1983년 초 발행된 룰 북에 새로 등장했다)는 집으로 돌아가는 길을 찾으면서 악마를 소탕하는 모험가 파티를 형성했다. 사춘기 '플레이어들'이 RPG가 실제 상품으로 있는 1980년대 미국에서 이세계로 이동하게 되었기 때문에 자신들이 RPG 속에 있음을 알고 있는 분위기가 느껴졌고, 가끔 메타 발언이 나오기도 했다.

이 10대들을 물리치고 그들의 아티팩트를 앗아가기 위해 여러 모습으로 변신하는 위저드 벤저가 프로그램의 주요한 적으로 등장했다. 벤저 자체는 새로운 인물이었지만, 머리가 여러 개인 드래곤 티아맷과 이 브랜드의 대표 몬스터인 비홀더를 비롯해 〈몬스터 매뉴얼〉로 익숙해진 수많은 얼굴이 등장해서 비주얼적인 통일감을 선사했다.

〈던전 앤 드래곤〉 애니메이션 시리즈는 1983년 9월 17일에 첫선을 보이며 또 다른 판타지 프랜차이즈 〈스머프〉의 뒷 시간에 방영되었다. 〈팩맨〉과 〈루빅스 큐브〉 같이 청소년들 사이에 유행하는 것을 소재로 한 다른 TV쇼처럼 D&D 애니메이션 시리즈도 이 브랜드를 최대의 잠재 고객인 더 어린 나이의 팬층에 소개했고, 게임을 하지 않는 사람들을 대상으로 좋든 싫든 게임을 확실히 시각적으로 각인시켰다. 1985년 12월 7일 '시청률'이라는 못된 짐승에게 패배하기 전까지 2.5시즌에 걸쳐 총 27회가 방영되었다.

D&D 엔터테인먼트의 베벌리 힐스 본사와 개리 가이객스의 저택. (아래 왼쪽) 개리 가이객스의 명함

E. Gary Gygax
President

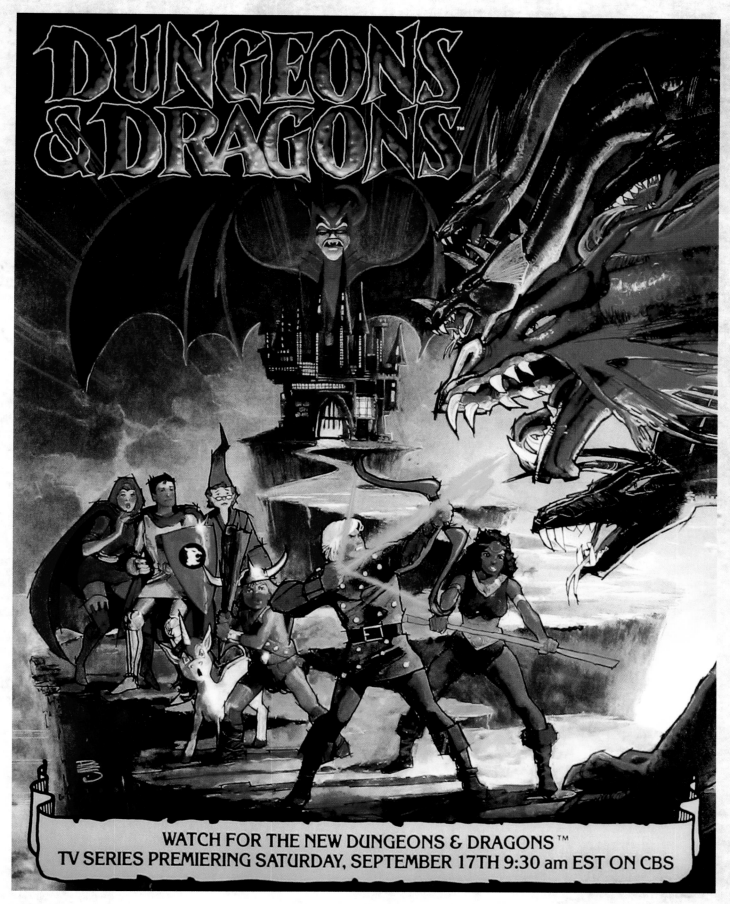

마블 아티스트 빌 신케비치가 그린 1983년 홍보
포스터. 액션 장면이 훨씬 많다고 젊은 팬들에게
홍보했지만, 실제로는 그에 미치지 못했다.

© Wizards of the Coast / © MARVEL

이 TV쇼로 수많은 부가 제품이 쏟아져 나왔지만, 가이객스는 DDEC의 추가적인 사업으로 연결시키기 어려워했다. 할리우드에서야 상품화할 수 있는 지적재산을 항상 원했지만, 자유로운 형태의 롤플레잉 게임이 정형화된 영화로 각색되기는 힘들었다. 또한 게임 산업에서 높은 위치에 있는 가이객스의 위상이 할리우드라는 낯선 왕국에서는 힘이 없다는 냉엄한 현실에도 부딪혔다. 그는 할리우드의 맷돌에 갈려나가며 결국 영화 제작계의 '개발 지옥'으로 떨어졌다. 다작하는 가이객스에게는 전혀 맞지 않는 곳이었다. 애니메이션 프로그램이 종방되기 오래전에 가이객스는 화려한 캘리포니아를 떠나 레이크 제네바의 집으로 돌아왔고, 기업의 위기는 커지고 있었다.

위 "저길 봐! 던전 앤 드래곤 놀이기구야!"
〈던전 앤 드래곤의 애니메이션 시리즈〉의 스틸 컷.
10대 친구들인 바비, 에릭, 행크, 다이애나, 실라가
D&D 롤러코스터를 타자, 마법적으로 '더 렐름'이라는
게임 속 세상으로 전송된다. 던전 마스터는 각 캐릭터
에게 이 초자연적인 세계에 적응할 수 있도록 마법의
무기 하나씩을 건네주었다.

© Wizards of the Coast / © MARVEL

맞은편 벤저가 왜 자신이 무자비하게 뒤쫓던 아이들과
함께 게임을 하는지 그리고 워듀크와 스트롱하트는 또 왜
숲에서 매복하고 있는지는 〈던전 마스터의 퀘스트
Quest for the Dungeonmaster〉 표지 아티스트 키스 파킨슨만이
알 것이다. 위는 파킨스의 오리지널 그림, 밑은 최종
제품이다.

Advanced Dungeons&Dragons®	GREYHAWK® ADVENTURES		James M. Ward	TSR™
Advanced Dungeons&Dragons®	MANUAL OF THE PLANES		by Jeff Grubb	TSR™ TSR, Inc.
Advanced Dungeons&Dragons®	DragonLance Adventures		by Hickman and Weis	TSR™
Advanced Dungeons&Dragons®	WILDERNESS SURVIVAL GUIDE		by Kim Mohan	TSR™ TSR, Inc.
Advanced Dungeons&Dragons®	DUNGEONEER'S SURVIVAL GUIDE		by Douglas Niles	TSR™ TSR Inc.
Advanced Dungeons&Dragons®	ORIENTAL ADVENTURES	Gary Gygax		TSR™ TSR, Inc.
Advanced Dungeons&Dragons®	UNEARTHED ARCANA		by Gary Gygax	TSR™ TSR, Inc.
Advanced Dungeons&Dragons®	Monster Manual II		by Gary Gygax	TSR™ TSR, Inc.
Advanced Dungeons&Dragons®	LEGENDS & LORE	by James Ward with Robert Kuntz		TSR™ TSR, Inc.
Official Advanced Dungeons&Dragons®	DUNGEON MASTERS GUIDE		by Gary Gygax	TSR™ TSR, Inc.
Advanced Dungeons&Dragons®	PLAYERS HANDBOOK		by E. Gary Gygax	TSR™ TSR Hobbies, Inc.
Advanced Dungeons&Dragons®	MONSTER MANUAL		by Gary Gygax	TSR™ TSR, Inc.

위 1983년 TSR은 비공식적으로 '오렌지 스파인 북스'라 불리는 AD&D의 양장본 시리즈 제작을 시작했다. 《몬스터 매뉴얼 II》로 시작해서 1983년부터 1987년까지 AD&D 코어북들의 개정과 재간행이 이어진 12권 시리즈는 품질과 구성 면에서 D&D 검과 마법 아트의 정점을 찍은 작품으로 알려져 있다. 모든 그림은 TSR 소속 아티스트 제프 이슬리가 완성했다.

왼쪽 래리 엘모어의 상자 표지 그림은 동시에 발간된 《드래곤랜스》 시리즈와 마찬가지로 번성하는 하이 판타지 아트 스타일을 담고 있다.

맞은편 《몬스터 매뉴얼 II》(1983)의 제프 이슬리가 그린 오리지널 표지 그림과 실제 제품 표지

1984년 D&D가 10주년이 되었을 때 TSR은 재정난을 겪고 있었지만 소비자들은 전혀 알지 못했다. 재정 압박으로 구조조정 중에 있었음에도 이 회사는 〈컴패니언 세트Companion Set〉와 같은 새롭고 혁신적인 베스트셀러 제품을 계속해서 만들었다. 같은 해 D&D는 어떻게 하면 캠페인 설정을 《드래곤랜스》 소설 및 모험 모듈 출시와 발맞춰 판매할 수 있을지 다시 전략을 세웠다. 그러나 표면상으로는 성공한 제품들이 꾸준히 발표되고 있었고, 중미 지역 시장도 공략하려고 최선의 노력을 다했지만, 안타깝게도 TSR은 더 이상 수익을 창출할 방법을 찾을 수 없었다.

COLOR
ROUGH
OR "DRAGONLANCE"

드래곤랜스

〈던전 앤 드래곤〉 입문자들은 다음 두 가지를 기대하며 첫 게임에 임할지 모른다. 바로 던전과 드래곤 말이다. 그러나 초기 모듈이나 캠페인 중에서 플레이어가 드래곤과 싸울 수 있었던 것이 몇이나 되었을까? 그리고 그 소수의 운 나쁜 모험가 중에 또 몇 명이나 살아남아 그 이야기를 들려줄 수 있었을까? 드래곤은 책과 상자 표지를 장식하기에 아주 좋았다. 그러나 게임에서 드래곤의 실용성은 떨어졌다. D&D에는 드래곤을 단골로 등장시킬 프레임워크가 없었기 때문이다.

그렇지만 1982년 TSR에 갓 입사한 트레이시 힉맨의 마음속에는 드래곤이 있었다. 베테랑 D&D 모듈 디자이너인 트레이시는 곧 드래곤이 지배하는 세상에 대한 상상을 품게 된다. 솔트레이크시티 토박이인 힉맨은 드래곤 세계라는 구상을 12개의 시리즈 모듈 콘셉트로 정리하고 〈드래곤랜스 연대기Dragonlance Chronicles〉라 이름 붙였다. 그러나 얼마 안 가 모험 패키지 이외의 것으로도 눈을 돌렸다. 책, 달력, 전쟁 게임, 미니어처와 심지어 이 시리즈를 소설화하고 〈드래곤〉지에 실리는 단편으로 보강할 생각까지 했다.

여러 매체로 발표되는 이 장대한 캠페인에서는 다방면의 모험가들이 강력한 아티팩트를 찾아서 이를 이용해 신화적인 고대 악인 드래곤을 제거해야 한다. 모듈을 플레이할 때 플레이어들은 '랜스의 영웅들Heros of the Lance'이라 불리는 각각 클래스와 테마 콘셉트가 다른 미리 생성된 캐릭터 중에 하나를 선택해 플레이할 수 있다. TSR 경영진은 이 아이디어가 마음에 들었지만, 좀 더 시각적인 것을 원했다. 개발 매니저 해롤드 존슨과 힉맨은 사내 아티스트 래리 엘모어를 찾아갔고, 힉맨의 말에 따르면 "그 콘셉트에 아주 흥분한 엘모어는 집에 가서 주말 동안 사적인 시간을 모두 써서 주요 캐릭터와 이벤트를 묘사한 4개의 오리지널 드래곤랜스 그림을 만들어냈다"고 했다.

TSR 고위층은 엘모어의 그림을 열정적으로 반겼고, 프로젝트를 승인하는 것은 물론이고 더욱 확장하기로 했다. 힉맨은 이제 디자이너팀이 이 급진적이고 새로운 멀티미디어 프로젝트에서 모듈의 첫 3부작 콘셉트를 개발하도록 이끄는 일을 맡았다. 지금까지 TSR이 내놓은 것 중 단일 캠페인으로는 가장 복잡한 출시 전략이었고, 위험했지만 잠재적으로 수익성이 높은 프로젝트였다.

힉맨과 존슨의 지휘하에 제프 그럽Jeff Grubb과 더그 나일스Doug Niles 같은 디자이너의 도움으로 크린Krynn이라 불리는 세계가 곧 형태를 잡게 된다. 대립극의 세계에서 타고난 숙적들이 우주의 균형을 유지하고 완전한 파멸을 막기 위해 힘을 합쳐야 했다. 선, 중립, 악을 대표하는 신과 종족이 있었으며, 심지어 팬들이 읽고 플레이하는 주역 캐릭터들도 이런 성향을 대변했다. 길고 열띤 아이디어 회의에서 세계관의 기반 테마에 맞춰 하플링 비슷한 귀여운 켄더kender와 드래코니언dragon-man이라 불리는 혐오스러운 드래곤 인간 같은 새로운 종족이 추가되었다. 그러는 동안 크린의 세계는 TSR 아트팀의 붓끝에서 생명을 얻기 시작했다.

〈드래곤랜스〉는 빠른 개발 과정을 거치고 있었지만, TSR은 여전히 소설을 쓸 작가가 필요했다. 그리고 필요한 인재가 이미 회사 안에 있음을 알게 되었다. 힉맨은 최근에 미주리에서 이사 온 두 아이의 엄마이자 사내 편집자 마가렛 와이스Margaret Weis를 차출했다. 마가렛 와이스는 그때까지 TSR의 유일한 진짜 책이던 '끝없는 게임'식 1인용 게임 책《끝없는 퀘스트Endless Quest》를 쓴 경험이 있었다.

1984년 3월 TSR은 첫 번째 〈드래곤랜스〉 제품 모듈 〈DL1: 절망의 드래곤Dragons of Despair〉을 출시했다. 그 뒤 몇 달간 모듈 세 개를 추가 발간했고, 뒤이어 키스 파킨슨Keith Parkinson, 클라이드 콜드웰Clyde Caldwell, 제프 이슬리, 그리고 당연히 래리 엘모어가 그린 최초의 드래곤랜스 달력이 발매되었다.

11월 TSR의 첫 번째 소설《가을 황혼의 드래곤Dragons of Autumn Twilight》이 랜덤하우스와의 배급 계약을 통해 서점에 출시되었다. TSR의 다매체 마케팅 방식은 분명 효과가 있었다. 1985년 1월《가을 황혼의 드래곤》은 베스트셀러가 되었고, 팬들에게 〈던전 앤 드래곤〉을 소개하고 다가갈 새로운 방법이 되었다.

〈드래곤랜스〉를 위해 래리 엘모어가 그린 1984년 콘셉트 아트로 카라몬Caramon과 레이스틀린Raistlin 형제가 보인다.

맞은편 〈드래곤랜스〉의 대표적인
캐릭터들이 등장하는 래리 엘모어의 투명
필름 스케치와 '컬러 러프' 콘셉트(위).

STEEL-GRAY BLUE

```
 1                                      THE
 2                             DRAGONLANCE CHRONICLES
 3                Tracy Raye Hickman / Design Submitter  : July 13th, 1982
 4        Description                                            LINE NUMBERS
 5        xxxxxxxxxxxxxxxxxxxxxxxxxxxxxxxxxxxxxxxxxxxxxxxxxxxxxxxxxxxxxxxxx
 6        Overview --------------------------------------- <+>  100  /   185
 7        BOOK I: SANCTION --- : (1) Dragons of Darkness---- <+> 1000 /  1157
 8                               (2) Dragons of Flame  ------ <+> 1200 /  1253
 9                               (3) Dragons of Hope  ------- <+> 1300 /  1357
10
11        BOOK II: VOLITION - : (1) Dragons of Ice  ------ <+> 2000 /  2157
12                              (2) Dragons of Desolation  <+> 2200 /  2256
13                              (3) Dragons of Faith ------ <+> 2300 /  2353
14
15        BOOK III: STONEHOLD : (1) Dragons of Light ----- <+> 3000 /  3157
16                              (2) Dragons of Thunder --- < > 3200 /   XXX
17                              (3) Dragons of the Sky --- < > 3300 /   XXX
18
19        BOOK IV: CYTADEL -- : (1) Dragons of Power ----- < > 4000 /   XXX
20                              (2) Dragons of the Sun --- < > 4200 /   XXX
21                              (3) Dragons of Doom ------- <-> 4300 /   XXX
22
23        ADDITIONAL PROPOSALS:
24            The Dragonlance Iconograph ----------------- <+> 1212 /  1268
25            Dragonlords ------------------------------- <+> 1268 /  1322
26            Calendar ---------------------------------- <+> 1323 /  1363
27            Dragonseige ------------------------------- <+> 1364 /  1406
28            Novelization ------------------------------ < > XXX  /   XXX
29            Miniatures -------------------------------- < > XXX  /   XXX
30            Abstract Card Game ------------------------ < > XXX  /   XXX
31            Coloring Book ----------------------------- < > XXX  /   XXX
32            DRAGON(tm) Short Stories ------------------ < > XXX  /   XXX
33
34
35
36
37
38
39
40
41
42
43
```

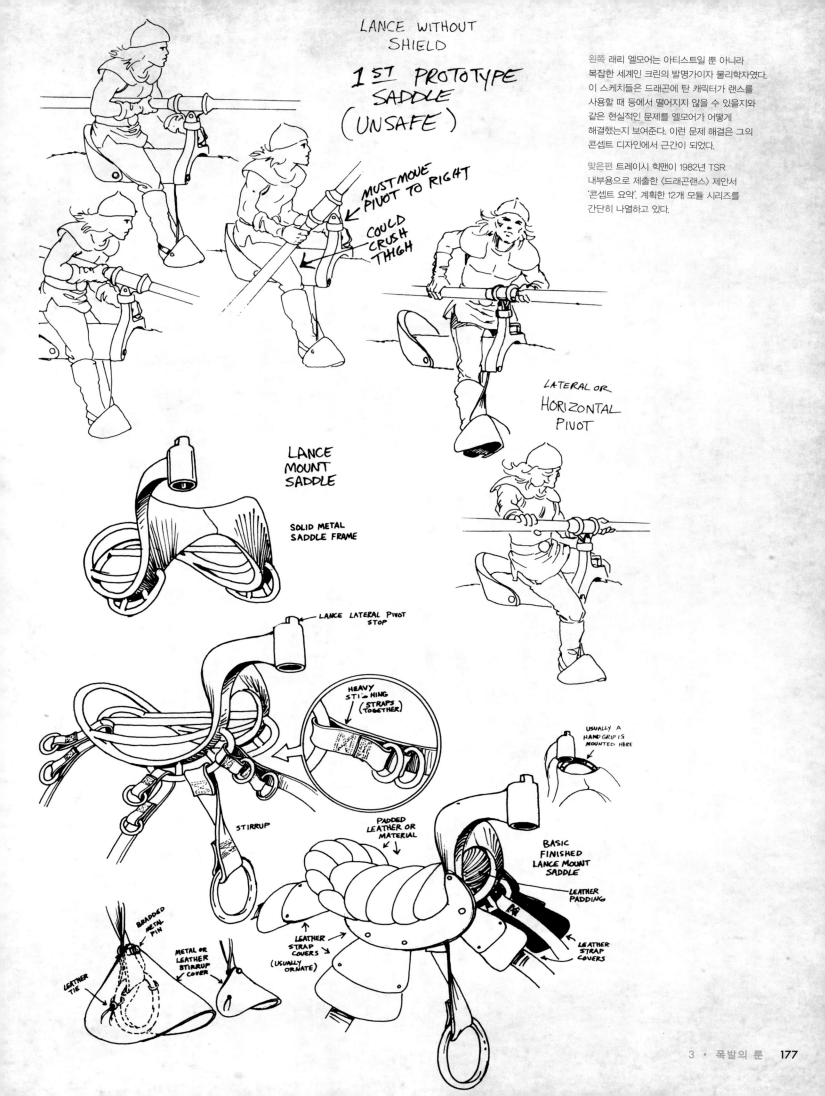

LANCE WITHOUT
SHIELD

1ST PROTOTYPE
SADDLE
(UNSAFE)

MUST MOVE
← PIVOT TO RIGHT

COULD
CRUSH
THIGH

LATERAL OR
HORIZONTAL
PIVOT

LANCE
MOUNT
SADDLE

SOLID METAL
SADDLE FRAME

LANCE LATERAL PIVOT
STOP

HEAVY
STITCHING
(STRAPS
TOGETHER)

USUALLY A
HAND GRIP IS
MOUNTED HERE

STIRRUP

PADDED
LEATHER OR
MATERIAL

BASIC
FINISHED
LANCE MOUNT
SADDLE

LEATHER
PADDING

BRADDED
METAL
FIN

METAL OR
LEATHER
STIRRUP
COVER

LEATHER
STRAP
COVERS
(USUALLY
ORNATE)

LEATHER
STRAP
COVERS

LEATHER
TIE

왼쪽 래리 엘모어는 아티스트일 뿐 아니라
복잡한 세계인 크린의 발명가이자 물리학자였다.
이 스케치들은 드래곤에 탄 캐릭터가 랜스를
사용할 때 등에서 떨어지지 않을 수 있을지와
같은 현실적인 문제를 엘모어가 어떻게
해결했는지 보여준다. 이런 문제 해결은 그의
콘셉트 디자인에서 근간이 되었다.

맞은편 트레이시 힉맨이 1982년 TSR
내부용으로 제출한 〈드래곤랜스〉 제안서
'콘셉트 요약'. 계획한 12개 모듈 시리즈를
간단히 나열하고 있다.

1985년 〈드래곤랜스〉 달력에 실린 키스
파킨슨의 그림과 초기 콘셉트 스케치. 이
상징적인 비행 성채의 이미지는
〈드래곤스 오브 데솔레이션Dragons of
Desolation〉의 모듈 표지를 포함해 이후
제품에 여러 번 다시 사용되었다.

1985년 〈드래곤랜스〉 달력에 실린 클라이드 콜드웰의 이미지와 초기 콘셉트 스케치. 이 이미지는 이후에 모험 모듈 〈드래곤 오브 드림Dragons of Dreams〉에 사용되었다.

Advanced Dungeons & Dragons

DragonLance

1985 CALENDAR $6.95

ADVANCED DUNGEONS & DRAGONS® and DRAGONLANCE™ are trademarks owned by TSR, Inc.

©1984 TSR, Inc.

LARRY
ELMORE
◆ ARTIST FAVORITE ◆

위 1985년 〈드래곤랜스〉 달력의 표지 그림은 래리
엘모어가 그렸고, 이 그림은 홍보용으로 사용되었다.
가장 인상적인 특징 중 하나는 켈트 스타일
테두리이며, 〈드래곤랜스〉 로고는 오리지널 그림의
일부지만 나중에는 적용되지 않았다.

아래 왼쪽부터 〈드래곤랜스〉 아티스트 래리
엘모어, 클라이드 콜드웰, 키스 파킨슨, 제프
이슬리

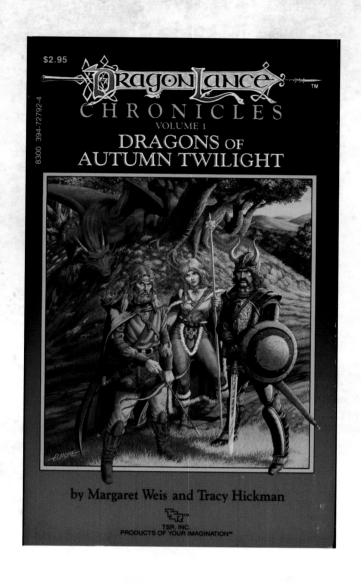

총 16개의 모듈과 해마다 새로운 아트 달력, 캠페인 자료집, 그리고 수십 가지의 부수적인 상품들과 함께 1985년 오리지널 연대기 3부작을 완성하는 《겨울 밤의 드래곤Dragons of Winter Night》과 《봄 새벽의 드래곤Dragons of Spring Dawning》을 비롯한 소설도 출간되었다. D&D 아트가 새로운 플레이어들을 가르치고 방향을 잡는 데 도움이 된 만큼, 《드래곤랜스》소설은 D&D 세계가 어떻게 돌아가는지 미래의 플레이어들에게 소개하는 데 도움이 되었다.

다중매체 접근법이라는 〈드래곤랜스〉의 새로운 시도가 성공하자 TSR은 게임 상품에 대해 다시 생각하게 되었다. 책으로 먼저 접한 세계를 나중에 직접 플레이할 수 있게 된 플레이어들은 충성심과 참여도 수준이 남다른 듯했다. 와이스와 힉맨 팀은 곧이어 2번째 3부작인 〈레전드〉 3부작을 만들었다. 1987년까지 《드래곤랜스》소설은 200만 부 이상 판매되면서 모듈이 50만 개 이상 판매되는 데 힘을 보탰다.

〈드래곤랜스〉 프랜차이즈가 차별성을 이룬 것은 마케팅 방식 때문만은 아니었다. 플레이어들이 소설에 등장하는 상징적인 캐릭터들의 역할을 할 수 있게 허용하면서 신기원을 열었다.

플레이어는 타락하지 않는 인간 워리어 카라몬Caramon도, 번민하는 하프엘프 타니스Tanis도, 신비하고 불길한 소서러 레이스틀린Raistlin이 될 수도 있고, 순혈 엘프 처녀 로라나Laurana나 음흉한 드래곤로드 키티아라Kitiara가 될 수도 있었다. 심지어 위협적인 죽음의 기사 소스Soth 경 같은 조연 캐릭터도 팬이 생겼다.

〈드래곤랜스〉는 모든 D&D 캠페인 중에서 가장 사랑받고 오래 지속되는 캠페인 중 하나가 되었다. 무엇보다도 D&D에 '드래곤'을 넣었다는 점이 가장 중요했다. 지금까지 거의 200종의 소설이 〈드래곤랜스〉 설정을 사용했다. 수십 개의 모듈과 부가 상품들도 그에 발맞춰 나왔다. 거기에 키퍼 서덜랜드와 루시 로리스가 출연한 장편 애니메이션 영화도 2008년에 비디오로 제작되었다. 크린의 드래곤들은 최근에는 잠들어 있지만, 스토리가 풍부한 프랜차이즈이기 때문에 잠에서 깨어나는 건 시간문제다.

위 1984년 베스트셀러 '드래곤랜스' 소설인 《가을 황혼의 드래곤》

왼쪽 1984년과 1986년 사이에 출시된 〈드래곤랜스〉 모험 모듈 12개

CUT OUT CARDS

DragonLance
CHARACTER CARDS

TANIS 7TH LEVEL HALF-ELF FIGHTER

| STR 16 | WIS 13 | CON 12 | THAC0 14 |
| INT 12 | DEX 16 | CHR 15 | AL NG   HP 55 |

AC 4 (LEATHER ARMOR +2, DEX BONUS)

WEAPONS LONGSWORD +2 (1-8/1-12)
LONGBOW, QUIVER WITH 20 ARROWS (1-6/1-6)
DAGGERS (1-4/1-3)

EQUIPMENT AS SELECTED BY PLAYER;
500 STL/1000 GPW MAXIMUM

LANGUAGES COMMON, QUALINESTI ELF,
HILL DWARF, PLAINSMAN

See back of card for more information.

GOLDMOON 7TH LEVEL HUMAN CLERIC

| STR 12 | WIS 16 | CON 12 | THAC0 16 |
| INT 12 | DEX 14 | CHR 17 | AL LG   HP 29 |

AC 8 (LEATHER ARMOR)

WEAPONS SLING +1 AND 20 BULLETS (2-5/2-7)

EQUIPMENT MEDALLION OF FAITH
AS SELECTED BY PLAYER; 500 STL/1000 GPW
MAXIMUM

ABILITIES Spell Use: 5 1ST LEVEL, 5 2ND LEVEL, 2
3RD LEVEL, 1 4TH LEVEL

LANGUAGES COMMON, PLAINSMAN, HILL DWARF,
QUALINESTI ELF

See back of card for more information.

CARAMON 8TH LEVEL HUMAN FIGHTER

| STR 18/63 | WIS 10 | CON 17 | THAC0 14 |
| INT 12 | DEX 11 | CHR 15 | AL LG   HP 52 |

AC 6 (RING MAIL ARMOR AND SMALL SHIELD)

WEAPONS LONGSWORD (1-8/1-12)
SPEAR (1-6/1-6)
DAGGER (1-4/1-3)

EQUIPMENT AS SELECTED BY PLAYER;
500 STL/1000 GPW MAXIMUM

LANGUAGES COMMON, PLAINSMAN

See back of card for more information.

RIVERWIND 7TH LEVEL HUMAN RANGER

| STR 18/35 | WIS 14 | CON 13 | THAC0 14 |
| INT 13 | DEX 16 | CHR 13 | AL LG   HP 42 |

AC 5 (LEATHER ARMOR AND SMALL SHIELD, DEX
BONUS)

WEAPONS LONGSWORD +2 (1-8/1-12)
SHORT BOW, QUIVER OF 20 ARROWS (1-6/1-6)
DAGGER +1 (1-4/1-3)

EQUIPMENT AS SELECTED BY PLAYER, 500 STL/
1000 GPW MAXIMUM

LANGUAGES COMMON, PLAINSMAN,
QUALINESTI ELF, HILL DWARF

See back of card for more information.

RAISTLIN 5 LEVEL HUMAN MAGIC-USER

| STR 10 | WIS 14 | CON 10 | THAC0 20 |
| INT 17 | DEX 16 | CHR 10 | AL N   HP 15 |

AC 5 (STAFF OF MAGIUS, DEX BONUS)

EQUIPMENT STAFF OF MAGIUS (+3 PROTECTION,
+2 TO HIT, DAMAGE 1-8, CAN CAST CONTINUAL
LIGHT AND FEATHER FALL ONCE PER DAY.) AS
SELECTED BY PLAYER, 500 STL/1,000 GPW MAXI-
MUM.

ABILITIES Languages: COMMON, QUALINESTI ELF,
MAGIUS
Spell Use: 4 1ST LEVEL, 2 2ND LEVEL, 1 3RD LEVEL
PER DAY.

See back of card for more information.

FLINT FIREFORGE 6TH LEVEL DWARF FIGHTER

| STR 16 | WIS 12 | CON 18 | THAC0 16 |
| INT 7 | DEX 14 | CHR 13 | AL NG   HP 60 |

AC 6 (STUDDED LEATHER ARMOR AND SMALL
SHIELD)

WEAPONS 2 HAND AXES +1 (1-6/1-4)
DAGGER (1-4/1-3)

EQUIPMENT AS SELECTED BY PLAYER;
500 STL/100 GPW MAXIMUM

LANGUAGES COMMON, HILL DWARF

See back of card for more information.

STURM BRIGHTBLADE 8TH LEVEL HUMAN FIGHTER

| STR 17 | WIS 11 | CON 16 | THAC0 14 |
| INT 14 | DEX 12 | CHR 12 | AL LG   HP 47 |

AC 5 (CHAIN MAIL)

WEAPONS TWO-HANDED SWORD +3 (1-10/3-18)
DAGGER (1-4/1-3)

EQUIPMENT AS SELECTED BY PLAYER; 500 STL/
1000 GPW MAXIMUM

LANGUAGES COMMON, QUALINESTI ELF,
SOLAMNIC

See back of card for more information.

TASSLEHOFF BURRFOOT 6TH LEVEL KENDER
(HALFLING) THIEF

| STR 13 | WIS 12 | CON 14 | THAC0 19 |
| INT 9 | DEX 16 | CHR 11 | AL N   HP 24 |

AC 5 (LEATHER ARMOR, DEX BONUS)

WEAPONS HOOPAK: TREAT AS COMBINATION
BULLET SLING (2-5/2-7) AND +2 JO STICK (1-6/1-4)
DAGGER (1-4/1-3)

EQUIPMENT THIEVES' TOOLS, LEATHER MAP CASE
AS SELECTED BY PLAYER, 500 STL/1000 GPW
MAXIMUM

See back of card for more information.

위 〈DL3: 희망의 드래곤Dragons of Hope〉에 들어 있는
소설 속 영웅의 미리 만들어진 캐릭터 시트. 이 미리
만들어진 캐릭터 시트는 경제성이 요점이었는데,
넓은 핵심 규칙 시스템 판형 덕분에 단순화된
캐릭터 시트 8개가 한 페이지에 들어갈 수 있었다.

맞은편 시계 방향 제프 이슬리가 그린 〈하이
소서리의 탑Tower of High Sorcery〉에 등장한
레이스틀린, 모험 모듈 〈신념의 드래곤Dragons of
Faith〉를 장식한 이슬리의 그림, 래리 엘모어의 〈빛의
드래곤Dragons of Light〉 표지 그림, 제프 이슬리의
〈화염의 드래곤Dragons of Flame〉 표지 그림

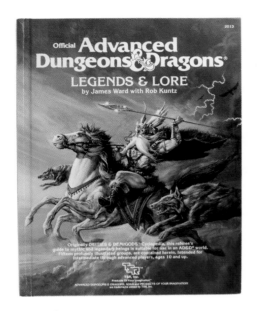
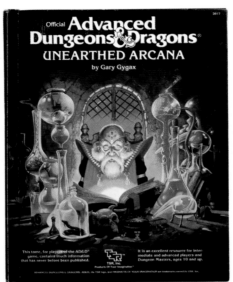

위 중앙, 맞은편 제프 이슬리의 《언어스드 아르카나》 표지 그림은
발표되자마자 팬들이 가장 좋아하는 그림이 되었다. 금단의
지식에 대한 오싹한 감각을 자아내서 구매 욕구를 불러일으켰다.

일촉즉발

1984년 말, TSR이 처한 어려움은 곪아 터지기 일보 직전이었다. 시끄러웠던 여러 차례의 해고에도 불구하고 TSR의 재정난은 계속되었고 결국 이사회는 TSR 사장 케빈 블룸을 쫓아냈다. D&D의 판매 저조와 TSR의 방만한 경영으로 매출은 3,000만 달러 가까이 올랐음에도 불구하고 전년 대비 적자 폭은 오히려 커졌다. 게다가 TSR은 빚더미에 앉았고, 신제품을 제작할 현금 유동성을 확보하는 것조차도 어려움에 직면했다. D&D 제품은 당시까지 800만 부 정도 팔렸지만, 회사의 미래는 아주 불투명했다.

1985년 3월 개리 가이객스는 스톡옵션을 행사해 TSR의 지휘권을 장악했다. 자금도 바닥나고 신제품도 시장에 출시해야 하는 절박한 상황에서 TSR은 과거 〈드래곤〉지에만 등장하고 활용하지 않았던 풍부한 게임 소재들을 이용했다. 이것이 그해 여름에 출간된 〈언어스드 아르카나Unearthed Arcana〉라는 AD&D 양장본 후속작의 토대가 되었다.

TSR은 미래를 낙관할 다른 이유도 있었다. 회사가 오랫동안 개최해서 18회를 맞이한 게임 박람회 젠 콘은 위스콘신 시골 동네의 작은 전시장에서 밀워키 엑스포 센터로 장소를 이전할 만큼 지속적으로 성장했다. 그러나 안타깝게도 낙관주의와 여론이 재정난을 해결해주지는 않았고, TSR은 여전히 파산 위기에 놓여 있었다. 역사상 처음으로 TSR의 전체 매출이 감소하고 400만 달러 가까운 순손실을 기록했는데, 이는 전년도 대비 5배 수준이었다.

일본의 봉건사회에서 영감을 얻은 첫 아시아적 캠페인 설정이자 비무기 숙련 규칙의 사용법을 확대한 《오리엔탈 어드벤처Oriental Adventures》, 인기 많은 〈홈릿 마을Village of Hommlet〉의 후속작이자 오래전부터 약속한 '메가-모듈'인 〈악한 정령의 사원The Temple of Elemental Evil〉, 고레벨 캐릭터용 상자 세트이자 '블랙 박스'라고도 불리는 프랭크 멘처가 만든 〈마스터 규칙the Master Rules〉 등 신선한 다른 작품들도 속속 출시되었다.

프랜차이즈가 적자를 기록할 뿐 아니라 자살과 사탄 숭배 같은 소문들이 D&D 게임에 먹구름을 드리웠다. 갈수록 어린 학생들과 10대들에 대한 매출 의존도가 높아지자 더는 모든 언론 보도가 좋은 보도가 될 수 없었다. TSR은 부드러운 브랜드 이미지를 만들려고 노력했고 한 해 전에 〈신과 반신〉이 〈전설과 설화Legends & Lore〉로 변경된 것처럼 오컬트 느낌이 있는 상품들을 다시 브랜딩하는 작업을 했다. 그러나 이런 노력도 이미지를 순화시키기에 충분치 않았다. 가이객스가 메시지를 따르지 않은 것도 악재에 이유를 더했다. 〈드래곤〉에서 그는 〈전설과 설화〉의 변화는 "타협, 즉 어차피 우리 상품을 사지 않을 사람들의 압박에 굴복했다"라고 말했다. D&D 반대자들의 쉼 없는 공격은 가장 유명한 방송이 이 게임을 다루면서 절정에 달했다. CBS방송의 〈60분〉 프로그램에 특집으로 보도된 것이다. D&D 게임은 BADD의 패트리샤 풀링과 〈60분〉 사회자 에드 브래들리Ed Bradley의 손에 의해 악당이라는 낙인이 찍혔다.

회사의 대표로서 개리 가이객스가 당면한 문제는 회사 부채와 대중의 논란에 그치지 않았다. 가이객스는 신문사 상속녀 로레인 딜 윌리엄스Lorraine Dille Williams 등 새로운 투자자와 경영진을 영입하면서 회사를 정상화하려 했지만, 여전히 상당한 주식을 보유한 상태면서도 회사에서 마음이 떠난 블룸 형제와 TSR 이사회와 계속해서 다투었다. 1985년 10월에 상황은 결국 곪아터졌다. 적대적 인수합병으로 이사회는 가이객스를 퇴출시켰고, 그가 최근에 동료로 영입했던 윌리엄스가 TSR의 사장으로 취임했다. 회사의 재정 상황은 아주 나빴고, 지배주를 매입하느라 윌리엄스는 50만 달러를 투입했다. 가이객스는 주식 이전 가처분신청 소송을 걸었지만, 결국 소송에서 지면서 D&D도 잃게 되어 절망했다.

그가 쓴 애절한 작별 인사는 1986년 〈드래곤〉지에 실렸고, 그 뒤로 게임 업계에서 다른 벤처를 시도했지만 D&D를 대신할 수는 없었다.

이제 창조자와 작별한 D&D의 미래는 2세대 디자이너들의 손에 오롯이 넘겨졌고, 이들에게는 게임을 새로운 방향으로 이끌어야 할 책임이 주어졌다. D&D는 이 모든 혼란 속에서 살아남게 될까? 오직 시간만이 대답해 줄 것이었다.

"⟨던전 앤 드래곤⟩ 게임 시스템(중략)
또는 AD&D 시스템의 형태와 방향은
이제 완전히 다른 사람의 손에 달려 있다."

−⟨드래곤⟩ 122호에서, 개리 가이객스

이 페이지, 186쪽 왼쪽 전작 〈신과 반신〉에 수록된
에롤 오투스의 반체제적인 아트를 대체한 제프
이슬리의 1984년 작품 〈전설과 설화〉 표지
그림으로 더 건전하고 영웅적인 이미지를 담고
있다.

맞은편 제프 이슬리의 〈오리엔탈 어드벤처Oriental
Adventures〉 표지 아트워크

INTO THE FIRE — The legacy of a lost prince
THE DARK TOWER OF CABILAR — A deadly search for a crown
GRAKHIRT'S LAIR — At war with the norkers

Dungeon™

ADVENTURES FOR TSR® ROLE-PLAYING GAMES

ISSUE NO. 1 $3.75

0—88038—383—6

09

0 46363 19545 8

PARKINSON

새로운 시작

TSR은 혼란 속에서 1986년을 맞이했지만, 새로운 리더의 통솔하에 회복할 태세를 잡았다. RPG 시장은 더 이상 성장을 도모하기 어려웠지만, 여전히 안정적이고 생존 가능한 환경이었다. TSR은 비싼 간접비를 상당 부분 걷어내고 최근 들어 실적이 좋은 제품을 다수 출시했다. 그중에는 베스트셀러 《드래곤랜스》 소설들이 가장 눈에 띄었다. TSR의 심각한 부채에도 불구하고, 신제품들의 성공으로 작지만 영향력 있는 제품들을 개발할 수 있었고, 그 결과 브랜드는 안정을 되찾을 수 있게 되었다. 사전 제작된 모험을 계속 출시해 D&D 핵심 동호회를 참여시키려고 TSR은 격월간 〈던전〉지를 새로 발행했다. 그 결과 〈드래곤〉지는 TSR의 다른 게임 제품과 판타지 소설에 집중할 수 있었다. 게임 부문에서 개리 가이객스의 믿음직한 오른팔 프랭크 멘처는 마침내 〈불멸자 규칙Immortals Rules〉을 완성하며 〈기본 게임〉의 개정과 확장을 5부작으로 마무리지었다.

그 밖에 기존 D&D 확장판을 섞어서 다듬어 내놓은 제품도 실적이 좋았는데, 여기에는 새로 도입한 비무기 숙련으로 개별 캐릭터를 커스터마이징하는 방향성이 반영된 〈던전 탐험가 생존 지침서Dungeoneer's Survival Guide〉와 〈야생 생존 지침서Wilderness Survival Guide〉 같은 것이 있었다. 그들은 심지어 D&D 공동 크리에이터 데이브 아네슨도 다시 찾아갔고, 그 덕분에 〈블랙무어에서의 모험Adventures in Blackmoor〉을 필두로 그의 캠페인 세계를 바탕으로 한 모듈이 발간되기 시작했다. 지난 3년간 모든 시행착오와 고난을 겪은 D&D는 마침내 회생의 길로 들어섰다.

TSR이 계속해서 안정을 찾아가자, 신제품을 내놓으며 주도권을 쥔 디자인 부서가 D&D를 빠르게 회복시켜 〈이계 매뉴얼The Manual of the Planes〉이라는 이름의 새로운 양장본 확장판까지 내놓기에 이르렀다. 한편 별도의 디자인팀이 규합되어 규칙을 간소화할 방법과 캠페인 옵션을 늘릴 고민을 조용히 시작했다. 그래도 D&D 브랜드에 가장 큰 영향을 미친 것은 〈포가튼 렐름〉 캠페인 설정 출시였다.

〈포가튼 렐름〉은 D&D에서 가장 인기 있는 설정이 되었다. 수십 개의 모듈, 소설, 컴퓨터 게임에 영감을 준 〈포가튼 렐름〉 설정은 크로스 플랫폼의 매력을 보여주는 가장 유명한 사례였다. 로레인 윌리엄스는 미디어 운영 경험이 있었기 때문에 테이블 게임 상품과 소설, 컴퓨터 게임과 코믹북을 공격적으로 홍보하고 라이선스를 팔 수 있는 캠페인 설정 개발을 추진한 것도 놀랍지 않다.

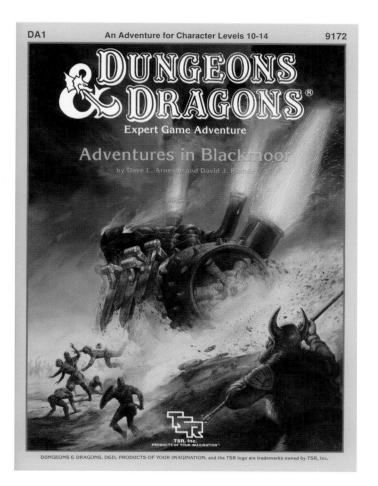

위 D&D의 공동 크리에이터 데이브 아네슨은 TSR과 갈라선 지 10년이 지난 후에 마침내 다시 합류해 〈블랙무어에서의 모험〉을 내놓았다. 사실 〈블랙무어에서의 모험〉(1986) 프로젝트는 가이객스가 TSR을 떠나기 전에 계획된 것이었다.

왼쪽 제프 이슬리의 〈야생 생존 지침서〉(1986) 표지

맞은편 키스 파킨슨의 표지 아트가 수록된 〈던전〉지 1호

악한 정령의 사원

〈악한 정령의 사원〉은 개리 가이객스와 프랭크
멘처가 취합하고 확장시킨 대규모 '메가 모듈'이었다.
128장에 달해 일반적인 모험보다 약 4배나 긴 이
모듈은 가이객스의 1979년 〈홈릿 마을〉을 필두로 한
유명한 'T' 모듈 시리즈에서 확장된 것이다.

"오래전에 파괴됐다고 생각한 불길한 세력이 그 원천인
블랙홀에서 다시 꿈틀거린다. 칠흑 같은 어둠이 땅 위를
서성이고, 안전은 허상에 불과하다. 그것은 모든 그림자
속에서 도사리며 기회를 엿보고 있기에."

"수년 전 조용한 〈홈릿의 마을〉과 경이로운 땅
〈그레이호크〉를 플레이어들에게 소개하면서 시작된 여정이
마침내 대단원의 막을 내린다.
〈악한 정령의 사원〉의 폐허를 배경으로 오랫동안 기다려오던
캠페인 어드벤처가 여기에 있다.
악은 폭발의 잔해 아래서 번식하고 자라난다.
지금이야말로 악을 물리치고 그 세력을 흩어버릴 기회다."

–〈악한 정령의 사원〉, 1985

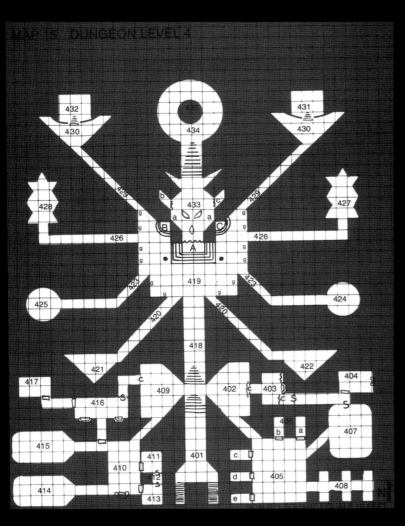

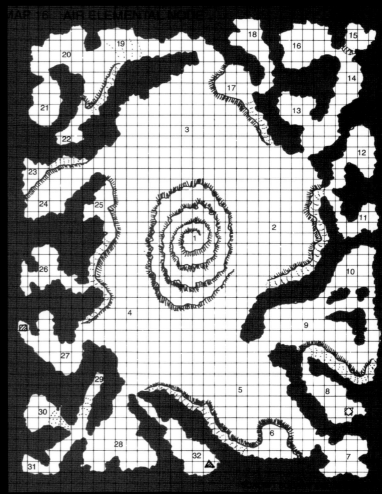

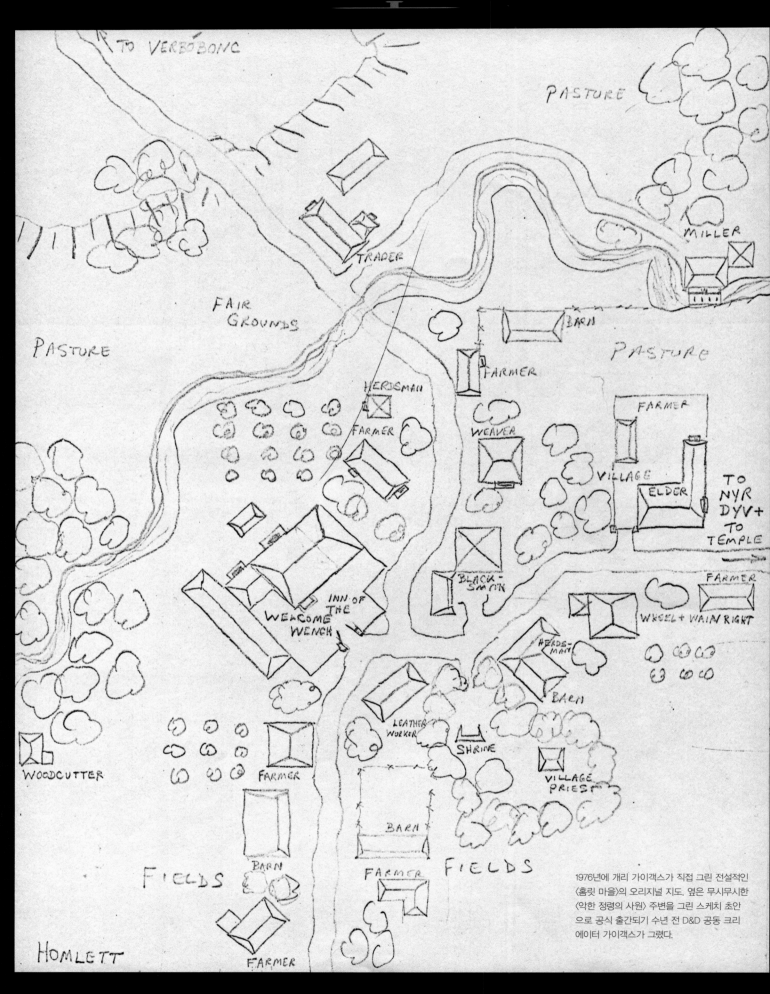

TO VERBOBONC

PASTURE

PASTURE

FAIR GROUNDS

TRADER

MILLER

BARN

PASTURE

FARMER

HERDSMAN

FARMER

FARMER

WEAVER

VILLAGE ELDER

TO NYR DYV + TO TEMPLE

BLACK-SMITH

INN OF THE WELCOME WENCH

FARMER

WHEEL + WAIN RIGHT

HERDS-MAN

BARN

WOODCUTTER

FARMER

LEATHER WORKER

SHRINE

VILLAGE PRIEST

BARN

FIELDS

BARN

FARMER

FIELDS

HOMLETT

FARMER

1976년에 개리 가이객스가 직접 그린 전설적인 〈홈릿 마을〉의 오리지널 지도. 옆은 무시무시한 〈악한 정령의 사원〉 주변을 그린 스케치 초안 으로 공식 출간되기 수년 전 D&D 공동 크리 에이터 가이객스가 그렸다.

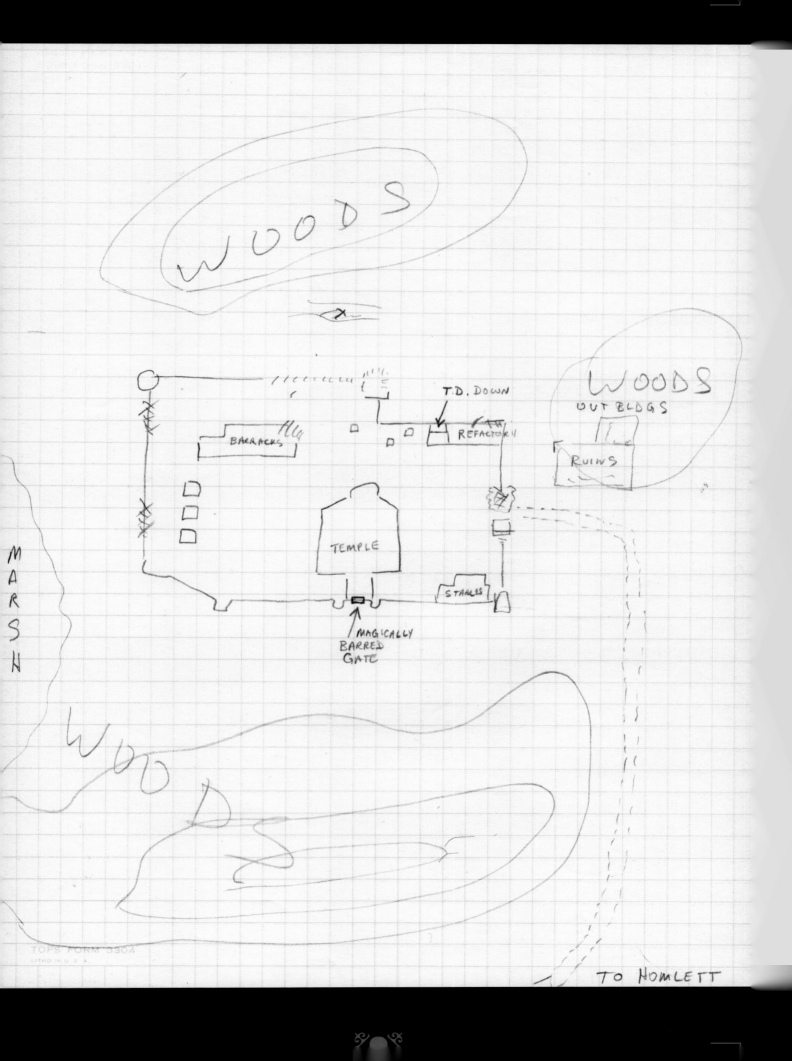

WOODS

WOODS
OUT BLDGS

RUINS

T.D. DOWN

REFACTORY

BARRACKS

TEMPLE

STABLES

MAGICALLY
BARRED
GATE

MARSH

WOODS

WOODS

TO HOMLETT

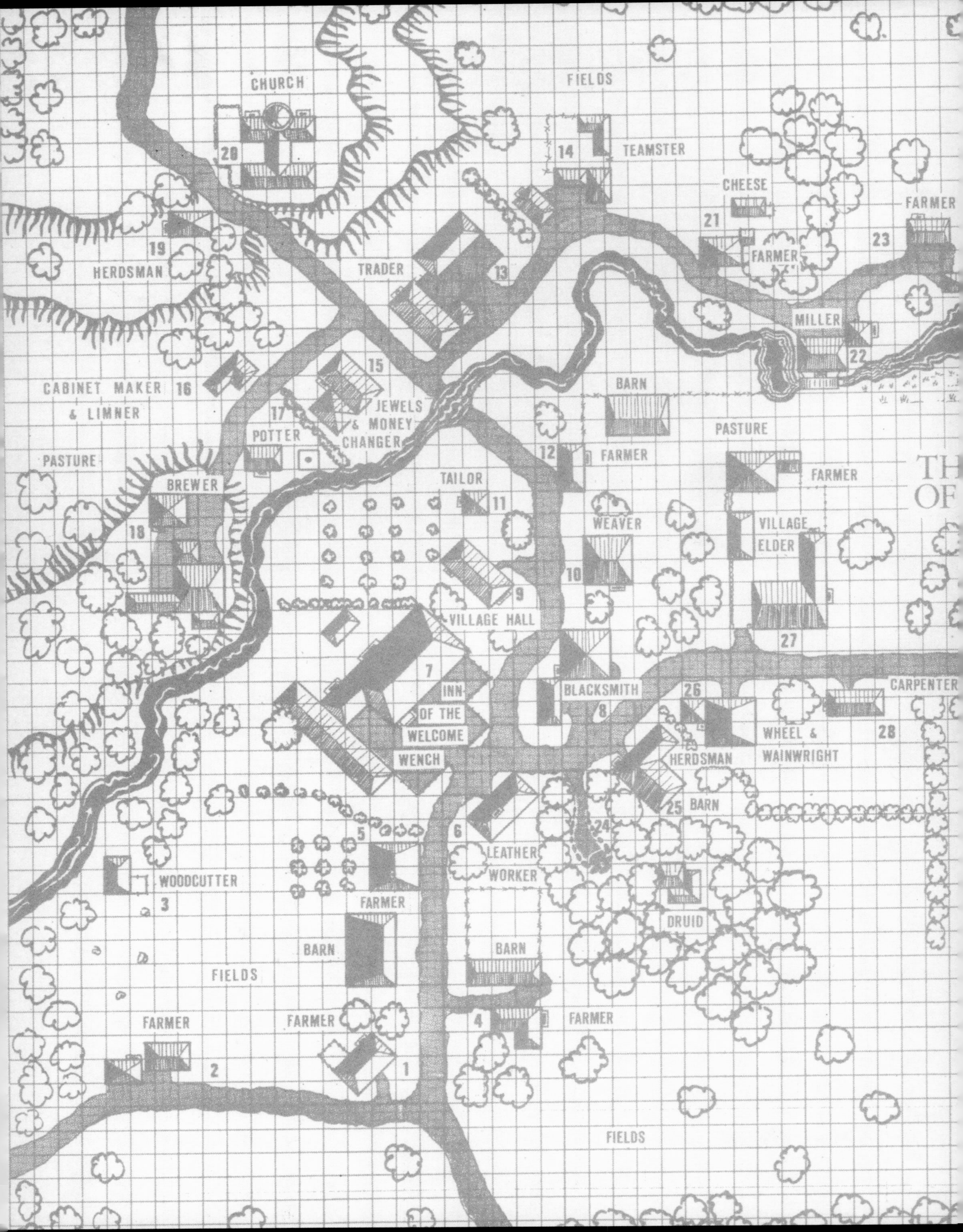

CHURCH

FIELDS

20

14 TEAMSTER

CHEESE

21

FARMER

19

HERDSMAN

TRADER

13

FARMER

23

MILLER

22

CABINET MAKER 16
& LIMNER

15

JEWELS
& MONEY
CHANGER

BARN

PASTURE

17

POTTER

12

FARMER

FARMER

PASTURE

BREWER

TAILOR

11

WEAVER

VILLAGE
ELDER

18

10

9

VILLAGE HALL

27

7

INN
OF THE
WELCOME
WENCH

BLACKSMITH
8

26

CARPENTER

WHEEL &
WAINWRIGHT

28

HERDSMAN

5

6

24

25 BARN

WOODCUTTER

3

LEATHER
WORKER

FARMER

DRUID

BARN

BARN

FIELDS

FARMER

FARMER

4

FARMER

2

1

FIELDS

출간된 〈홈릿 마을〉 지도. 출간된
오리지널 모험 모듈의 둘레 표시
안쪽에 있다.

VILLAGE
HAMLET

29
STONEMASON

30

31

32

TO NYR DYV
& THE TEMPLE

33

N
W   E
S

SCALE
IN FEET

40   80
20   60   100

Official **Advanced
Dungeons&Dragons**®

MANUAL OF THE PLANES
by Jeff Grubb

An invaluable, definitive work
on the most fascinating
aspect of the AD&D® game
universe!

All the necessary information
on the known planes of
existence for your AD&D®
campaign.

ADVANCED DUNGEONS & DRAGONS, AD&D, PRODUCTS OF YOUR IMAGINATION, and the TSR logo are Trademarks owned by TSR, Inc.

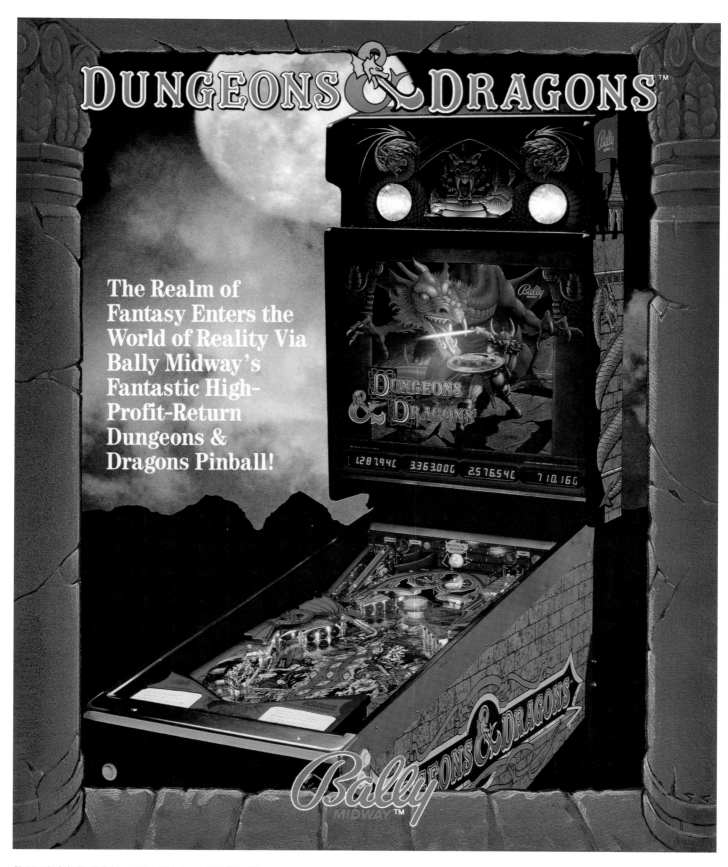

위 1987년 발리 미드웨이의 D&D 핀볼 머신 광고로, 래리 엘모어의
유명한 〈기본 규칙〉(1983) 표지를 (배경으로) 재조명한 게임. 게임을
좋아하는 청소년을 끌어들일 것을 목표로 한 D&D의 1980년대
오락실 침공은 시간 문제였다.

맞은편 제프 이슬리의 〈이계 매뉴얼〉 오리지널 표지 그림으로
영계ethereal(이후 '천계astral') 드레드노트dreadnought라고 불리는 무서운
크리처를 처음 본 모습을 담고 있다.

포가튼 렐름

원쪽 키스 파킨슨의 1987년 〈포가튼 렐름〉 '그레이 박스'에 들어간 표지 그림. 렐름의 부족민인 말을 탄 투이건Tuigan의 모습은 이 세계가 위험하고 이국적인 장소로 가득함을 즉각 느끼게 했다.

맞은편 에드 그린우드가 손으로 직접 그린 〈포가튼 렐름〉의 원본 지도. D&D에서도 가장 유명한 장소들이 위치한 소드 코스트를 묘사했다.

1986년에 TSR은 AD&D의 새로운 캠페인 설정을 찾고 있었다. TSR 디자이너 제프 그럽Jeff Grubb의 눈길을 사로잡은 장소는 에드 그린우드의 '포가튼 렐름', 요즘은 줄여서 '렐름'이라 불릴 때가 더 많은 세계였다. 1967년부터 지구와 비슷한 가상의 행성 아비어–토릴Abeir-Toril의 이야기를 만들어낸 그린우드는 수년째 〈드래곤〉지에 자신의 판타지 세계에 관한 단편을 정식으로 기고하고 있었다. 아이러니하게도 TSR의 새로운 설정은 등잔 밑에 있었다.

이 설정은 페이룬 대륙을 중심으로 펼쳐졌는데, 네버윈터부터 워터딥, 발더스 게이트, 캔들킵에 이르는 D&D의 가장 상징적인 명소들이 바로 이 대륙의 일부인 소드 코스트Sword Coast(칼의 해안)에 산재해 있었다. 그야말로 모험가의 천국이었다. 그곳은 역사가 깊고 다양성이 존재하는 땅으로 왕국들의 흥망성쇠를 지켜보았고 수백 년에 걸친 전쟁의 상흔이 남겨진 곳이다. 다양한 문화, 강력한 마법, 예측 불허인 신들의 행동, 즉 뼛속까지 〈던전 앤 드래곤〉인 곳이다.

그린우드가 자신의 창작물에 공들여 넣은 톨킨에 버금가는 역사와 거의 '실제 세계' 수준의 디테일은 플레이어와 던전 마스터들에게 저항할 수 없는 매력을 풍겼다. 캐도 캐도 끝이 없는 것만 같은 신화, 종교, 장소, 그리고 이야깃거리가 넘쳐났다. 비록 중심에 있는 〈포가튼 렐름〉은 익숙한 전통적, 중세식 판타지 설정이지만, 전례를 찾아볼 수 없는 거대한 규모를 자랑하고, 특히 장래의 디자이너들과 스토리텔러에게는 자신의 뜻대로 확장할 여지가 많았다. 1년도 채 되지 않아 〈포가튼 렐름〉 박스 세트는 10만 개 가까이 판매되었고, 다음 해에도 그 절반 수준으로 판매가 이어졌다.

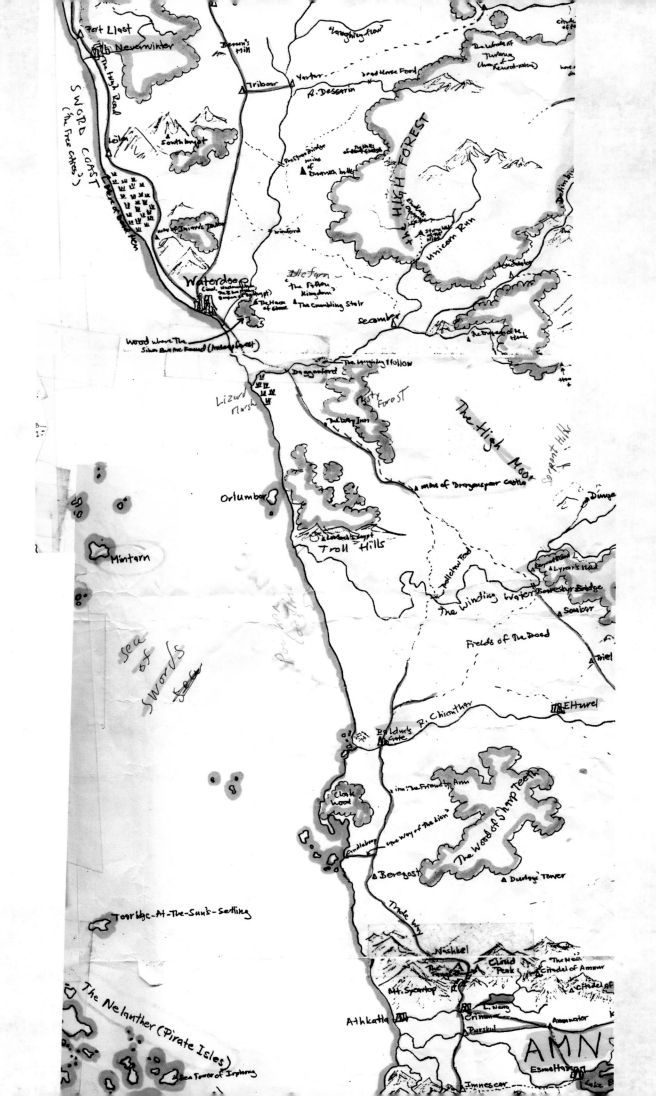

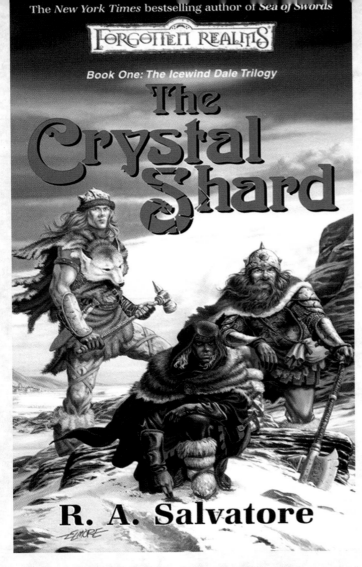

The *New York Times* bestselling author of *Sea of Swords*

FORGOTTEN REALMS

Book One: The Icewind Dale Trilogy

The Crystal Shard

R. A. Salvatore

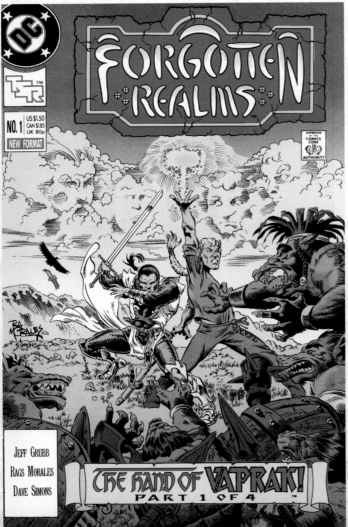

DC

TSR

FORGOTTEN REALMS

NO. 1
NEW FORMAT

US $1.50
CAN $1.85
UK 80p

JEFF GRUBB
RAGS MORALES
DAVE SIMONS

The Hand of Vaprak!
PART 1 OF 4

〈포가튼 렐름〉은 그 후 5판에 이르기까지 가장 오랫동안 사용되었다. 또한 수십, 수백 개의 모듈에 영감을 준 D&D 설정이 되었고, 그 와중에 그 속의 영웅들은 D&D의 전설로 등극할 만큼 주목을 받았다. 1988년에 출시된 《마법의 크리스탈Crystal Shard》에 처음 등장한 드로우 드리즈트 두어덴Drizzt Do'Urden은 이후 수많은 뉴욕타임스 베스트셀러 소설에 등장하며 팬이 가장 좋아하는 캐릭터가 되었고, 이 제품군은《드래곤랜스》의 빈자리를 완벽히 채우며 D&D 브랜드의 새로운 부가 수익 창출원이 되었다. 곧 세도우데일Shadowdale의 현자 엘민스터Elminster, 유명한 여행자 볼로삼프 '볼로Volo' 게담, 미스랄 홀의 왕 브루노 배틀해머 Bruenor Battlehammer가 게임 전문가게에서 뛰쳐나와 월든 북스Walden Books, B 달튼B. Dalton, 크라운Crown과 같은 주요 서점의 전면에 전시되었다.

'그레이 박스' 세트는 나중에 새로운 〈포가튼 렐름 캠페인 설정〉 박스 세트가 출시되면서 2판 규칙 시스템으로 업데이트되며, 확장판을 토대로 한 거대한 확장판의 근간이 되었다. 문화적·지리적으로 다양한 지역에 깊숙이 파고들어 〈볼로의 북부 안내서〉, 〈볼로의 소드 코스트 안내서〉 같은 부속 상품이 나왔으며, 그 안에는 "유명한 아크메이지이자 현자 엘민스터의 메모와 의견"이 수록되어 있다. 독특한 대화체로 게임 세계의 풍취를 느낄 수 있다.

1990년대에도 모듈, 게임, 소설이 계속 쏟아져 나왔다. 거대 출판기업 DC코믹스도 이 설정의 공동 디자이너 제프 그럽이 쓴 〈포가튼 렐름〉 시리즈를 출시했다. 이제는 유명한 R. A. 살바토레, 트로이 데닝, 크리스티 골든 등 수십 명의 작가를 D&D로 영입해 복잡한 세계관에 깊이와 뉘앙스를 더하며 그린우드의 상징적인 토대를 확장시켰다. 재능 있는 작가들과 디자이너들을 주축으로 작품들이 폭발적으로 나왔고 〈포가튼 렐름〉은 1990년대부터 지금까지 가장 성공한 판타지 세계관으로 자리매김했다. 《엘민스터 시리즈The Elminster Series》,《다크 엘프 3부작The Dark Elf Trilogy》,《문세이 3부작The Moonshae Trilogy》,《스펠파이어Spellfire》와 같은 〈포가튼 렐름〉의 출간물과 기타 수많은 간행물은 전 세계 판타지 독자들의 상상력을 사로잡았고, 새로운 플레이어들을 테이블 위의 '렐름'으로 초대했다.

맨 위 R. A. 살바토레의 첫 번째 D&D 소설 《마법의 크리스탈》은 1988년 래리 엘모어가 그린 표지 그림에 나온 웅크린 자세의 다크 엘프(드로우) 드리즈트 두어덴을 세계에 선보였다.

왼쪽 과거 TSR이 DC의 경쟁사 마블 코믹스와 손을 잡은 적이 있지만, DC는 새롭고 신나는 포가튼 렐름을 배경으로 한 코믹북 25권을 발행하기로 했다.

맞은편 《드래곤랜스》용으로 고안되었던 다채로운 상품 전략에 따라, TSR은 1988년 광고처럼 단계적으로 신중하게 모듈, 확장판, 소설을 출시해 〈포가튼 렐름〉을 한층 강화하려 했다.

TERRIT⊕RIAL EXPANSION

TSR, Inc.

The FORGOTTEN REALMS™ Game World expands! New, richly detailed maps and accessory sets and exciting novels take you deeper and further into the most ambitious fantasy world every conceived.

ENTER HERE. The FORGOTTEN REALMS Campaign set is your gateway into the most unforgettable world in ADVANCED DUNGEONS & DRAGONS® gaming history. Join the hoard of over 100,000 AD&D® game fans who have already taken a giant step for dragonkind into the Forgotten Realms.

With the new CITY SYSTEM map set, there's more to explore than ever before. Explore the nooks and crannies of Waterdeep, the greatest city in the Forgotten Realms. Twelve elaborately detailed, full-color poster-size maps fit together to form the largest city in gaming history.

East meets West as the major Oriental Adventures and FORGOTTEN REALMS campaigns meet and mix for the ultimate role-playing adventure in Kara-Tur.
This first-ever look at the Oriental region of the Forgotten Realms comes with two full-color, poster-size maps of the Eastern Realms and two 96-page booklets.

Ed Greenwood, author of the FORGOTTEN REALMS fantasy campaign setting, now gives you SPELLFIRE. A powerful new novel in which the courage of Shandril of Highmoon is tested by unspeakable monsters and evil magic on a colossal scale. (Available in August.)

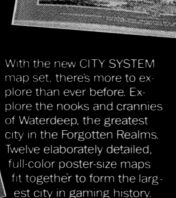

Yet again, the Moonshae Isles come under the threat of sinister and supernatural forces in BLACK WIZARDS, book two of Doug Niles' astounding Moonshae trilogy. The Ffolk must turn to Tristan Kendrick, Prince of Cornwell, to overcome the will of the council of dark sorcerers. Already on nationwide best-seller lists!

The FORGOTTEN REALMS Products are available at most book and hobby stores.

이 페이지 악명 높은 비홀더이자 범죄자
두목인 자나사를 그린 키스 파킨슨의 〈포가튼
렐름〉 확장판 〈워터딥과 북부Waterdeep and the
North〉의 오리지널 표지 (1987)

맞은편 1989 〈포가튼 렐름〉 소설
《워터딥Waterdeep》에 수록된
클라이드 콜드웰의 표지 그림

위 프레드 필드의 상징적인 엘민스터 그림이 1993년 AD&D 2판
〈포가튼 렐름 캠페인 설정〉 박스 세트의 표지를 장식했다.

맞은편 1994년 확장판 〈볼로의 소드 코스트 안내서〉에 수록된 존과
로라 레이키의 표지 아트

언더마운틴의 폐허

에드 그린우드의 《언더마운틴의 폐허》는 D&D
던전 역사상 가장 광활하고 위험한 던전 중
한 곳을 묘사했다.

"언더마운틴이 당신을 기다리고 있다.
렐름에서 전설이 된 공포의 전장인, '가장 깊숙한 던전'"

"수 마일에 걸친 죽음의 덫, 눈부신 보물, 기이하고 비밀에 싸인 방,
미끄러지듯 돌아다니는 은신의 귀재 몬스터들.
워터딥 아래 그들이 당신을 기다리고 있다!"

–〈언더마운틴의 폐허〉, 1991

THE RUINS OF UNDERMOUNTAIN

LEVEL 1

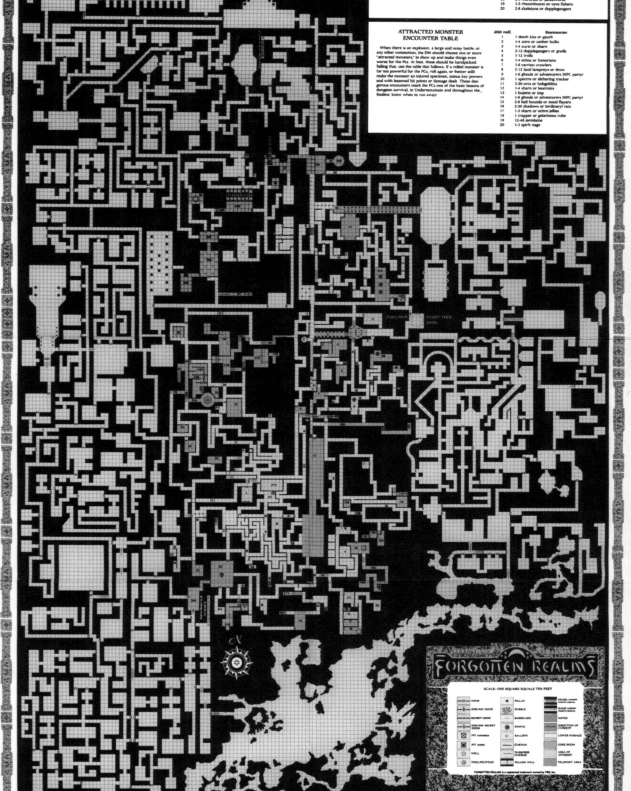

Undermountain Encounter Tables

The Dungeon Level and NPC Party encounter tables given in Volume Two of the Monstrous Compendium will serve for Undermountain admirably, and the "Fresh Water Encounters: Temperate Water Depths" table can be used for encounters involving Sargauth, the River of the Depths.

These tables will soon become familiar to PCs exploring Undermountain for any length of time, however—so alternatives are given here. These tables are heavily based on monsters specific to the FORGOTTEN REALMS® campaign setting, and the wise DM will switch between these tables and the MC2 tables—or best of all, devise and customize tables of his own.

All of the monsters listed on these tables are detailed in this boxed set, or appear in the first three volumes of the Monstrous Compendium. In cases where two monsters are given, with an "or" between them, the DM should choose which type is encountered to best suit the surroundings and the current strength of the player character party.

WANDERING MONSTER ENCOUNTERS: 1ST LEVEL

d20 roll	Encounter
1	3-12 ogres or bugbears
2	2-8 huge spiders or wererats
3	4-16 orcs
4	2-12 giant centipedes or bookworms
5	3-18 stirges or giant bats
6	1-2 manticores or leucrotta
7	1 imp or giant constrictor snake
8	3-18 ghouls or curst
9	1-4 burbur or carrion crawlers
10	1-12 trolls or skeletons
11	1-20 crawling claws (roaming, as predators, by command)
12	1-8 living webs or skeletons
13	1-4 haucova or monster zombies
14	2-8 giant toads or ghasts
15	4-16 goblins or giant wasps
16	3-12 zombies or trolls
17	3-12 orcs or fire beetles
18	2-4 wererats or jackalweres
19	1-3 rhaumbusun or cave fishers
20	2-8 skeletons or dopplegangers

ATTRACTED MONSTER ENCOUNTER TABLE

When there is an explosion, a large and noisy battle, or any other commotion, the DM should choose one or more "attracted monsters," to throw up and make things even worse for the PCs. At best, these should be handpicked; failing that, use the table that follows. If a rolled monster is far too powerful for the PCs, roll again, or better still make the monster an injured specimen, minus key powers and with lessened hit points or damage dealt. These dangerous encounters teach the PCs one of the basic lessons of dungeon survival, in Undermountain and throughout the Realms: know when to run away!

d20 roll	Encounter
1	1 death kiss or gauth
2	1-4 xorn or umber hulks
3	1-4 curst or sharn
4	3-12 dopplegangers or gnolls
5	1-12 trolls
6	1-4 ettins or fomorians
7	1-6 carrion crawlers
8	2-12 land lampreys or drow
9	1-6 ghouls or adventurers (NPC party)
10	1 spectre or slithering tracker
11	3-30 orcs or hobgoblins
12	1-4 sharn or leucrotta
13	1 bulette or imp
14	1-6 ghouls or adventurers (NPC party)
15	2-8 hell hounds or mind flayers
16	2-20 shadows or (ordinary) rats
17	1-3 sharn or ochre jellies
18	1 trapper or gelatinous cube
19	12-48 jermlaine
20	1-3 spirit naga

Entry Well   START THOU HERE

FORGOTTEN REALMS

SCALE: ONE SQUARE EQUALS TEN FEET

FORGOTTEN REALMS is a registered trademark owned by TSR, Inc.

1991 TSR, Inc. All Rights Reserved.

드리즈트

"드리즈트 두어덴의 잰걸음은 조용했다. 부드러운 짧은 장화는 먼지조차 일으키지 않았다. 그는 갈색 클로크의 두건으로 흘러내리는 새하얀 곱슬머리를 가리고 있었다. (중략) 아몬드형 눈매와 한밤중 올빼미의 눈동자에 버금가는 경이로운 보라빛 눈동자는 낮의 눈부신 햇살을 뚫을 수 없다. (후략)"

−〈마법의 크리스탈〉(1988)에 수록된 드리즈트에 대한 최초의 묘사

1988

1992

1993

2012

1998

2007

골드 박스

1987년 TSR은 D&D 컴퓨터 버전의 라이선스 권한을 놓고 입찰을 진행했다. TSR은 독점계약을 획득하려고 치열한 경쟁을 벌인 10개 기업 중 〈판타지Phantasie〉와 〈위저드의 왕관Wizard's Crown〉 같은 판타지 어드벤처 타이틀을 발매한 인지도가 있는 SSI를 선택했다. 불과 얼마 전 TSR은 과거의 라이선스 파트너이자 장난감 제작사인 마텔에 원하는 대로 D&D를 각색할 수 있는 라이선스를 부여했지만, 이제는 〈포가튼 렐름〉과 〈드래곤랜스〉의 캠페인 설정의 게임들을 SSI와 함께 제작하기로 했다. 이렇게 탄생한 게임 타이틀 중 첫 번째가 오늘날 고전 명작이 된 게임 〈풀 오브 레디언스Pool of Radiance〉(1988)였다.

SSI의 연구개발을 담당하던 척 크뢰겔Chuck Kroegel은 TSR이 〈포가튼 렐름〉에서 "우리의 게임들이 펼쳐질 장소를 만들었"을 뿐 아니라, "TSR 직원이 실제로 우리를 위해 첫 번째 시나리오를 디자인했다"고 보고했다. 짐 워드Jim Ward가 이끌고 젭 쿡, 스티브 윈터, 마이크 브리뇰트Mike Breault가 팀원으로 있던 TSR 내부 크리에이티브 서비스팀은 모험가들이 영광을 위해 전투를 벌이는 도시 플랜의 지도를 만들었다. TSR은 "이와 똑같은 모험을 종이 모듈로 만들 거예요"라는 크뢰겔의 말대로 〈폐허의 모험Ruins of Adventure〉이라는 제목으로 출간했고, 이로써 이 프로젝트는 조인트 벤처가 되었다.

〈풀 오브 레디언스〉는 〈폐허의 모험〉보다 시장에 두 달 앞서 출시되었지만, 두 제품 다 동일한 클라이드 콜드웰의 표지 아트를 사용하면서 서로의 관계를 분명하게 광고했다. 〈풀 오브 레디언스〉는 〈폐허의 모험〉을 소개하는 〈모험가 일지〉 팸플릿과 함께 배송되었고, 〈풀 오브 레디언스〉 컴퓨터 RPG 플레이어들에게 TSR의 〈폐허의 모험〉을 통해 컴퓨터 게임에 대한 추가적인 단서와 배경 정보를 얻어서 더 멋진 모험을 할 수 있다고 약속했다. 표지에 초신성의 폭발 장면을 담은 광고를 수록한 〈폐허의 모험〉도 비슷한 식으로 형제와 마찬가지인 〈풀 오브 레디언스〉 컴퓨터 게임을 지원했다. 첫해 100유닛 이상을 판매해 시작부터 좋은 실적을 보인 게임은 당시 컴퓨터 게임의 블록버스터에 해당하는 25만 개 가까이 판매되었다. 〈풀 오브 레디언스〉는 게임 엔진을 바탕으로 한 수익 창출이라는 SSI 게임의 전통을 처음으로 만들었고, 아트에서부터 '턴제' 게임 플레이에 이르기까지 이전보다 D&D에 더 충실한 게임을 만들었다. 또한 그 게임 엔진으로 SSI는 애플, 코모도르, IBM PC 플랫폼 간에도 게임 이식을 할 수 있었고, 이후에는 닌텐도에서까지 가능해졌다. 이제는 '골드 박스 제품'으로 유명해진 게임들은 1980년대 후반과 1990년대 초 D&D 브랜드의 주요 홍보대사 역할을 했다.

1년이 채 되지 않아 TSR은 〈풀 오브 레디언스〉를 소설로 만들면서 TSR의 향후 제품 전략을 암시했다. 다양한 플랫폼을 활용한 후속작 〈푸른 속박의 저주Curse of Azure Bonds〉는 SSI 컴퓨터 게임과 TSR 종이 모듈과 소설의 형태로 나왔지만 모두 하나의 〈포가튼 렐름〉 모험 이야기를 담았다. 이 상품들의 출시로 D&D는 '다매체 플랫폼의 시작'을 알리는 신호

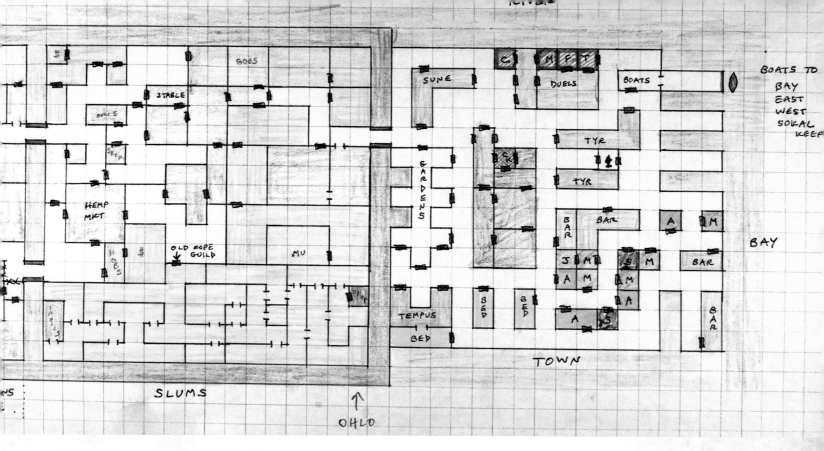

위 〈폐허의 모험Ruins of Adventur〉의 출발지인 플란Phlan의
오리지널 콘셉트 지도

오른쪽 TSR 〈폐허의 모험〉

맞은편 초창기 컴퓨터에는 디스크 공간을 추가하는 것에
비용이 들었기 때문에 〈풀 오브 레디언스〉와 같은 게임은
스토리 텍스트, 맵, 부클릿의 기타 정보를 함께 인쇄하여
중요한 순간에 참조하게 했다. 사진 속의 코드 휠은 저작권
보호를 위한 방법으로 게임을 시작하려면 매 게임마다
코드키를 생성하는 용도로 사용되었다.

탄을 터뜨렸다. TSR은 단순히 하나의 게임만 생산하던 체제에서 다양한
매체를 활용해 TSR 캠페인 설정을 선보이는 방식으로 이동한 것이었다.

SSI의 출시는 D&D 브랜드가 순수하게 종이와 연필만 사용하는 게
임에서 탈피했음을 의미했다. SSI가 1988년 출시한 〈던전 마스터의 조수
Dungeon Master's Assistant〉 소프트웨어는 테이블 게임을 위해 컴퓨터 도
구를 제시한 최초의 상업적 브랜드 상품이었다. 그 프로그램은 주사위를
굴릴 수도 있고, 특정 몬스터 또는 책의 표에서 무작위로 선택한 인카운
터를 생성하고, 그 결과로 얻을 보물과 경험치까지 계산해낼 수 있었다.
비록 1980년대 시장에서 인기는 끌지 못했지만, 향후 컴퓨터의 도움을
받는 D&D 버전들이 쏟아져 나오는 물꼬를 텄다. 1993년 〈포가튼 렐름:
무한한 모험Forgotten Realms: Unlimited Adventures(FRUA)〉 키트를 사용하
면 컴퓨터에 능숙한 던전 마스터들이 자신만의 '골드 박스' 게임들을 디자
인할 수 있었다. 사용자들이 창의적으로 자신을 표현할 수 있게 한 업계
최초의 D&D 게임 제품인 'FRUA'는 플레이어들이 상상력을 발휘하게 만
든다는 D&D의 오리지널 철학에 가장 가깝게 다가갈 수 있었고, 오늘날
까지도 존재하는 컴퓨터 게임 모딩 커뮤니티에 영감을 주었다.

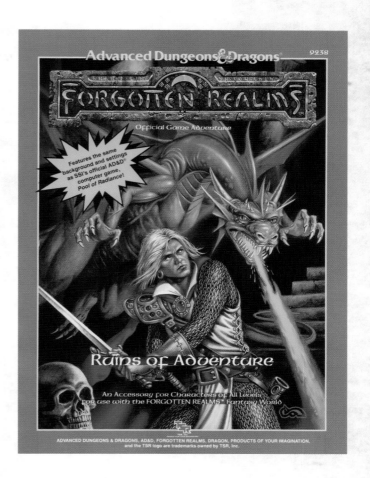

NAME	AC	H
GLUM	8	
GRIMLIN	8	
GRETCHEN	8	
GRIMINIEN	10	
GUND	9	

14,7 S 00:04

YOU HAVE SURPRISED A PARTY OF KOBOLDS.

COMBAT WAIT FLEE PARLAY

NAME	AC	HP
RESTAL	2	30
TARRAN	2	30
DIANE	9	20
WILLIAM D'OR	5	26

UP CLOSE, THE MONSTERS ARE FULL SIZE, ANIMATED, AND NASTY. THE ONLY WAY TO DEAL WITH BRUTES LIKE THESE IS IN DETAILED TACTICAL COMBAT.

NAME	AC	H
GLUM	8	
GRIMLIN	8	
GRETCHEN	8	
GRIMINIEN	10	
GUND	9	

14,7 S 16:08

YOU HAVE SURPRISED A PARTY OF GOBLINS.

COMBAT WAIT FLEE PARLAY

오른쪽 클라이드 콜드웰 박스 표지 아트의
디지털 버전을 비롯한 〈풀 오브 레디언스〉의
코모도르 아미가 버전의 화면 모습.
위저드가 악명 높은 '악취 구름' 마법을
펼치는 탑뷰 전투 인터페이스와 표준
인카운터 화면

맞은편 AD&D 《몬스터 매뉴얼》 1판의 몬스터
초상화를 가지고 〈풀 오브 레디언스〉에서
디지털화하고 색을 입히고 애니메이션을
넣어서 인카운터 장면의 초상화로
재제작했다. 여기 나온 것은 도스 및 애플Ⅱ
판의 스크린을 캡처한 것이다.

"이 주문을 시전하면 위저드는 작은 굴뚝새에서 커다란
하마에 이르기까지 모든 형태의 크리처로 변신할 수 있으며,
그 크리처의 이동 방식도 사용할 수 있다."

4

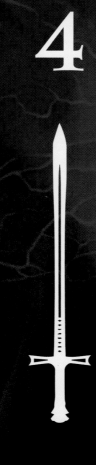

자기 변신
(POLYMORPH SELF)

2판

맞은편 1989년 AD&D 2판 《던전 마스터 가이드Dungeon Master's Guide》의 제프 이슬리가 그린 기발한 표지 그림

아래 제프 이슬리의 표지 아트워크와 함께 1989년에 출시된 AD&D 2판 코어북들. 책 내부도 업그레이드되어서 일부 컬러 삽화가 추가되고 텍스트도 검정과 파랑으로 2도 인쇄가 되었다.

개리 가이객스가 TSR을 떠날 즈음, 그는 〈드래곤〉지에서 〈던전 앤 드래곤〉 2판에 대한 계획을 밝히며 "3판, 어쩌면 4판까지도 나올 수도 있다"고 추측했다. 그러나 가이객스가 회사를 떠난 지 한참이 지난 뒤에도 게임을 전반적으로 개정하는 작업은 시작되지 않았고, 가이객스의 당초 계획과 상당히 멀어지게 됐다. TSR의 핵심 제품을 개정하는 일은 위험천만했다. 시장에 출시된 지 10년이 지난 대표 상품《플레이어 핸드북》은 전 세계적으로 다양한 언어로 출시되어 200만 부 이상 판매되었고, 《몬스터 매뉴얼》은 150만 부가 판매되었으며, 《던전 마스터 가이드》도 100만 부 이상 판매되었다. 이렇게 성공한 게임을 교체한다는 것은 그들이 닦은 길을 따라왔던 소비자에게 등을 돌린다는 말일 수도 있기 때문이다.

D&D의 공동 크리에이터 가이객스의 지도를 받지 못하게 된 TSR 디자이너들은 팬들에게 시선을 돌렸다. 1987년 여름 〈드래곤〉지를 통해 팬들에게 질문지를 보냈고, 1만 5,000개의 회신을 받았다. 리드 디자이너이자 'TSR 밀리언달러 클럽' 회원인 젭 쿡Zeb Cook은 〈드래곤〉지 118호에서 '누가 죽을까?'라는 개정된 《플레이어 핸드북》에서 잘릴 수도 있는 캐릭터 클래스에 대한 티저 기사를 통해 청중에게서 더 많은 정보를 끌어냈고, 기획 의도

대로 엄청난 논란을 야기했다. 1989년 초, 숙고 끝에 TSR은 〈드래곤〉 2월호에 주요한 디자인 변화와 그 이유를 설명한 32쪽 분량의 프리뷰 기사를 시작으로 팬들이 기다렸던 AD&D 2판의 자료를 공개하기 시작했다.

앞선 D&D와 달리 새로운 빛을 뿜어내야 했지만 동시에 D&D의 전통도 지켜야 했다. 디자인 부서는 끊임없이 클래스의 개념에 대해 토론했고, 심지어 클래스를 전부 다 없애기도 했다. 하지만 스티브 윈터의 말에 따르면, "캐릭터 클래스만큼 AD&D를 잘 보여주는 요소도 없었다." THAC0(플레이어의 캐릭터가 '갑옷 등급 0을 명중시키기 위해To hit Armor Class 0' 필요한 주사위 굴림 결과를 나타내는 숫자)을 올리고 기술 시스템을 이벤트 해결의 중심 요소로 부각시켰으며, 가이객스가 수년간 거부해오던 '치명타' 메카닉을 추가하는 등 게임에 여러 가지 근본적인 변화를 도입했다. 그러나 D&D 브랜드와 너무 밀접하게 유착되어서 바꾸지 못하는 것도 많았다. "AC를 1부터 시작해 올라갈수록 좋아지는 것으로 바꾸고 싶었지만, 플레이어들이 익숙한 구성에서 너무 멀어진다고 생각했다"라고 쿡은 기억을 떠올렸다.

By Popular Demand!

You asked for it ... it's almost here! After reviewing more than 15,000 letters in response to a player survey, the long-awaited release of TSR's AD&D® 2nd Edition game system is coming this Spring.

Can't Wait? The next issue of Dragon® Magazine will contain a 32-page "sneak preview" to the AD&D® 2nd Edition product line for 1989. This is a no-risk way for you to find out just what steps were taken to make the world's most popular role-playing game system "state of the art," *before* it hits the stores. Watch for it!

AD&D® 2nd EDITION

Previewing Next Month in Dragon® Magazine!

® Designates registered trademarks owned by TSR, Inc. The TSR Logo is a trademark owned by TSR, Inc. Copyright 1989 TSR, Inc. All rights reserved.

Advanced Dungeons & Dragons
2nd Edition

PREVIEW

A preview of the most eagerly awaited event in roleplaying history!
Why the revision? What's being changed? What's been added?
How will the changes affect your campaign?
Where is the ADVANCED DUNGEONS & DRAGONS® game headed in the future?

TSR, Inc.

FREE!

YOUR TOUGHEST OPPONENT SHOULDN'T BE THE RULEBOOK

We think it's time that the rulebooks were on your side. Introducing ADVANCED DUNGEONS & DRAGONS® 2nd Edition game system, the revised, player-friendly edition of the world's most popular role-playing game.

After 15,000 letters, years of research, and many hours of playtesting, the game system you've been waiting for is here. We've revised our handbooks to be more concise and better indexed. Awkward mechanics have been cleaned up, and rule changes have been made to improve play. Revised tables, charts, and stats make for a smoother game, and powerful new graphics create vivid images for campaign play. In short, the best just got better.

But fear not. AD&D® 2nd Edition products are designed to improve your game. All AD&D 2nd Edition products are compatible with existing AD&D products.

So arm yourself with the new AD&D® 2nd Edition Player's Handbook. With what's in store for you on your journey, the last thing you need is another opponent.

The AD&D 2nd Edition Player's Handbook is available at your local toy, book, or hobby shop. Pick up your copy today!

Available June '89

Available July '89

ADVANCED DUNGEONS & DRAGONS and AD&D are registered trademarks owned by TSR, Inc. © 1989 TSR, Inc. All Rights Reserved.

위, 맞은편 플레이어 의견을 반영해 세련된 디자인과 간결한 게임 경험을 강조한 1989년 AD&D 2판 광고 시리즈

아래 1989년 《파이터 완벽 핸드북》과 《시프 완벽 핸드북》으로 시작된 TSR의 '분책' 시리즈로 플레이어들은 캐릭터를 더 깊이 있게 커스터마이징할 수 있었다. 인기는 있었지만, 이 책에 수록된 클래스들은 조금씩 유리한 고지를 점할 수 있어서 '전투력 상승' 효과를 받았고, 모든 클래스에 관한 책이 나오기 전까지는 클래스 간 밸런스가 깨질 수밖에 없었다.

2년의 개발 기간을 거친 AD&D 2판은 여러 가지 목표를 가지고 있었다. 당연히 TSR은 규칙을 간소화해 신규 플레이어들의 진입 장벽을 낮추길 원했다. TSR 광고는 "여러분의 최대 적이 룰 북이 되어서는 안 됩니다"라고 강조했다. 그리고 코어북이든 캠페인 설정이든 모듈이든 또는 기타 부속물이든 앞으로의 시장을 만들어야 했다. 그런 의미에서 AD&D 2판은 금광과도 같았고, 이것이 TSR이 과거에 《몬스터 매뉴얼》로 팔던 제품을 고쳐 만들 이유가 되었다. 그 책을 대신해 《몬스터 개요서 1권Monstrous Compendium Volume 1》이라는 바인더 형태의 책을 출시했으며, 그 속에는 일종의 초급 몬스터들이 가득 담겨 있었다. 그 후 점차 늘어나는 캠페인 세계관에 맞춰 수 없이 쏟아진 확장판에 이 몬스터들이 들어갔다. 게다가 2판에서는 《파이터 완벽 핸드북The Complete Fighter's Handbook》과 《시프 완벽 핸드북The Complete Thief's Handbook》 등을 통해 플레이어들이 각 클래스를 깊숙이 파고들 수 있었는데, 점점 늘어나는 이 시리즈는 '분책splatbook'이라고 불기기도 했다. 2판의 숨겨진 목표는 TSR이 명성을 쌓고 위기에서 벗어나는 데 있었다.

Advanced Dungeons & Dragons 2nd Edition
PLAYER CHARACTER RECORD

Character **JACORD HAN-AZIZ**
Align. **CN** Race **ELF** Class **M/T** Level **2/3**

Player's Name **STEVE WINTER**
Homeland **WATERDEEP**
Family **AZIZ**
Liege/Patron **NONE**
Race/Clan **LEIRA**
Religion **LEIRA**
Status **NONE**

Sex **M** Age **119** Social Class **LOW**
Ht. **60"** Wt. **106 lbs.** Birth Rank **4** # Siblings **3**
Hair **BLOND** Eyes **GREEN** Appearance **AVG, EXCEPT DAGGER TATTOO ON RIGHT HAND**
Honor ____ (Base Honor ____) Reaction Adjustment ____

ABILITIES

8	STR	Hit Prob — Dmg Adj — Wgt Allow **35** Max Press **90** Op Drs **5** BB/LG **1%**
15	DEX	Rctn Adj **0** Missile Att Adj **0** Def Adj **-1**
10	CON	HP Adj **0** Sys Shk **70%** Res Sur **75%** Pois Save **0** Regen —
16	INT	No of Lang **5** Spell Lvl **8** Lrn Sp **70%** Spells/Level **11** Spell Immun —
11	WIS	Mag Def Adjus **0** Bonus Spells — Spell Fail — Spell Immun —
12	CHR	Max No Hench **5** Loy Base **0** Rctn Adj —

MOVEMENT

Base Rate **12**

Light	36-50	8
Mod	(51-65	6 ·1
Hvy	(66-80	4 ·2
Svr	(81-90)	1 ·4
Jog	(×2)	24
Run	(×3)	36
Run	(×4)	48
Run	(×5)	60

SAVING THROWS

Paralyze/ Poison	**13**
Rod, Staff, or Wand	**11**
Petrify/ Polymorph	**12**
Breath Weapon	**15**
Spells	**12**
Modifier	Save

ARMOR

9 AC

Adjusted AC
Surprised **10**
Shieldless **9**
Rear **10**

Armor Type (Pieces) **NONE**

Defenses ____

HIT POINTS
8

Wounds

WEAPON COMBAT

Weapon	#AT	Attack Adj/Dmg Adj	THAC0	Damage (SM/L)	Range	Weight	Size	Type	Speed
SHORT SWORD	1	+1	19	1d6 / 1d8		3	S	P	3
DAGGER	1		19	1d4 / 1d3	1 2 3	1	S	P	2
SHORT BOW	3/1	+1	19	1d6 / 1d6	5 10 15	2	M	P	7
				/					

Special Attacks ____

Ammunition: **ARROWS** ☑☑☑☑☐ / ☑✗✗✗☐   **ARROWS +1** ☑☑☐☐
☐☐☐☐☐ / ☐☐☐☐☐   ☐☐☐☐

Special Abilities

90% VS. SLEEP, CHARM
+1 W/BOW
+1 W/LONG, SHORT S.
-4 SURPRISE IF SCOUTING
INFRAVISION 60'
1/6 NOTICE SECRET DOOR
1/3 FIND SECRET DOOR
1/2 FIND CONCEALED DOOR
+10% MAGE XP
THIEVES' CANT

PICK POCKETS 20
OPEN LOCKS 5
FIND/REMOVE TRAPS 15
MOVE SILENTLY 50
HIDE/SHADOWS 45
DET. NOISE 65
CLIMB WALLS 60
READ LANG. 0
BACKSTAB +4, ×2

Proficiencies/Skills/Languages

SHORTSWORD (/)	READING/WRIT (I /+1)
DAGGER (/)	SPELLCRAFT (I -2)
SHORTBOW (/)	ASTROLOGY (I 0)
(/)	ANCIENT HIS.
(/)	(WATERDEEP) (I -1)
(/)	APPRAISING (I 0)
(/)	GAMING (CL 0)
(/)	ROPE USE (D 0)
(/)	STONEMASON (S -2)
(/)	COMMON (I 0)
(/)	(/)
(/)	(/)
(/)	(/)
(/)	(/)

©1989 TSR, Inc. All Rights Reserved.

위 AD&D 2판의 규칙에서 가장 큰 변화 중 한 가지는 'THAC0'라는 개념을 도입했다는 점이다. 과거의 '공격 행렬'과 '명중 차트'를 없애고 그 자리를 대신한 숫자 하나로 공격이 성공했는지를 쉽게 알 수 있었다.

왼쪽 1981년경 TSR 호텔 클레어에서 찍은 AD&D 2판 디자인 디렉터 스티브 윈터

위 2판 발러(오른쪽)와 1977년 《몬스터 매뉴얼》에 실린 데이브 서덜랜드의 발러(왼쪽) '데몬'이라는 용어가 게임에서 공식적으로 사라졌지만, 2판이 출시된 지 2년이 채 안 돼서 발러balor와 마릴리스marilith를 비롯한 과거의 몇몇 데몬 종류는 거의 기능이 변하지 않은 채 이름만 '티나리tanar'ri'라고 바뀌어 다시 도입되었다.

제임스 달라스 에그벌트 3세 사건이 있은 지 거의 10년이 지나고 이미지를 부드럽게 만들려는 수많은 노력이 있었지만, 일부 단체에서는 D&D를 여전히 위험하고 오컬트적이라고 여겼다. 1988년 NBC에서 방영된 《풀리지 않은 미스터리Unsolved Mysteries》는 D&D가 위험한 이단 종교의 관문 역할을 한다고 보도했다. 더는 신문 1면을 장식하지 않았지만, D&D가 건전하지 않은 놀이라는 인식이 미국 주류 사회에 계속 남아 있었다. 새로 출시된 2판에서는 이런 논란을 없애기 위해 고심한 결과, 공식적으로 데몬과 데블을 없앴고 도덕적으로 문제가 있는 어새신 클래스를 없애는 등 콘텐츠를 전략적이고 의도적으로 완화했다. TSR 부사장 짐 워드는 《드래곤》지에서 '앵그리 마더 신드롬'에 대한 대응책으로 이렇게까지 많이 바뀌게 되었다고 인정했다. J. R. R. 톨킨과 C. S. 루이스를 따라 더욱 건전한 '하이 판타지'를 향해 나가던 《드래곤랜스》와 《포가튼 렐름》의 성공과 함께 D&D는 다시 미국의 거실에서 가족들이 함께 어울리는 놀이가 되었다. 2판은 메피스토펠리스보다 몰리 쪽으로 치우치면서 앞으로 수년간 브랜드를 지속시킬 신작들이 성공할 수 있는 토대를 만들었다.

"캠페인과 세계관, 규칙의 확장이 최대 판매 요인이었다는 사실을 수년간의 사업 경험을 통해 알게 되었다. 플레이어를 대상으로 한 상품이 던전 마스터만을 대상으로 한 것보다 더 잘 팔렸다."

—스티브 윈터

위 지상에서든 외우주에서든 간편하게 이동을
가능하게 해주는 '스펠재밍 헬름'으로 움직이는 배.
'브롬'이라고만 알려진 남부 출신의 새 TSR 아티스트
가 그렸다.

맞은편 일리시드라고도 하는 마인드 플레이어 종족은
사실 외계 변이체이며, 더그 왓슨의 로고와 제프
이슬리의 표지 삽화가 담긴 1989년 〈스펠재머〉에서
마침내 우주로 돌아갔다.

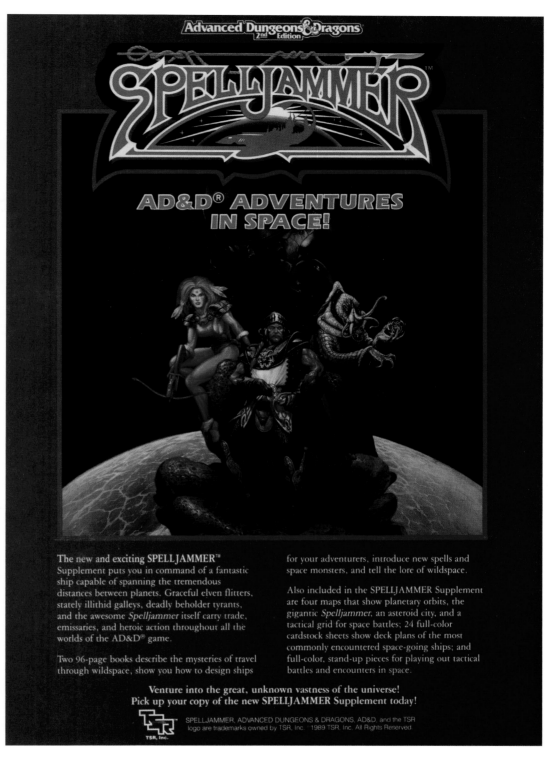

Advanced Dungeons & Dragons 2nd Edition

SPELLJAMMER

AD&D® ADVENTURES IN SPACE!

The new and exciting SPELLJAMMER™ Supplement puts you in command of a fantastic ship capable of spanning the tremendous distances between planets. Graceful elven flitters, stately illithid galleys, deadly beholder tyrants, and the awesome *Spelljammer* itself carry trade, emissaries, and heroic action throughout all the worlds of the AD&D® game.

Two 96-page books describe the mysteries of travel through wildspace, show you how to design ships

for your adventurers, introduce new spells and space monsters, and tell the lore of wildspace.

Also included in the SPELLJAMMER Supplement are four maps that show planetary orbits, the gigantic *Spelljammer*, an asteroid city, and a tactical grid for space battles; 24 full-color cardstock sheets show deck plans of the most commonly encountered space-going ships; and full-color, stand-up pieces for playing out tactical battles and encounters in space.

Venture into the great, unknown vastness of the universe!
Pick up your copy of the new SPELLJAMMER Supplement today!

SPELLJAMMER, ADVANCED DUNGEONS & DRAGONS, AD&D, and the TSR logo are trademarks owned by TSR, Inc. ©1989 TSR, Inc. All Rights Reserved.

TSR, Inc.

2판의 변화는 규칙에서 끝나지 않았다. 그 어느 때보다도 게임 산업의 경쟁이 치열했고, D&D가 처음으로 탄생시켰을 뿐 아니라 역사적으로 장악해오던 시장에 신생 게임 퍼블리셔들이 출시한 테이블 게임들이 자리매김하고 있었다. 경쟁에서 계속 앞서기 위해서 TSR은 놀라울 정도로 대담하게 우주라는 설정으로 도박을 걸었다.

제프 그럽이 디자인한 〈스펠재머Spelljammer〉는 고전적 D&D 종족과 규칙을 핵심으로 하면서도 검과 마법 시스템에 흥미진진한 새로운 배경을 제공했다. '스펠재밍 헬름'을 동력으로 하는 배들은 성간 우주를 여행하며 행성은 물론이고 이계plane까지 방문할 수 있다. 마법이 주입된 높은 돛대

를 가진 배가 성운을 누비며 항해하다가 스켈레톤 해적들로 가득한 우주 스쿠너에게 쫓기게 되는 일도 드물지 않다. 〈스펠제머〉는 D&D를 완전히 새로운 방식으로 경험할 수 있게 한 공적이 있지만, 한편으로는 우주와 판타지를 화학적으로 융합한 스타워즈의 성공 사례에 편승했다는 점도 부정하기 어렵다. '멀고 먼 은하계'만큼이나 스팀펑크(증기기관 같은 과거의 기술이 발전한 가상의 세계를 배경으로 한 SF-옮긴이)였든 아니든, 〈스펠제머〉는 조지 루카스George Lucas의 장대한 사가와 비교되며 장르를 뛰어넘어 향후 D&D 브랜드를 지탱하고 확장하는 첫 번째 시리즈가 된다.

마인드 플레이어

MIND FLAYERS

TRACY C LESCH
1975

오리지널 초판본 에디션(1975)

DCS

초판(1977)

2판(1993)

3판(2000)

5판(2014)

4판(2008)

"마인드 플레이어는 햇볕을 싫어해 지하세계에서만 볼 수 있다.
이들은 매우 사악한 종으로 인간(과 그 유사 종족)을 먹잇감으로
생각했다. (중략) 마인드 플레이어의 피부는 끈적끈적한 물질로 번들거렸다.
피부색은 토할 것 같은 연보라색이고 촉수는 보랏빛이 도는 검은색이었다.
마인드 플레이어의 눈은 새하얀 색에 동공은 보이지 않았다.
손가락은 손마다 세 개씩이었으며 길고 붉은색이었지만, 손은 연보라색이었다."

–《몬스터 매뉴얼》, 1977

"아직 쓰이지도 않은 게임 자료나 책의 표지를
만들어야 할 때가 많았고,
그래서 미리 읽어보고 작업할 수가 없었다."

—TSR의 디자인 방향에 관한 클라이드 콜드웰의 말

ROBH
RUPPEL
ARTIST FAVORITE

왼쪽 트레이시와 로라 힉맨의 오리지널 〈레이븐로프트〉 모듈에 수록된 클라이드 콜드웰의 1983년 표지

오른쪽 2판 〈레이븐로프트〉 설정의 모험 모듈 〈나이트 오브 더 워킹 데드Night of the Walking Dead〉에 수록된 롭 러펠의 표지 아트. TSR은 고전 공포물 설정의 한계를 뛰어넘어 오싹한 체험을 즐기게 했다. 그러나 노골적으로 오컬트 주제를 다루는 대신 공포영화의 공식을 따르고 핼러윈풍의 상상력에 집중한 결과 불필요한 비난을 많이 피할 수 있었다.

미디어 플랫폼

TSR은 AD&D 2판의 성공으로 자신 있게 1990년대를 맞이했다. 신규 핵심 룰 북의 초기 판매가 호조세를 보였다. 시장에서 출시된 후 8개월 동안 《플레이어 핸드북》은 30만 부 이상 판매되었고, 《던전 마스터 가이드》는 25만 부 판매 달성을 코앞에 두고 있었다. TSR의 마법사들 생각으로는 게임 콘텐츠라는 태피스트리를 끊임없이 짜 나아갈 수 있을 것 같았다. 방대한 제품이 출시되는 데다가 비주얼 품질과 제품 가치가 그 이상 좋을 수 없었기 때문이다. TSR뿐만 아니라 RPG 산업 전반이 두껍고 짙은 안개 속으로 진입할 거라고 예상한 사람은 아무도 없었다. 그러나 트레이딩 카드 게임 시장이 도래하면서 균열이 생겼고, 얼마 안 가 곧 D&D의 미래가 불투명해졌다.

1990년대가 시작되면서 TSR은 바로비아Barovia라는 불길한 땅에 새로 진입했다. 여름에 출시한 〈레이븐로프트〉 캠페인 설정에는 정복했지만 정복되지 않은, 죽었지만 죽지 않은 뱀파이어 스트라드 폰 자로비치가 등장했다. 〈레이븐로프트〉 배경은 사랑과 존경심, 경외심을 불러일으키는 상징적인 캐릭터 스트라드 중심으로 펼쳐졌다. 이 고딕 공포물 설정에서 레이어들은 에드거 앨런 포, 매리 셸리, 브램 스토커의 고딕풍 고전에 바탕을 둔 다양한 영토에서 무서운 운명과 맞섰다. 플레이어들은 불경스러운 스트라드Strahd의 군대와 언데드 위저드 왕 아잘린 같은 다양한 악당들과 전투를 벌이며 도덕성, 즉 이성을 시험해볼 수 있었다.

FRED FIELDS 89

위 SSI의 1991년에 발매된 〈네버윈터 나이츠Neverwinter
Nights〉의 타이틀 화면

왼쪽, 맞은편 〈텅 빈 세계 캠페인 세트Hollow World Campaign
Set〉에 실린 프레드 필즈의 오리지널 표지 그림과 제품
표지

〈레이븐로프트〉의 어두운 분위기를 깨트릴지 모른다는 걱정 없이, 같은 해 TSR은 쥘 베른Jules Verne의 신나는 모험에서 한 장면을 따와 미스타라의 '알려진 세상' 지하로 플레이어들을 보내는 〈텅 빈 세계 캠페인 세트Hollow World Campaign Set〉를 발매했다. 행성 내부에 태양이 빛나고, 미국 원주민, 아즈텍, 고대 로마를 비롯한 다양한 선사 시대 및 멸망한 문명들이 '텅 빈 세계'의 안쪽으로 휘어진 땅에서 번창하고 있었다.

이 두 개의 캠페인 상자 세트는 이전에 발매된 〈스펠재머〉와 함께 TSR의 전략을 보여주는 사례였다. 즉 AD&D를 독특한 중세 판타지 게임이라고 생각하는 것만이 아닌 전체의 토대가 되는 규칙으로 생각했다. TSR은 다양한 맛과 멋을 지닌 많은 캠페인 설정을 지원할 수 있으리라 믿었다. 그러나 아무리 토대가 튼튼하다 해도 지탱할 수 있는 무게는 정해져 있기 때문에 TSR의 생각은 절반만 맞았다고 할 수 있다.

그러는 동안 첨단 기술 업계의 동반자 SSI는 〈포가튼 렐름〉과 〈드래곤랜스〉의 풍경을 배경으로 수많은 타이틀을 출시해, 이제는 전설이 된 '골드 박스' 게임의 종이책 매출을 넘어설 정도가 되었다. 1990년 SSI가 〈드래곤랜스〉를 설정으로 만든 네 번째 타이틀인 〈크린의 수호자Champions of Krynn〉에서 PC 게이머들은 랜스 전쟁에 참여해, 용감한 AD&D 영웅들로 모험 파티를 만들어서 무자비한 드래코니언에 맞서 싸웠다. 파티에는 유쾌한 켄더도 넣을 수 있었고 드래코니언은 죽을 때 엄청난 폭발을 일으키기도 했다. 그러나 SSI는 한층 더 대담하게도 TSR 및 스톰프런트 스튜디오와 협업하여 '골

드 박스'의 인기와 위력을 최신 장르인 MUD(멀티 유저 던전)로 이어가려는 움직임을 보였는데, 이번에는 〈포가튼 렐름〉의 설정을 사용했다. 이것이 바로 가정용 인터넷이 확산되기 훨씬 전, 아메리카 온라인(America Online, AOL)의 전화선 모뎀 서비스를 바탕으로 출시된 〈네버윈터 나이츠Neverwinter Nights〉였다. 이 게임은 완전한 컬러 그래픽의 멀티플레이어 AD&D 경험을 자랑했다. 다른 초기 MUD에서처럼 〈네버윈터 나이츠〉는 적보다 같은 편이 더 위협적일 수 있는 위험천만하고 흥미진진한 곳으로, 온라인 플레이어는 '뉴비', 즉 나중에 '눕'이라 불리게 된 '초보'들을 예상치 못하는 순간에 배신하고는 했다. 하지만 노획물을 얻기가 쉬웠고 플레이어들도 대체로 신입에게 후하게 인심을 썼기 때문에 비싼 AOL 비용에도 불구하고 입문자들은 이 게임을 계속 다시 찾았다.

〈네버윈터 나이츠〉는 TSR의 라이선스 거래였기 때문에 TSR은 제작할 때 큰 위험을 떠안지 않았고, 오히려 이 계약을 다매체로 활용 가능한 기회로 보고 자체적으로 만든 핵심 룰 북, 소설, 모듈의 보완책으로 여겼다. 아이러니하게도 이 기간에 D&D를 가장 많이 알린 상품은 저위험 고보상의 라이선스 계약을 맺은 상품들이었다. 라이선스 계약을 맺은 컴퓨터 게임들이 대중에게 보이는 비주얼의 결정적 매체가 된 것이다. 가장 중요한 점은 그들이 미래지향적인 생각을 하고 있었다는 점이다. 첨단 기술을 게임 테이블로 계속 불러들인 덕분에 20여 년 뒤 비디오 게임이 지배한 시대에도 테이블 게임 산업을 멸종 위기에서 구할 수 있는 밑거름을 마련할 수 있었다.

드래곤

Dragon 오리지널 초판본 에디션(1974)

kpowell 2/73

초판(1977)

2판(1993)

3판(2000)

"드래곤의 색, 크기, 형태, 성향은 다양하다. (중략) 레드 드래곤은 보통 거대한 언덕이나 산지에서 발견된다. 다른 드래곤들처럼 이들도 던전이나 그 비슷한 장소에 은신처를 둔다. 이들은 매우 탐욕스럽고 욕심이 많다. 티아마트를 제외하면 레드 드래곤은 모든 악한 드래곤 중에서도 최악이다."

–《몬스터 매뉴얼》, 1997

5판(2014)

4판(2008)

In just a few months, you and your friends can experience adventure gaming unlike anything you have known before . . .

A medieval swordsman, powerful warrior or mystical wizard—this can be you in the new, easy-to-learn DUNGEONS & DRAGONS® game . . .

Learn to survive the deepest dungeons and the most horrible dragons . . . take the new DUNGEONS & DRAGONS game challenge . . . it's coming—soon!

TSR, Inc.

DUNGEONS & DRAGONS is a registered trademark of TSR, Inc.
The TSR logo is a trademark owned by TSR, Inc. ©1991 TSR, Inc. All Rights Reserved.

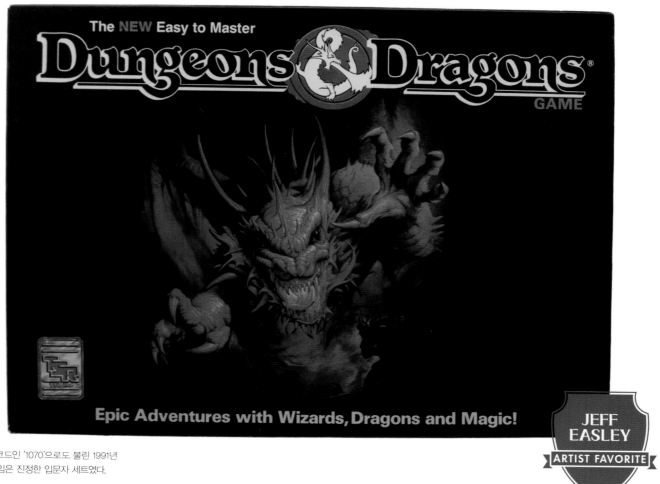

The NEW Easy to Master
Dungeons & Dragons®
GAME

Epic Adventures with Wizards, Dragons and Magic!

JEFF
EASLEY
ARTIST FAVORITE

위 제품코드인 '1070'으로도 불린 1991년
D&D 게임은 진정한 입문자 세트였다.

맞은편 제프 이슬리의 아트를 수록한
곧 출시될 D&D 게임의 도발적인 1991년 광고

1990년대 초가 되자 기본 D&D가 더는 기본이 아니라는 사실을 인정해야 했다. 1977년 한 권이던 룰 북이 1981년에는 〈기본 세트〉와 〈전문가 세트〉로 분리됐고, 1980년대 중반에는 프랭크 멘처의 5부작 제품으로 바뀌었다. 1991년 TSR사는 결국 항복하고 〈기본 세트〉의 정수만 담은 아론 알스톤 Aaron Allston의 《던전 앤 드래곤 규칙 백과사전Dungeons & Dragons Rules Cyclopedia》으로 재탄생시켰다. 이 304쪽이나 되는 백과사전은 기본, 전문가, 컴패니언, 마스터 세트의 모든 규칙을 누구나 볼 수 있게 한 시스템으로 집대성한 것이었다. 플레이어와 던전 마스터 모두가 보는 용도로 쓰여진《규칙 백과사전》은 아직도 기본 D&D 시리즈 팬들에게 오리지널 게임을 경험하려면 꼭 봐야 하는 교과서로 기억되고 있었다.

그렇다면 기본 게임이 없는 상황에서 이제 막 게임에 입문한 사람들은 어떤 제품으로 시작해야 할까? TSR 디자이너이자 작가 트로이 데닝Troy Denning은 1991년 '쉽게 배우는 새로운' 〈D&D〉 게임을 제작했다. 로레인 윌리엄스의 지시에 따라 사이언스 리서치 어소시에이츠가 대중화시킨 '직접교수법'을 채택해 입문자들이 카드를 읽으면서 D&D의 개념을 배울 수 있는 제품이었다. 표지에 제프 이슬리가 그린 드래곤이 기다란 '블랙 박스' 형태로 판매되었고, 안에는 얇은 룰 북과 판지로 만든 피규어, 튜토리얼 게임에서

탐험할 〈잰저의 던전Zanzer's Dungeon〉이라는 접혀진 게임 지도 포스터가 들어 있다. 이 세트의 보드게임 같은 구조는 밀턴 브래들리와 TSR의 영국 라이벌인 게임즈 워크숍이 1989년에 합작 벤처로 내놓은 인기 있는 던전 탐색 게임 〈히어로 퀘스트HeroQuest〉에서 기인했다. 새 '블랙 박스' 버전은 50만 부가 판매되었고 덕분에 이 기초 게임을 확장하는 '어드벤처 팩' 시나리오 시리즈도 출시될 수 있었다. 뿐만 아니라 이 '블랙 박스'는 나중에 출시될 D&D 판본에서 기본 시리즈의 자리를 대신하게 되는 스타터 키트 제품군의 첫 제품이 되었다. 예를 들어 어린 소비자들에게 다가가기 위해 TSR은 기본 테이블 RPG의 개념을 소개하는 방법으로 D&D 로고 아래 아주 간단하게 만든 〈드래곤 퀘스트Dragon Quest〉 보드게임을 출시했다.

일단 D&D를 시작한 소비자는 여러 캠페인 설정 중 취향에 맞는 하나를 선택할 수 있었다. 1991년부터는 아타스의 황폐한 사막 세계를 방문할 수 있게 되었다. 이 〈다크 선Dark Sun〉의 종말론적 D&D 세계는 플레이어들에게 검투사의 야만성과 전통적인 검과 마법이 공존하는 보습을 보여주었다. 그러나 세 번째 AD&D 캠페인 설정은 전작들로부터 2년 뒤에 출시되었다. 훌륭한 아이디어들이 꼭 들어찬 3개의 설정이 서로 경쟁해서 매출을 감아먹을 위험을 피하기 위해서였다.

위 왼쪽 1991년 TSR의 입문용 D&D 신판 광고

위 1991년 1991년 〈쉽게 배우는 새로운 D&D〉 게임의 '직접교수법' 카드

아래 1991년에 야구 카드가 한창 붐을 이루고 있었고, TSR은 방대한 아트 아카이브를 활용해 수집용 트레이딩 카드를 인쇄해 판매할 기회를 포착했다.

맞은편 1991년 《규칙 백과사전》에 실린 제프 이슬리의 표지 그림

다크 선

1990년 〈드래곤랜스〉의 판매가 줄어들기 시작하면서, TSR은 D&D 브랜드를 강화하고 확장하기 위해 비전통적인 새로운 판타지 캠페인 설정에 계속해서 힘을 쏟았다. 업계 베테랑 스티브 윈터의 감독하에 디자이너 티모시 B. 브라운과 트로이 데닝이 주도해서 워 월드라고 불린, 대담하게 기존 판타지의 특색을 제거한 종말 후 세계의 사전제작 과정을 시작했다.

흥미진진한 새로운 세상을 설계하는 데 그치지 않고 상품 간의 시너지 효과도 높이라는 임무를 받고, 이 팀은 D&D의 과거에서 건져낸 몇 가지 아이디어를 적용했다. 〈배틀시스템〉 2판을 통해 소개된 '집단전 게임플레이'와 AD&D 2판《염력 완벽 핸드북Complete Psionics Handbook》에 처음 등장한 초능력인 '염력' 등이었다. 그러나 거의 텅 빈 캔버스를 채워준 것은 놀랍게도 스토리 그룹으로 배정되었던 젊은 화가 제럴드 브롬Gerald Brom(필명으로 쓴 '브롬'이라는 성만 널리 알려졌다)이었다. 그 역시 TSR 내부에서

등장한 스타 중 하나다.

브롬의 세밀하고 분위기 있는 콘셉트는 세계관의 비주얼을 규정하는 것으로 그치지 않고, 〈다크 선〉이라는 시적인 이름도 선사했다. 그의 일러스트는 캐릭터와 풍경 제작에서 전반적인 내러티브 콘셉트에 이르기까지 모든 디자인 단계에 영향을 미쳤다. "제가 〈다크 선〉 캠페인의 모습과 분위기를 거의 다 디자인했죠. 설정에 대한 글이 나오기도 전에 그림을 그렸어요. 제가 그림이나 스케치를 그리면, 디자이너들이 그 캐릭터와 아이디어를 스토리에 담았어요. 제가 제작 과정에 아주 깊숙이 참여했죠"라고 브롬이 회상한다.

브롬의 니바 그림은 〈다크 선〉
세계관의 모습과 분위기에
직접적인 영향을 미쳤다.

BROM

ARTIST FAVORITE

프랭크 프라제타의
〈해적 코난Conan: The Buccaneer〉의
표지 삽화(위)와 함께 브롬의
〈드래곤의 왕관Dragon's Crown〉의
일러스트레이션(옆)

초창기 펄프 소설이 D&D 크리에이터들의 상상력에 불을 지폈다면 펄프 소설의 후기 판본은 TSR 아티스트들에게 그림의 기준이 되었는데, 가장 유명한 그림은 L. 스프라그 드 캠프의 코난 선집에 수록된 프랭크 프라제타의 일러스트레이션이다. 에롤 오투스, 제프 이슬리, 래리 엘모어, 키스 파킨슨, 브롬에 이르기까지 사실상 모든 아티스트가 프라제타의 작품이 자신의 스타일에 밑거름이 되었다고 말했고, D&D의 펄프 전통을 완성시켰다. 여기 보이는 〈다크 선〉의 그림은 프라제타의 영향을 확연히 느낄 수 있다.

　　1991년 출시된 〈다크 선〉은 야만스럽고 마법으로 황폐화된 사막의 땅 아타스를 생생하게 드러냈다. 불타버린 황무지 아타스에서 플레이어 캐릭터들은 피와 모래를 거래했고, 전통적인 판타지는 바위투성이가 사막 밑으로 숨어버렸지만, 그 풍경은 얄궂게도 아름다웠다. 자원이 고갈된 땅에서 생존을 위해 발버둥치는 전투에서 플레이어들의 뼈로 된 무기들은 산산이 부서졌다. 엘프와 드워프 같은 판타지 크리처 대부분은 이미 종적을 감춘 지 오래였다. 금속은 귀했고, 마법은 무섭고, 플레이어들은 매혹되었다.

　　게임의 거의 모든 면을 장식한 브롬의 풍부한 상상의 세계에서 플레이어들은 숨 막힐 것 같은 열기와 바짝 마른 대지에서 들려오는 우레와 같은 노예 부족들의 발소리를 들을 수 있었다. 판타지에서 익숙한 종족과 캐릭터 클래스가 〈다크 선〉에도 등장하지만(초창기에 이들을 없애려고도 했지만), 독특하고 음침한 분위기의 설정에 어울리도록 이들의 모습을 극적으로 바꾸었다. 모든 캐릭터가 검투사 같은 풍으로 변했고, 뼈 갑옷을 입은 워리어가 가죽과 사슬 갑주를 입은 소서러에 맞서 싸웠다. 〈다크 선〉은 중간계보다는 〈매드 맥스〉에 가까웠다.

이 페이지 〈다크 선 노예부족Dark Sun Slave Tribes〉 모험 모듈의
분위기는 한마디로 적자생존이다.

맞은편 브롬이 그린 티르의 수호자 리쿠스 일러스트레이션

1992년 〈운명의 땅 알콰딤Al-Qadim Land of Fate〉
상자 세트에 수록된 프레드 필즈의 표지
그림

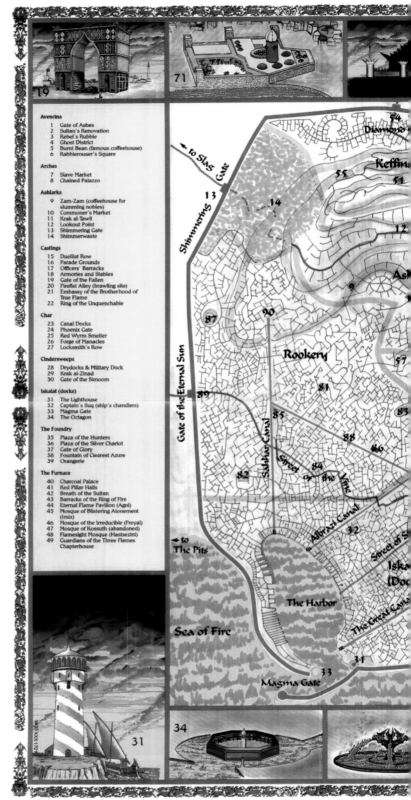

더블 다운

이국적인 〈다크 선〉 캠페인의 성공과 찬사에 힘입어 TSR은 1992년 사막을 배경으로 〈아라비안 나이츠〉와 같은 중동의 전설적인 어드벤처를 주제로 〈알콰딤〉이라는 새로운 어드벤처의 문을 열었다. 베테랑 디자이너 제프 그럽은 〈포가튼 렐름〉이라는 거대한 세계를 바탕으로 '운명의 땅'이라 불리는 페이룬의 반도 자카라를 자세하게 그렸다. 딱딱한 역사적 사실보다 초기 할리우드식 묘사가 더 많아서 언월도가 사막의 침략자를 베고, 하늘을 나는 양탄자가 로맨틱하게 석양을 가르며 날아다니고, 마술 램프 속에(때로는 바깥에) 있는 지니와 이프리트에게 조심스럽게 소원을 빌기도 한다. 이 캠페인 설정 덕분에 이프리트가 깃든 악명 높은 황동의 도시City of Brass는 10여 년 전 《던전 마스터 가이드》 1판에서 D&D 팬들을 위해 처음 이 도시를 그렸던 데이브 서덜랜드의 손끝에서 다시 세밀하게 그려졌다. 서덜랜드가 TSR의 전문 아티스트들에게 그림 작업을 넘긴 지도 오래됐지만, 그는 1990년대까지 계속 회사에 남아서 자신에게 제일 잘 맞는다고 생각한 지도 제작을 담당했다.

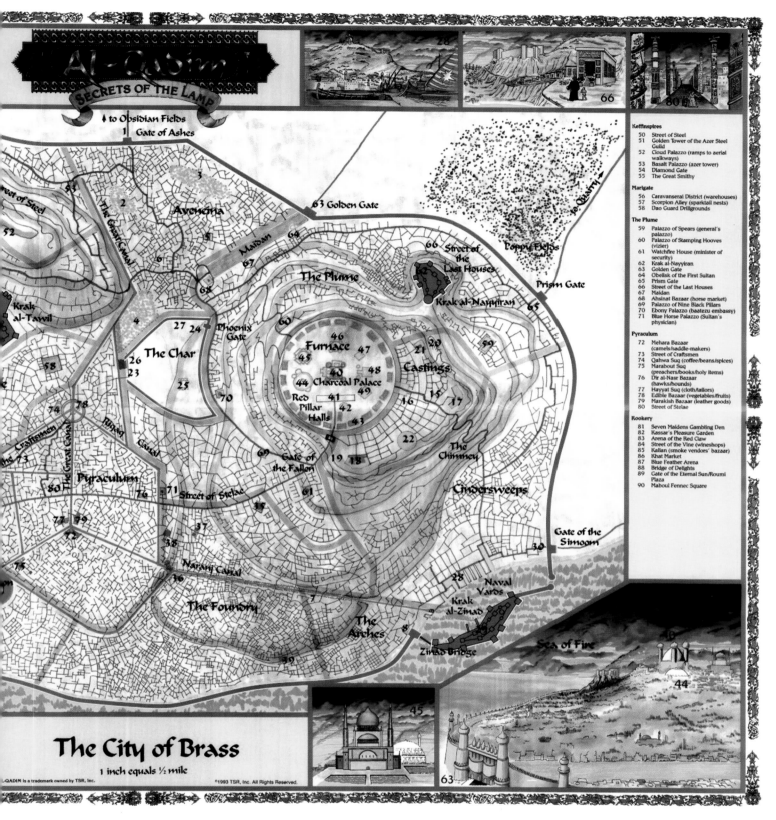

〈램프의 비밀Secrets of the Lamp〉 상자 세트에 들어 있던 데이브 서덜랜드의 1993년 황동의 도시 지도. 이 지옥 같은 도시의 지도는 그가 그린 최고의 작품 중 하나로, 2005년 그의 묘비에 새겨진 문구를 더욱 애틋하게 한다.

"이제는 천국의 지도를 그릴 시간이다."

오른쪽 R. A. 살바토레의 《더 레거시》 광고

맞은편 1993년 《몬스트러스 매뉴얼》
표지와 그 안에 수록된 토니 디터리지가
그린 짐승들

ON SALE NOW . . .
A first from R. A. Salvatore
The best-selling FORGOTTEN REALMS®
novelist debuts
in hardcover!

FORGOTTEN REALMS
The LEGACY
R.A. SALVATORE

Don't miss the premier
hardcover novel by R. A.
Salvatore. *The Legacy* picks
up where the FORGOTTEN
REALMS® Dark Elf Trilogy
left off. Drizzt Do'Urden
thinks he has all of his
problems solved until he finds
himself caught in a web of
hatred. The Spider Queen,
Lloth, is out to poison his life
with a vengeance!

In his best-selling tradition,
R. A. Salvatore sets the stage
for a new fantasy trilogy with
The Legacy. Pick up this
spellbinding tale today at book
and hobby stores everywhere.

> "1970년대와 1980년대 RPG에는
> 장난기가 있었고, 나는 그때의
> 장난기를 조금 살리고 싶었다."
>
> – 《몬스트러스 매뉴얼》의 아티스트이자
> 〈스파이더위크가의 비밀Spiderwick Chronicles〉의
> 공동 크리에이터, 토니 디터리지

TSR은 게임의 성장과 함께 뉴욕타임스 베스트셀러 도서 목록 10위권에 오른 R. A. 살바토레의 양장본 D&D 소설 《더 레거시The Legacy》와 같은 작품을 발간해 출판 영역에서도 성공을 거두었다. TSR은 매우 실험적이던 룰 북의 일부 아이디어도 궤도를 수정하기로 했다. 다루기 힘든 《몬스터 개요서》 바인더 전략을 고수하는 대신 지금은 《몬스트러스 매뉴얼Monstrous Manual》로 불리는 단일 양장본 몬스터 카탈로그로 돌아간 것이다. 신규 《몬스트러스 매뉴얼》의 그림 대부분은 TSR의 젊은 프리랜서 아티스트 토니 디터리지Tony DiTerlizzi가 담당했는데, 그가 완성한 수채화 일러스트레이션에서는 장난기와 엉뚱함이 느껴졌다. 그러는 동안 25주년 젠 콘 참가자 수는 미국 게임 컨벤션의 기록을 돌파하며 이 게임 동호회의 강한 열정을 보여주었다. 그 결과 TSR 경영진은 더 과감해졌고, TSR은 계속해서 판타지 RPG 분야에서 타의 추종을 불허하는 선두 주자로 전력 질주했다.

그러나 TSR의 전성기 때와는 상황이 달랐다. 1970~1980년대 D&D는 혁신적이고 유일무이한 상품으로, 경쟁 제품이 조금 있긴 했지만 D&D의 아트, 스토리, 품질, 영향력과 비교할 수 없었다. 그 결과 당시 TSR은 시장에서 군림할 수 있었다. 그러나 이제 다른 기업들이 TSR이 독점하다시피 한 RPG 콘셉트에 대해 도전장을 내밀었다. 화이트 울프의 〈뱀파이어 더 마스커레이드Vampire the Masquerade〉와 웨스트 엔드 게임즈의 〈스타 워즈〉 RPG는 단순한 D&D의 대안이 아니라 느낌이나 장르가 상당히 달랐다. 이제 핵심 대상층 자체가 곧 D&D 광팬이었던 시대가 지난 것이다. 그래도 이런 경쟁자는 아직 D&D의 앞마당 안에서 놀고 있었다. 더 우려스러운 것은 워저즈 오브 더 코스트Wizards of the Coast라는 작은 스타트업이 1993년 젠 콘에서 발표해 게이머들의 관심을 끈 카드 게임 〈매직 더 개더링〉이었다. 〈매직〉의 갑작스러운 인기와 D&D와 비슷한 테마로 인해 TSR 경영진이 깜짝 놀랐다는 일화는 유명하다.

아이러니하게도 몇 년 전 〈매직〉의 크리에이터 리처드 가필드Richard

Garfield는 이 획기적인 새 카드 게임의 시제품을 돌려보면서 카드에 아트가 필수임을 느꼈고, 그 공급처를 물색했다. D&D는 단연 눈에 띄는 후보였다. 가필드가 만든 시제품에 들어 있는 많은 몬스터는 1977년 《몬스터 매뉴얼》의 영향을 받았다. 진, 구울, 히드라, 미노타우로스, 바실리스크, 가고일 등 수많은 몬스터를 빌려와 시제품 카드에 그 몬스터들의 그림을 사용했다. D&D 책이 아닌 다른 곳에서 뛰어난 일러스트레이션을 찾아내기도 했는데, 〈핀드 폴리오〉에 나온 공포와 불꽃의 눈Eye of Fear and Flame 초상화는 리치 카드에, 같은 책의 샌드맨은 도플갱어 카드에 사용했다.

그러나 이처럼 아트를 빌려오는 활동은 크리처 그림으로 끝나지 않았다. 시제품 카드는 아이템은 물론 주문을 묘사할 때도 D&D의 그림을 비슷하게 사용했다. 파괴의 막대Rod of Ruin는 《몬스터 매뉴얼》의 오르쿠스의 마법봉Wand of Orcus 아트를 따라 했다. 〈핀드 폴리오〉는 주문 효과의 그림 자료로도 쓰기 좋아서, 〈벽 생명부여Animate Wall〉 카드에는 스턴젤리stunjelly 초상화를 사용했고 〈재성장Regrowth〉 카드는 〈노란 사향 덩굴yellow musk creeper〉의 아트워크를 빌려왔다. 심지어 '상대방이 다음 턴을 잃는다Opponent loses next turn'('상대방이 다음 턴에 진다'로도 해석할 수 있다–옮긴이)는 모호한 문구로 플레이테스팅 커뮤니티를 혼돈에 빠뜨린 가장 악명 높은 스타버스트Starburst는 《몬스터 매뉴얼 II》의 성게 묘사에서 따왔다.

〈매직: 더 개더링〉의 비주얼 어휘들이 D&D에서 파생되었건 아니건, 〈매직〉의 갑작스러운 성공으로 판타지 게임 시장의 질서가 무너졌고 비주얼 창시자인 D&D의 미래는 불확실해졌다.

젠 콘:
모든 것이 시작된 곳

맨 위 콧수염을 자랑하며 다음 움직임을 생각하는
개리 가이객스(왼쪽에서 두 번째)

위 1969년 젠 콘에서 눈썹 위에 손을 올리고 있는
데이브 아네슨(왼쪽에서 두 번째 착석)

오른쪽 1980년 TV 시청자를 대상으로 몰리가
등장하는 32초짜리 젠 콘 광고의 스틸 컷

젠 콘은 D&D의 요람이라 불러도 결코 과장이 아니다. 개리 가이객스는 1968년에 젠 콘을 시작했고, 1년 뒤 제2회 젠 콘에서 D&D 공동 크리에이터 데이브 아네슨을 만났다. 1974년 젠 콘은 아직 D&D가 출시되지 않았던 때지만, 그해 여름 원작자들의 가르침을 받으며 D&D를 플레이한 게이머들은 게임을 이해할 수 있었고, 미 중부지역을 넘어 D&D 게임이 뿌리내리는 데 일조했다.

1975년 TSR이 조용히 가이객스의 지역 전쟁 게임 클럽으로부터 인수한 이후로 젠 콘은 TSR의 대표 게임 D&D와 깊은 관계를 맺게 됐다. 일부 경쟁사들은 젠 콘과 D&D가 지나치게 가까운 것을 걱정했다. 아발론 힐이 주최한 오리진 컨벤션은 젠 콘과 경쟁 관계였으며 좀 더 전통적인 전쟁 게임 기업들이 참가했지만, 거기서도 D&D 토너먼트는 시작부터 주목을 받으며 판타지 RPG가 급부상하는 장르임을 확인시켜 주었다. 젠 콘에는 다른 전쟁 게임 경쟁사들도 참가했지만, 글자 그대로 TSR이라는 거성의 그늘 밑에서 훨씬 소수파인 그들의 고객 플레이어들과 소통해야 했다. TSR은 컨벤션장의 자기 섹션에 웅장한 벽과 망루를 세웠던 것이다.

1978년 젠 콘은 《플레이어 핸드북》을 가장 먼저 살 수 있는 곳이었으며, 1979년 12회 젠콘에서는 신작 《던전 마스터스 가이드》를 사고 운이 좋다면 가이객스와 표지 아티스트 데이브 서덜랜드의 사인까지 받을 수 있었다. 젠 콘 부속 행사인 AD&D '공개' 토너먼트는 그 뒤에 출시된 수많은 모듈의 영감이 되었다. 예를 들어 1980년 유명한 《노예 군주Slave Lord》의 토너먼트는 이후에 A1-A4 모듈이 되었다. 젠 콘으로의 성지순례는 D&D의 진정한 열성 팬임을 보여주는 통과 의례였다.

원래 젠 콘은 위스콘신 레이크 제네바에 있는 가이객스의 집에서 한 블록 떨어진 원예 전시장에서 100여 명의 사람만 참여하는 행사였다. 하지만 1977년에 이르자 지역 플레이보이 클럽 리조트나 인근 대학 캠퍼스 등 점점 더 큰 장소로 행사장을 옮겨 가야 했다. 1990년대에는 2,500명을 수용할 수 있는 컨벤션 센터가 있는 밀워키시로 장소를 옮겼다. 그렇게 젠 콘은 성장하면서 1993년 두 번째 훌륭한 판타지 게임 《매직: 더 개더링》이 첫선을 보이는 비옥한 토양이 되었다.

ANNOUNCING TWO IMPORTANT NEW RELEASES FROM TSR

GAMMA WORLD*

* T.M. REG. APP. FOR

SCIENCE FANTASY ROLE PLAYING GAME

A complete boxed game of adventure on a post atomic earth where mutants and robots contend with the survivors of the human race for mastery of the world!

AT ORIGINS 78

AT GEN CON XI

ADVANCED DUNGEONS & DRAGONS® PLAYERS HANDBOOK

By Gary Gygax

The authoritative manual of character races, abilities, classes, alignments, and much more. A must for every D & D enthusiast.

TSR HOBBIES, INC.
P. O. BOX 756
LAKE GENEVA, WI 53147

맨 위 왼쪽 1978년 11회 젠 콘에서 개리 가이객스

맨 위 오른쪽 1990년대 초 젠 콘에 설치된 TSR의 성 전시물. 수많은 게이머가 성을 구경하거나 플레이를 하려고 그 앞에 몰려들었다.

중앙 왼쪽 밀워키에서 게임 플레이를 위해 착석한 팬들

중앙 오른쪽 커노샤에서 TSR 부스를 방문한 팬들

왼쪽 1970년대 취미 게임 시장은 작고 산발적으로 흩어져 있었기 때문에 오리진과 젠 콘 같은 게임 박람회는 신작을 발표하고 출시할 완벽한 장소였다.

내성 굴림

1994년 TSR은 소규모 취미 게임 회사 위저즈 오브 더 코스트가 기념비적인 수집 카드 게임(CCG) 〈매직: 더 개더링〉으로 불과 1년 만에 놀라운 성공을 거두는 모습을 지켜보았다. 20년 전부터 매년 꾸준히 성장해오던 TSR과는 완전히 다른 궤적을 그린 것이다. 기회에 편승하고 싶었던 TSR은 AD&D 게임의 유명한 이름과 캠페인 설정을 활용한 카드 게임 〈스펠파이어: 마스터 더 매직〉을 출시했다. 이제 〈그레이호크〉를 상대로 〈포가튼 렐름〉이 싸울 수 있게 된 것이다. 이 신작 게임 출시는 젊고 민첩한 경쟁사의 성공을 모방하는 기존 기업의 흔한 행태를 TSR이 그대로 답습했음을 보여주었다. 〈스펠파이어〉는 CCG 시장에서 손쉽게 2위까지 올라섰고, 판타지 게임에서 가장 유명한 지적재산권의 일부를 이용할 수 있다는 장점도 있었다. 그러나 〈매직〉이 시장을 지배했기에 〈스펠파이어〉는 시간이 지나도 충성 팬을 확보할 수 없었다. 처음으로 D&D가 출시된 이후 많은 경쟁자가 등장했던 것처럼 〈스펠파이어〉는 새 게임 장르인 CCG에서 창시자의 지배력을 꺾을 수 없는 후발 주자에 지나지 않았다.

1990년대가 되자 D&D만 콕 찍어서 악마를 찬양하는 위험한 게임이라고 말하는 비평가는 거의 없었다. 이후 다소 절제된 2판보다 훨씬 짜릿한 콘텐츠와 테마를 등장시킨 테이블 RPG와 비디오 게임이 우후죽순처럼 쏟아졌기 때문이다. 〈화이트 울프〉는 성인들을 대상으로 하는 주제를 상당히 많이 사용했고, 결국 제품이 거의 성인용이라 불투명한 포장지에 담아야하는 블랙 독이라는 파생 브랜드까지 만들었다. 1993년에는 아주 폭력적이며 선혈이 낭자한 1인칭 슈팅 비디오 게임 〈둠Doom〉이 출시되어 엄청난 성공을 거두었다. 덕분에 부모들과 검열 기관은 반발심을 집중할 수 있는 새로운 대상을 발견했고, D&D는 그들의 감시에서 벗어나게 되었다.

오른쪽 맨 위 키스 파킨슨의 〈드래곤랜스〉 커버 아트를 일부 재사용한 1994년 〈스펠파이어〉 카드 덱 상자

오른쪽 TSR에서 오래전에 쫓겨난 개리 가이객스의 개인적인 D&D 캐릭터인 전설적인 모덴카이넨이 〈그레이호크〉의 카드로 모습을 드러냈다.

맞은편 비디오 게임계의 거인으로 불리는 캡콤이 1993년 출시한 D&D 라이선스 게임 〈타워 오브 둠Tower of Doom〉의 잔인성은 마찬가지로 D&D의 영향을 받아 같은 해 출시된 비슷한 이름의 1인칭 슈팅 게임 〈둠〉의 잔인성에 비하면 다소 덜 잔인했다.

Dungeons & Dragons
ダンジョンズ アンド ドラゴンズ
タワー オブ ドゥーム
Computer Game

TOWER OF DOOM

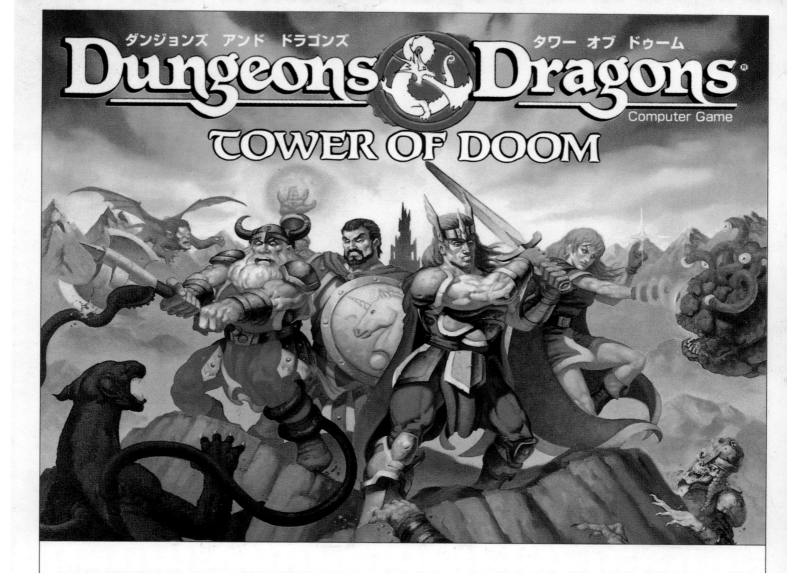

物　語

ダロキン共和国、栄え豊かなこの国に不吉な暗雲が垂れ込める。
組織化された凶暴なモンスター達が群れをなして町を襲い始めたのだ。
町の有力者コーウィン・リントンは、君たちにこの異常の調査を依頼するだろう。行く手には様々な困難と危険が口を開けて待っている。武器を取り、呪文を唱え、恐怖を払え！　冒険の時は来た！……

コックピットの見方

職業とレベル
経験点(得点)
ヒットポイント
hp
名前
魔法、アイテムウインドゥ
(Dボタンで選択、Cボタンで使います。)
所持金
SP(シルバーポイント)

CAPCOM

D&D941001

TSR이 CCG 시장을 장악하지는 못했지만, 판타지 RPG에서는 여전히 높은 위상을 차지했다. 시장에 출시한 TSR의 신작은 플레인스케이프라는 어둡고 상상력을 자아내는 세계를 배경으로 한 캠페인이다. 젭 쿡이 만든《플레인스케이프Planescape》에서는 플레이어들이 1987년 출간된《이계 매뉴얼》에 자세히 묘사된 다양한 이계를 경험하는 여정을 떠난다. 이 캠페인을 통해 던전 마스터는 예전에 스펠제머에서 그랬듯이 여러 D&D 캠페인을 접목할 수 있었다. 토니 디터리지, 다나 넛슨Dana Knutson, 롭 러펠Robh Ruppel이 만든 기이한 디자인과 잊을 수 없는 몽환적인 비주얼로, 〈플레인스케이프〉는 많은 열성 팬을 낳았다. 시길Sigil이라고도 알려진 〈문들의 도시City of Doors〉 등의 장소와 마치 여신 같은 시길의 수호자 겸 통치자인 고통의 여군주Lady of Pain 등의 캐릭터들이 D&D 사전에 영원히 새겨졌다. 팬들에게는 인기가 많았지만, 〈플레인스케이프〉의 암울한 고딕풍 스타일은 레이디의 마법 미로에 갇힌 것처럼 미래가 불투명한 TSR의 처지에 딱 들어맞았다.

이 페이지 토니 디터리지가 그린 〈고통의 여군주〉의 매우 양식화된 삽화

맞은편 《비전 오브 워Visions of War》에 수록된 토니 디터리지의 마음을 사로잡는 그림들. 그를 대표하는 기이한 캐릭터들이 플레인스케이프의 어두운 현실과 엮여 있다.

〈플레인스케이프〉는 몽환적이고 엉뚱한 분위기에서
암울하고 절망적인 분위기까지 D&D 미학의 지평을
넓혔다.

이 페이지 나중에 나온 〈플레인스케이프〉 박스 세트
〈지옥의 속박: 피의 전쟁Hellbound: The Blood War〉에
수록된 롭 루펠의 표지 그림

맞은편 인기 있는 몬티 쿡 모험 모듈 〈죽은
신들Dead Gods〉에 수록된 'rk' 포스트 표지 그림

"빅비의 가로막는 손 주문을 시전하면 시전자와 시전자가
선택한 상대방 사이에 인간 크기에서부터 거대형 크기의
마법적 손이 나타난다. 마법 시전자가 무엇을 하든
상대방이 어떻게 돌아가려 하든 이 몸통 없는 손이
둘 사이에 계속 존재하게 된다."

5

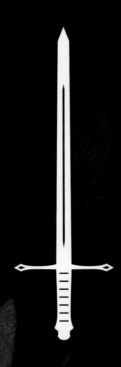

빅비의 가로막는 손
(BIGBY'S INTERPOSING HAND)

TSR의 추락

맞은편 1995년 출시된 AD&D 2판 《플레이어 핸드북》의 제프 이슬리가 그린 표지 그림

아래 제프 이슬리가 그린 새로운 표지들과 책 속 컬러판 그림을 수록한 1995년 AD&D 2판 핵심 룰 북

1995년 탄생 20주년을 맞아 TSR은 새롭고 근엄한 트레이드 드레스를 입힌 AD&D 2판 핵심 룰 북 개정판을 발표했다. 제목에는 '2판'이라는 문구가 없을 뿐만 아니라, 1983년 이후 D&D 로고에서 유일하게 앰퍼샌드(&) 표시에 불을 뿜는 드래곤의 모습이 들어가 있지 않은 버전이라는 의심의 눈초리를 받았다. 이것은 개리 가이객스가 구상한 AD&D 규칙 세트의 마지막 간행물이자, 풀컬러 아트와 널찍한 배치로 아낌없이 비용을 투자한 작품이었다. 분량도 1판보다 많이 늘어나서 《플레이어 핸드북》은 25퍼센트, 《던전 마스터 가이드》는 33퍼센트 정도 많아졌다. 하지만 스티브 윈터는 서문에서 내용이 늘어났다기보다는 배치와 그림에 아낌없는 투자를 하느라 분량이 많아졌으며, "보기 좋게 만들기 위해 페이지를 늘렸다"라고 밝혔다.

이 책들은 제프 이슬리, 롭 러펠, 다나 넛슨, 로저 러브리스Roger Loveless 외 다른 아티스트들의 그림을 수록했으며, 시프의 관점에서 그린 데이비드 트램피어의 《플레이어 핸드북》 표지를 비롯해, AD&D 1판 룰 북의 오리지널 '교본용 아트' 시나리오를 적절히 다시 그린 작품들도 수록했다. 〈던전 앤 드래곤〉의 판테온에 추가될 자체 세계관도 포함되어서, 이 규칙 세트는 이제 순수한 형태의 AD&D를 모두 포괄했다. 기본 D&D를 위한 《규칙 백과 사전》처럼 AD&D에 마침표를 찍은 것이다.

위, 맞은편 1995년 《플레이어의 핸드북》과
《던전 마스터 가이드》는 플레이어들에게 이전 AD&D와
같은 게임이라고 안심시키며 레이아웃이 달라진 개정판을
홍보했다. 1970년대 후반 AD&D 1판을 채웠던 고전적인
아트와 시나리오가 현대적 미학으로 재탄생했다.

위 왼쪽 1995년 《플레이어 핸드북》에 등장하는 일루셔니스트와 클레릭를 리메이크한 그림

위 오른쪽 양장본으로 된 《플레이어의 옵션》 시리즈는 게임별로 원하는 대로 따로따로 바꿀 수 있게 하는 새로운 차원의 커스터마이징 방법을 더했다.

오른쪽 수집용 카드 게임의 창의적인 대안으로 제시된 '드래곤 주사위'는 수집용 주사위를 만들려 한 시도였다.

맞은편 《드래곤 주사위》 전투 상자 세트의 제널 자카이스가 그린 표지 그림

재발매된 AD&D 책들이 2판의 원작들과 상당히 가깝다고 해서 TSR의 아이디어가 바닥났다는 뜻은 아니다. TSR은 재빨리 캐릭터 생성, 전투 해결 방법, 주문 시전 등 게임의 근본적인 측면을 리메이크한 변종 규칙들로 채운 《플레이어의 옵션Player's Option》과 《던전 마스터 옵션Dungeon Master Option》 책들을 출시했다. 그러나 이 모든 것을 옵션으로 만든 것은 사실상 핵심 시스템의 통합성을 해치는 결과를 낳았다. 이런 신작들이 제품 가치가 확실할수록 D&D의 근간은 흔들리고 있다는 뜻이 된다. 치열한 경쟁과 매출 하락은 TSR 본사 위에 먹구름이 생기고 있다는 것을 의미했다. 따라서 TSR은 《드래곤 주사위》로 수집용 게임 시장에 진출하면서 엄청난 투자를 하는 등 상당히 위험한 신규 사업을 벌이게 되었다.

Twenty Years of TSR

위 1990년대의 초심자, 입문자 세트 컬렉션.

맞은편 TSR이 20주년을 기념해 직원들에게 배포한
연혁의 표지는 회사 로고 변천사를 보여주었다.
TSR의 시작은 초라했지만 너무나 크게 성장해,
위저드 로고를 언제부터 사용했는지 기억을 못할
정도였다(정답은 1978년이다).

아래 1994년 이래 '클래식' D&D 게임에 들어 있던
다면체 주사위 세트

게임 출시 20주년을 맞은 TSR은 신규 플레이어들을 유치해야 한다는 사실을 잊지 않았다. 우선 1991년의 '블랙 박스'를 책장 선반에 들어갈 만한 크기로 변경해서 1994년 '클래식' D&D 게임으로 재발매했다. 그러더니 AD&D 용으로도 유사한 제품을 제작했다. 이렇게 출시된 〈첫 번째 퀘스트: RPG 입문〉에는 입문자들의 게임 진행을 도와줄 인터랙티브 오디오 CD가 함께 공급되었다. '클래식' 입문 게임이 그렇듯이, 던전 지도와 미리 만들어진 캐릭터들을 나타내는 작은 피규어가 들어 있었다. 한 권의 룰 북 통합본 대신 《룰 북》, 《몬스터&트레저 북》, 《어드벤처 북》이라는 세 권의 새로운 핵심 소책자와 위저드와 클레릭용 별도의 주문책도 함께 제공했다. 1년이 채 되지

않아 《AD&D 입문서Introduction to Advanced Dungeons & Dragons》로 제목을 바꿨고 표지에는 제프 이슬리가 그린 새로운 드래곤이 등장했다. 그리고 이 세트만 혼자 따로 놀던 3부작을 전통적인 《플레이어 핸드북》, 《던전 마스터 가이드》, 《몬스트러스 매뉴얼》의 얇은 페이퍼백 요약본으로 대체했다. 또 얼마 안 가 갑작스럽게 '엘로우 박스'로 패키지가 바뀌고 이번엔 〈스타터 세트Starter Set〉로 제목이 변경되었다. 이처럼 성급한 움직임은 TSR의 시장을 확대해야 한다는 급박함이 커지면서 나타난 현상이지만, 그 목표는 영원히 달성할 수 없을 듯했다.

We Introduced Mind-Blowing Experiences!

인터랙티브 오디오 CD를 통한
'놀라운 경험'을 약속한 D&D의
입문용 〈퍼스트 퀘스트〉를 홍보하는
1994년 광고 두 편

In 1994, the pioneers in fantasy role-playing games crossed the threshold onto a new level of gaming with audio CD technology. FIRST QUEST™, MYSTARA™, RED STEEL™ and TERROR T.R.A.X.™ interactive audio CD adventures to name a few. Watch for us in '95, we're taking *no* wimps, crybabies, wannabe's or wusses with our new games… Be prepared for TSR.

The Power of Interactive Audio CD Adventures.

® and ™ designate trademarks owned by TSR, Inc. © 1994 TSR, Inc. All Rights Reserved.

TURN ON THE Technology!

Interactive Audio CD adventures and complete game!

**FIRST QUEST™ Audio CD Game:
The Introduction to Role-Playing Games**
Features over 60 minutes of digitally recorded audio CD sound tracks, DUNGEON MASTER® Screen, game books, player cards, miniatures, maps, and dice.

1   2   3

미쳐 가는 캠페인

TSR은 D&D의 뿌리가 된 전쟁 게임으로 돌아가 플레이어들이 여러 나라의 군대를 지휘하는 〈버스라이트〉 캠페인 설정을 출시하며 계속해서 새로운 지평을 넓혔다. 〈버스라이트〉 캠페인은 점점 다양해지는 D&D 풍경의 한 축에 자리했기에 당시의 최신 D&D 형제 제품들과 예술적 미학적으로 차별화를 이룰 필요가 있었다. 그러나 이런 방식은 마케팅 관점에서 또 다른 문제를 일으켰다. D&D 브랜드 비주얼의 정체성에 일관성이 사라져갔던 것이다. 〈그레이호크〉, 〈미스타라〉, 〈드래곤랜스〉, 〈포가튼 렐름〉, 〈스펠재머〉와 같은 이전 캠페인 설정들은 말할 것도 없이 〈버스라이트〉, 〈플레인스케이프〉, 〈알콰딤〉, 〈다크 선〉, 〈텅 빈 세계〉, 〈레이븐로프트〉 등 모두가 독특한 비주얼 스타일과 정체성을 가지고 있었다. 1990년대 초 TSR이 역사적 사실을 반영해서 발간한 캠페인 자료집들도 많이 있었는데, 실제 역사와 신화의 요소들을 코드화해 게임으로 만들었다. 여기에는 바이킹과 켈트, 《샤를마뉴의 팔라딘Charlemagne's Paladins》과 십자군, 《로마의 영광The Glory of Rome》, 그리고 《강대한 요새A Mighty Fortress》라는 제목의 화약 시대에 관한 책들도 있었다. 이제는 실제 지구조차도 또 다른 캠페인 설정 후보가 되었다. 이는 같은 D&D라도 캠페인 설정이 다른 제품 간에는 비주얼적인 공통점이 거의 없다는 것을 의미했고, 하나의 브랜드로서 D&D의 정체성이 표류하게 되었다.

'모든 사람을 위한 제품을 구비'한다는 접근 방식이 도움이 되는 비즈니스 분야도 많지만, 취미 게임 시장은 여전히 한계가 있었고 TSR은 자신의 팬층을 사실상 서로 다른 게임을 플레이하는 여러 그룹으로 분리한 셈이 되었다. 그 결과 예를 들어 포가튼 렐름 캠페인을 열성적으로 플레이하는 인 게임 그룹은 자연히 다크 선 캠페인은 거의 플레이하지 않으며 관련 제품도 사지 않게 되었다. AD&D는 다른 게임사들과 경쟁할 뿐 아니라, 자기 자신과도 경쟁해야 했다. 게다가 개리 가이객스가 제시한 D&D 게임의 오리지널 계율 중 하나인 자신만의 세계 구축을 동경하던 플레이어들은 개리 가이객스가 떠나면서 등을 돌렸다. 크리에이터들을 위한 도구를 강조하던 일반화된 D&D 제품들이나 모든 캠페인에서도 범용적으로 사용할 수 있는 일반적인 시나리오들은 소설, 컴퓨터 게임, 만화책 등 TSR의 다매체 전략에 부합하는 사전 제작된 캠페인 모험에 의해 밀려났다. 더욱 암울하게도 인터넷으로 인해 위저즈 오브 더 코스트라는 숙적의 팬들은 결집한 반면, TSR은 1995년 1월 24일이 되어서야 겨우 AOL에 자리를 잡고 〈드래곤〉 2월호 부분을 다운로드받을 수 있게 만들었을 뿐이었다.

1

2

3

4   5

4

5

제프 이슬리는 TSR의 1991년 카탈로그를 위해
TSR의 주요 캠페인을 하나의 캠페인으로
녹여내는 힘든 임무를 맡게 되었다. 심지어
SF만화의 주인공 벅 로저스까지 D&D와 TSR
캠페인 세계의 이상한 결합에 모습을 드러냈다.

광기의 미궁

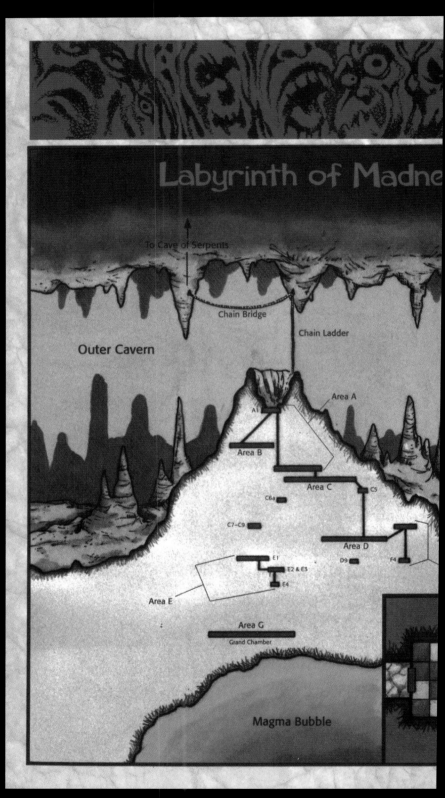

"불길하게 비틀어진 이미지 (중략)
마음속 깊숙이 도사리는 끔찍한 악몽 (중략)
광기의 미궁 이야기를 묘사할 때 사용되는
말들이다. 그러나 미궁 이야기는 밤에 아이들을
겁주려는 전설일 뿐이었다. 신비한 왕홀이
발견되고, 그 머리에 박힌 수정 속 미쳐버린
공포의 얼굴이 다음과 같은 메시지를
전하기 전까지는 말이다.
'광기의 미궁을 다시 깨우지 말라.'"

－〈광기의 미궁〉, 1995

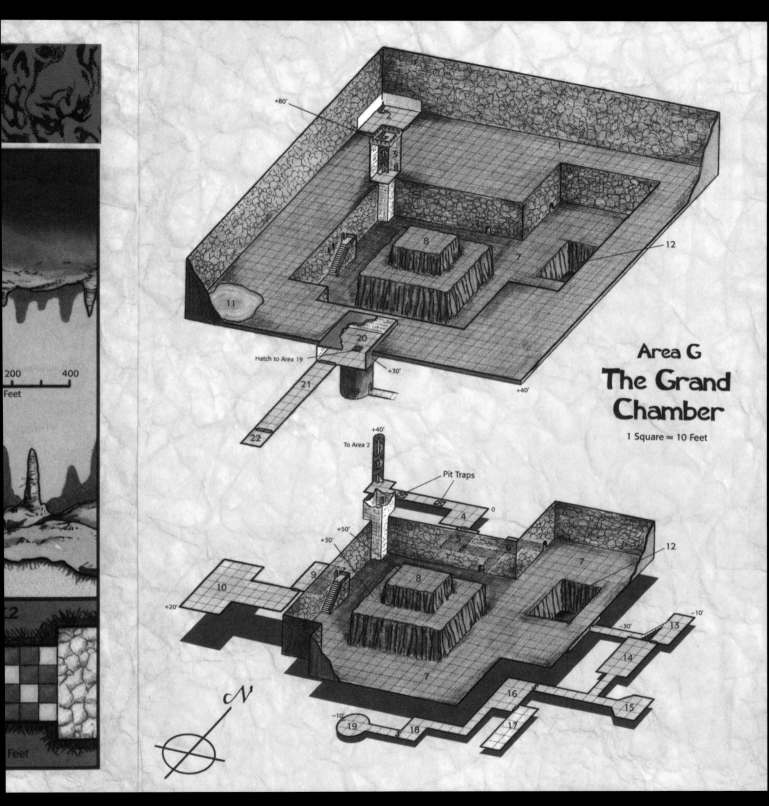

+80′

2

3

1

8

7

12

11

20

Hatch to Area 19

+30′

21

19

22

+40′

Area G
The Grand
Chamber

1 Square = 10 Feet

+40′

To Area 2

Pit Traps

4

0

+50′

5

6

+30′

12

9

7

10

8

+20′

−10′

−30′

13

14

7

16

15

𝒩

−10′

19

18

17

3

"퍼즐 속의 퍼즐로 TSR 게임의 20년 역사를
기념한다"고 자칭하는 몬티 쿡의 복고풍 모험 모듈
〈광기의 미궁〉(1995)은 D&D를 과거 죽음의 덫과 같은
던전으로 되돌렸다. 주요 게임 출시에 대한 TSR의
다매체 전략에 발맞춰 〈광기의 미궁〉은 게임 모듈과
함께 같은 이름의 만화책도 발간했다.

토니 슈추들로의 1995년 〈버스라이트〉 상자 세트
표지와 1996년 〈류릭 고원Rjurik Highlands〉
확장 세트에 수록된 오리지널 표지 그림

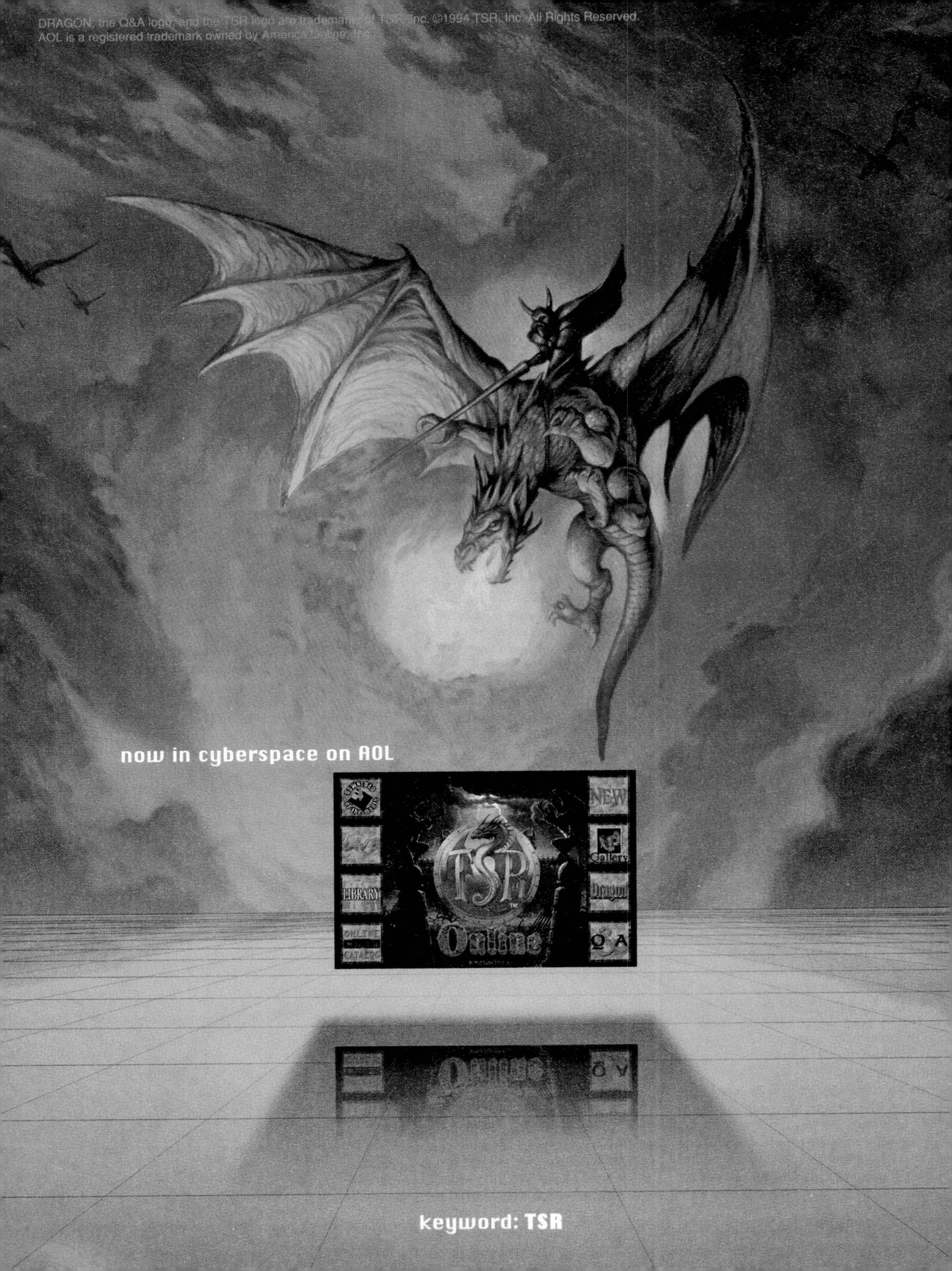
DRAGON, the Q&A logo, and the TSR logo are trademarks of TSR, Inc. ©1994 TSR, Inc. All Rights Reserved.
AOL is a registered trademark owned by America Online, Inc.
now in cyberspace on AOL
NEW
Gallery
LIBRARY
Online
Q A
keyword: TSR

1996년에 이르자 TSR은 분명 지나친 사업 확장의 여파를 겪고 있었지만,
1984년의 재현은 아니었다. 지원해야 할 캠페인 설정이 거의 10여 개에 달
했고, 수많은 양장본 소설과 드래곤 다이스를 비롯한 수많은 부속 상품들
을 관리하기 위해 TSR은 정말 작은 이익으로 운영했으며, 결국 제작에도
영향을 미치기 시작했다. TSR은《위저드의 주문 개요서Wizard's Spell Compen-
diums》와《SAGA 시스템》을 기반으로 한《드래곤랜스: 제5시대Dragonlance:
Fifth Age》로 핵심 자산을 지원하며 인쇄 분야의 난국을 타개하려 했지만, 신
작이 점차 줄어들기 시작했다. 이러한 상황은 급하게 제작한 양장본 소설들
이 TSR의 도서 분야 파트너사 랜덤하우스로부터 끊임없이 반품되면서 더
욱 악화되었다. 역설적이게도 그해 TSR은 사상 최대 매출을 기록했지만, 연
말에는 전통적 게임 출간을 완전히 멈출 정도로 쪼들렸다. 한편으로 몇 가
지 상품은 독자적인 배급망을 통해 계속 판매할 수 있었다. 예를 들어
AD&D 핵심 규칙 CD-ROM은 젠 콘 29회에 처음 소개되었을 때, 첫 번째
카피본이 검은색 포단 위에 놓인 채 킬트를 입은 백파이퍼들의 호위를 받으
며 TSR의 성채 전시장으로 옮겨질 정도로 높은 기대를 받았다.

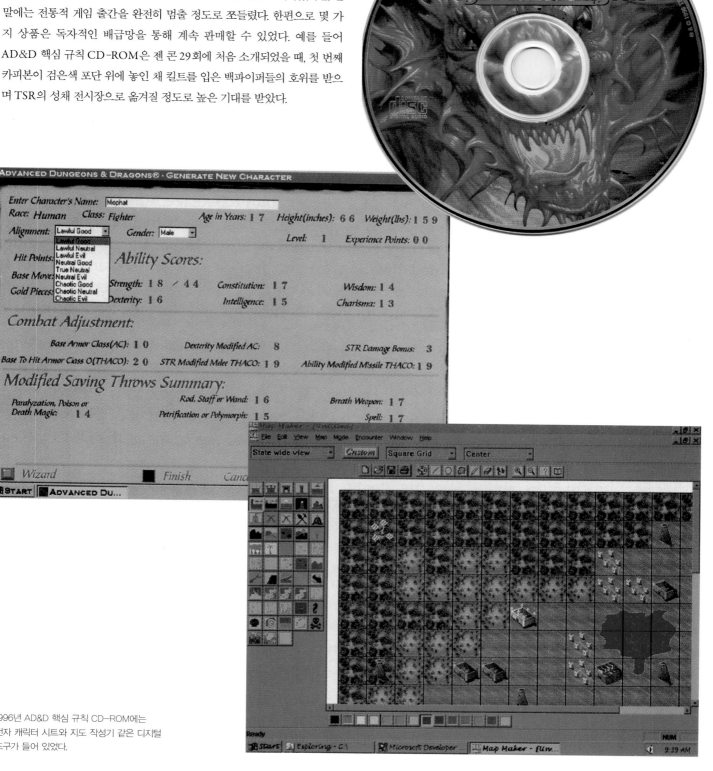

1996년 AD&D 핵심 규칙 CD-ROM에는
전자 캐릭터 시트와 지도 작성기 같은 디지털
도구가 들어 있었다.

"우리는 언제 (회사가) 폐쇄될지,
언제 월급이 들어오지 않을지 궁금했다."

—TSR 디자이너, 에드 스타크

핵심 규칙의 디지털 버전은 에버모어 엔터테인먼트가 TSR의 협력을 받아 윈도우95용으로 구현한 것으로, 핵심 2판 룰 북의 1995년 판본을 검색 가능한 형식으로 볼 수 있었을 뿐만 아니라 플레이어들이 자신의 컴퓨터에 캐릭터 시트를 만들어 관리할 수 있는 캐릭터 관리 유틸리티도 제공했다. 〈핵심 규칙〉 속의 던전 마스터 툴 키트에는 몬스터와 보물 또는 논플레이어 캐릭터와 인카운터를 무작위로 생성해주는 유틸리티와 던전, 지상 세계, 도시환경을 시각화하기에 적합한 지도 제작 도구가 포함되어 있었다. 포괄적인 디지털 패키지였지만, TSR의 재정상황을 감안하면 늦은 감이 있었으며, 인터페이스 역량에 비해서는 너무 많은 것을 넣으려 했다.

TSR이 스스로 무너진 이유는 창의성이 부족하거나 아이디어가 없어서가 아니었다. 그저 〈워해머Warhammer〉를 만든 게임즈 워크숍과 〈매직: 더 개더링〉을 만든 위저즈 오브 더 코스트로 소비자가 몰리는 상황에서 상당한 비용을 들여 생산된 다양한 제품 전부를 다 수용할 만큼 시장이 크지 않았기 때문이다. 〈드래곤〉지는 매직 카드, 워해머 피규어, 화이트 울프 게임 등 경쟁사 제품 광고로 가득했다. 하지만 그마저도 TSR의 대표적 간행물 〈드래곤〉을 어쩔 수 없이 중단할 수밖에 없던 1996년 말까지의 얘기였다. 그 당시 장부를 보면 수백만 달러 상당의 TSR 제품이 판매되지 않은 채 창고에 쌓여 있던 것을 알 수 있다. TSR은 꿈의 무게에 짓눌렸고, D&D의 기반은 금이 가고 흔들리기 시작했다. 레이크 제네바의 셰리든 스프링스 로드에 있는 이제는 잠자는 거인이 된 TSR은 전용으로 지은 레이크 제네바의 셰리든 스프링스로 사무실을 계속 유지할 수 있었지만, 이를 위해 뼈를 깎는 감원을 해야 했고 역량도 대폭 축소되었다. 그럼에도 많은 직원이 회사를 다시 정상화시킬 방법을 찾을 수 있다는 희망을 품고 출근했다고 한다.

그러나 회사와 직원, 그리고 대표 상품에게는 불행하게도 1997년이 와도 시장은 전혀 낙관적이지 않았다. 그러한 와중에 물밑에서는 큰 인기를 끌던 〈매직: 더 개더링〉의 제작사 위저즈 오브 더 코스트가 거대한 손을 내밀려 하고 있었다. 창업주이자 CEO인 피터 애드키슨Peter Adkison의 지시에 따라 위저즈 오브 더 코스트는 D&D 브랜드를 살리겠다는 단 하나의 목적으로 TSR과 그 회사가 가진 모든 지적재산권을 인수하려고 준비했다.

애드키슨은 다음과 같이 회상했다. "나는 우리가 함께 협력할 가능성에 관해 이야기하려고 TSR에 몇 번이나 연락했다. 특히 D&D 캠페인 설정으로 〈매직: 더 개더링〉의 확장판을 출간하고 싶었다." 그러나 위저즈의 매직 때문에 시장에서 고전을 면치 못한 TSR은 그의 제안에 "당신들과는 거래하지 않겠습니다"라고 하며 냉담한 반응을 보였다. 그래서 TSR과 위저즈 오브 더 코스트의 거래가 결국 중개자를 거쳐 성사되었다는 사실은 놀랍지 않다. 누가 보든 TSR의 재정 문제는 분명했지만, 로레인 윌리엄스는 AEGAlderac Entertainment Group에서 분사한 파이브 링스 퍼블리싱 컴퍼니 경영진에 판매 의사를 밝혔다. 파이브 링스는 혼자서 매수 비용을 조달할 수 없었기 때문에 애드키슨과 계약서를 공유했다. '백만 달러짜리 팩스'로 기억되는 그 문서는 위저즈 오브 더 코스트가 파이브 링스와 TSR 둘 다를 3자 거래 방식으로 인수하는 내용이었다. 인수 거래는 1997년 6월에 종결되었고, TSR의 자산과 부채 일체에 약 3,000만 달러의 비용이 들었다.

신규 자본을 수혈받은 D&D는 다시 회생했다. 〈드래곤〉은 남겨진 원고를 이어받아 1997년 7월부터 월간으로 재탄생했다. 다음 호에서는 10여 개의 TSR 제품군의 폭발적인 출시 일정을 수록했다.

맨 왼쪽 위저즈 오브 더 코스트가 1997년 TSR을 인수하자 TSR직원들이 위저즈 오브 더 코스트의 창립주이자 CEO인 피터 애드키슨에게 보낸 '감사카드'

왼쪽 〈드래곤랜스: 제5시대〉(1996)는 SAGA 시스템이라 불리는 새로운 카드 기반 규칙 시스템을 도입했다. 이 시스템도 그 동반자인 재부팅된 '제5시대' 세계도 드래곤랜스 팬들 사이에 인기가 없었다.

맞은편 1996년 AD&D 〈몬스트러스 아르카나: 1권, 폭군Monstrous Arcana: I, Tyrant〉 확장판에 수록된 다나 넛슨의 표지 그림

아래 1997년경 위스콘신 레이크 제네바 TSR 본사에서 인원이 대폭 감축된 후 남은 일부 직원들

인피니티 엔진

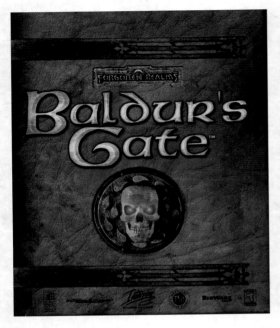

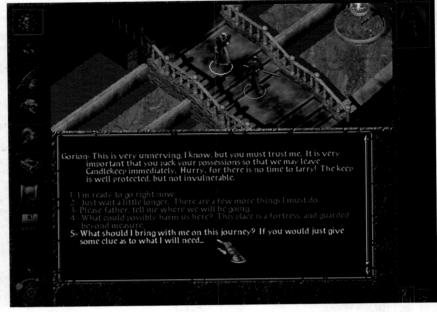

1998년 획기적인 PC용 AD&D 게임이 출시되면서 D&D에 새로운 역사의 장이 열렸다. 바이오웨어가 개발하고 인터플레이 엔터테인먼트가 퍼블리싱한 AD&D 비디오 게임 시리즈 중 첫 번째 게임 〈발더스 게이트Baldur's Gate〉가 공개되자 대중의 환호와 비평가들의 찬사를 받았다. AD&D 2판의 규칙을 토대로 한 〈발더스 게이트〉에서는 게이머들이 〈포가튼 렐름〉의 〈소드 코스트〉로 보내져 살육의 신 바알의 군대에 맞서 싸우게 된다. 이전 '골드 박스' 시리즈처럼 〈발더스 게이트〉는 매우 성공적이었고 동일한 게임 플레이 엔진을 사용한 게임 시리즈 하나가 따로 생겨날 만큼 입지를 확고히 다졌다. 그 결과 바이오웨어는 컴퓨터 RPG 제작 분야의 선두 주자로 자리매김했다.

1990년대 중반이 되자 TSR은 점차 늘어가는 캠페인 설정을 중심으로 D&D 제품군을 효과적으로 재조정했다. 설정마다 별개의 미디어 자산이 되었고, 따라서 TSR은 각 설정마다 따로 컴퓨터용 라이선스 계약을 체결했다. SSI가 〈다크 선〉 설정과 전반적인 AD&D 게임의 권리를 가져간 반면, 인터플레이는 인기 있는 〈포가튼 렐름〉과 최신 설정 중 하나인 젭 쿡의 별세계적인 〈플레인스케이프〉 라이선스를 획득해 각색했다. 첫 단계로 인터플레이는 3차원 공중전 위주로 디자인된 〈디센트Descent〉 게임 엔진의 용도를 변경해 포가튼 렐름의 초대형 던전인 〈언더마운틴〉 속에서의 던전 탐색을 기본으로 한 액션 게임을 만들고 〈디센트 투 언더마운틴Descent to Undermountain〉이라는 절묘한 이름을 붙였지만 게임에 대한 반응은 좋지 않았다.

1996년 말과 1997년 초에 출시된 블리자드의 〈디아블로Diablo〉와 스퀘어소프트의 〈파이널 판타지 7Final Fantasy VII〉의 대성공으로 컴퓨터 RPG 시장은 뜨겁게 끓어올랐다. 인터플레이도 그해 첫 번째 〈폴아웃Fallout〉 게임을 출시하면서 시장을 흔들어놓았다. 당시는 바이오웨어 외부 개발팀이 새로운 〈포가튼 렐름〉 게임을 만드는 중이었는데, 〈폴아웃〉으로부터 그 유명한 인피니티 엔진을 빌려 온 첫 사례가 되었다. 또한 디아블로의 2차원을 대각선 위에서 내려다보는 시야(아이소모픽 또는 아이소메트릭 시점이라고 불린다)와 캐릭터 파티가 마우스 클릭으로 돌아다니면서 지역 지도를 점차 드러내는 방식도 빌려왔다.

바이오웨어는 이 〈포가튼 렐름〉 모험이 〈소드 코스트〉에서 일어나는 것으로 설정했으며, 그중에서도 주요 장소인 〈발더스 게이트〉라는 지명에서 게임 제목을 따왔다. 그들은 모험이 벌어지는 장소를 표현하기 위해 약 1만 장의 지도를 제작했으며 〈폴아웃〉을 연상시키는 실감 나는 대화 트리를 만들어 약간의 롤플레잉을 할 수 있게 했다. 〈발더스 게이트〉의 상자에 〈포가튼 렐름〉의 로고가 자랑스럽게 실렸지만 회색 바탕에 검은색 AD&D 로고를 보려면 실눈을 뜨고 상자 하단의 작은 글씨를 읽어야 했다. 〈발더스 게이트〉의 개발 주기는 운 나쁘게도 TSR이 위저즈 오브 더 코스트에 매각되는 일을 겪는 등 D&D 브랜드가 가장 저점에 있을 때였지만, 〈발더스 게이트〉는 200만 부 이상이 판매되며 즉각적으로 큰 화제가 되었다.

〈발더스 게이트〉와 후속 게임들은 TSR의 암흑기에 D&D 중 가장 인기 있고 눈에 띄는 제품이었다. 인터플레이는 블랙 아일 스튜디오 그룹의 도움을 받아 다른 라이선스 캠페인 설정에도 인피니티 엔진을 적용해 〈플레인스케이프: 토먼트Planescape: Torment〉를 내놓았다. '이름 없는 자The Nameless One'가 죽음에서 깨어나 가능성 있는 여러 과거를 따라가며 정체성의 본질을 고민하는 색다른 서사는 일반적인 장르의 고정관념을 뒤집어 비평가들의 뜨거운 찬사를 받았다. 블랙 아일이 증강한 인피니티 엔진은 바이오웨어의 〈발더스 게이트 2: 앰의 그림자〉의 깊이와 유연성에 기여했고, 인터플레이는 이 작품만 200만 부 이상을 판매했다. 〈발더스 게이트 2〉와 〈플레인스케이프: 토먼트〉는 역대 톱 10 RPG 리스트에 단골로 등장했다.

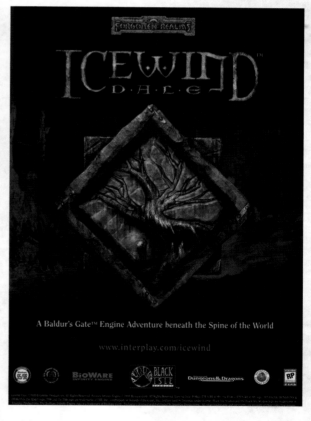

맨 위 블랙 아일 스튜디오가 개발한 1999년
〈플레인스케이프: 토먼트〉의 메뉴 화면

위 〈발더스 게이트 2〉와 〈아이스윈드 데일Icewind
Dale〉을 위한 2000년 인터플레이 광고들

맞은편 왼쪽 1998년 대성공을 거둔 비디오 게임
〈발더스 게이트〉의 상자 표지

맞은편 오른쪽 엔진의 아이소모픽 시점과 대화 선택을
보여주는 〈발더스 게이트〉 스크린샷

Simplify.

Custom classes. NPC generator. Eleven handbooks. Nine rulebooks. Player's Option™ support.

Advanced Dungeons & Dragons
Core Rules 2.0 Expansion

Less work. More play.

www.wizards.com
Questions? (800) 324-6496

Available Now
Requires the original
Core Rules 2.0 CD-ROM

맨 위 왼쪽 고전 모듈을 재인쇄하고 리메이크해 넣은 〈25주년 복고풍 박스 세트〉는 게임의 역사를 축하할 뿐 아니라 AD&D 1판 플레이어들을 다시 부르는 초대장이기도 했다.

맨 위 오른쪽 〈하얀 깃털 산으로의 귀환〉의 1999년 광고

위 D&D 프랜차이즈의 새 주인 위저즈 오브 더 코스트의 다소 상반된 메시지. CD-ROM이 최신 트렌드이긴 했지만, D&D는 책에서 수익이 났다.

맞은편 〈하얀 깃털 산으로의 귀환〉 모듈 표지

D&D's Greatest Hits

keraptis called.
HE LEFT THIS MESSAGE:
BEST OF LUCK on your voyage . . .
to the AFTERWORLD!

The **Dungeons & Dragons**® adventure game engendered a new chapter in gaming.

Twenty-five years later, TSR is celebrating its Silver Anniversary with the re-release of the finest roleplaying products ever produced.

It's all coming back to you.

Return to WHITE PLUME MOUNTAIN.

The feather of ash and smoke sifts again from White Plume Mountain. You must reassemble your party and vanquish each newly risen false Keraptis and reclaim the mighty weapons: Whelm, Wave, Frostrazor, and Blackrazor.

A renegade ranger and his companions must infiltrate the volcanic stronghold of the vile wizard Keraptis to recover powerful magical weapons. Join this brave party in the riveting novel based on "White Plume Mountain."

Advanced Dungeons & Dragons®
TIME TO PLAY.

Questions? Call (800) 324-6496, or visit our website at ‹www.tsr.com›.

1990년대 말이 다가오자, 분위기가 안정되면서 D&D 제품이 다시 열정적으로 출시되기 시작했다. 그러나 위저즈는 D&D 브랜드가 얼마나 대단한지 팬들에게 보여줄 기회를 찾고 있었다. 이 기회는 1999년 D&D의 탄생 25주년이라는 형태로 다가왔다. 25주년 기념 복고풍 상자 세트를 정성 들여 만들어 10개 도시 투어를 기획했다. 이는 D&D를 축하하는 것 못지않게 위저즈 경영진이 TSR호의 키를 잡게 된 것을 얼마나 진심으로 기뻐하는지를 보여주는 좋은 취지의 여행이었다. 25주년 기념 복고풍 상자 세트는 위저즈의 CEO 피터 애드키슨의 서문으로 시작했다. 여러 해 동안 직접 플레이하던 게임의 키를 잡게 되어 기쁘고 행운으로 생각한다고 말하며, D&D 인수 거래를 마무리한 순간이 "내 인생 최고의 날 중 하루였다"고 덧붙였다. 이 박스 세트에는 B2(변두리 땅의 요새) 등 다양한 고전 모듈을 오리지널 인쇄 그대로 재제작한 것과 함께 1977년 《기본 세트》룰 북 복제품이 들어 있었다. 위저즈는 이런 모듈 설정을 재인쇄했을 뿐 아니라 재발굴하기도 했다. 25주년을 기념하는 활동의 일환으로 이 기념 세트에는 재인쇄된 1979년 고전 모듈들과 함께 〈하얀 깃털 산으로의 귀환Return to White Plume Mountain〉이라는 새로 만든 모듈도 들어갔다. 같은 해, 위저즈는 〈드래곤 매거진 아카이브 Dragon Magazine Archive〉를 출시하며 또 한 번 과거에 대한 애정을 과시했다. 250호가 넘는 〈드래곤〉지 전부를 스캔한 디지털 아카이브를 처음으로 제공한 것이다. 위저즈는 브랜드가 미래로 나가기에 앞서 과거의 자산을 꼼꼼히 조사해야 한다고 느낀 것이 분명했다.

아래 2000년 AD&D 모험 모듈
《제발 죽어라, 베크나(Die Vecna Die!)》의
폴 보너가 그린 표지 그림

맞은편 1999년 《던전 앤 드래곤 모험
게임》의 롭 라펭이 그린 표지 그림

"이 주문으로 캐릭터는 죽은 크리처를 다른 몸에 소환한다. 단, 주문을 시전할 때가 죽은 지 일주일이 지나지 않은 시점이어야 하며, 대상의 영혼은 자유롭고 환생할 의지가 있어야 한다."

6

환생
(REINCARNATION)

3판

맞은편 토드가 그린 3판 모험 모듈 《분노의 도가니Forge of Fury》 표지는 이 게임의 최신 상징 캐릭터인 위저드 미알리Mialee, 파이터 레그다Regdar, 파이터 토르덱Tordek, 로그 리다Lidda를 묘사했다. 이들은 아직 드래곤에 대항하기에 좀 부족해 보인다.

아래 헨리 히긴보텀이 그린 표지가 수록된 D&D 3판 코어북들

위저즈가 D&D 개발 업무를 위스콘신주 레이크 제네바에서 워싱턴주 시애틀 근처 본사로 이전했을 때는 AD&D 2판이 시장에 출시된 지 거의 10년이 된 시기였다. 1판이 시장에서 2판으로 교체되었던 기간만큼의 시간이 흐른 것이다. TSR은 1990년대에 3판 개정판을 만들길 원했지만, 재정 문제로 실현하지 못했다. 이제 의욕 넘치는 새로운 주인의 등장으로 마침내 개정판을 만들 수 있게 되었다. 2000년, 위저즈는 엄선된 베테랑 디자인팀이 몇 년에 걸쳐 집중 개발한 D&D 3판을 출시했다. 피터 애드키슨은 위저즈의 직원 조나단 트위트를 프로젝트 책임자로 임명했다. 트위트가 D&D 프로젝트에 참여했을 때는 이미 10여 년 전에 내놓은 《아르스 마기카Ars Magica》를 비롯해 오랫동안 혁신적인 디자인을 한 경력을 가지고 있었다.

핵심 디자인팀은 트위트와 TSR 출신 직원 몬티 쿡과 랄프 윌리엄스로 구성된 3인 체제가 되었다. 쿡은 1990년대에 TSR에 합류해 〈플레인스케이프〉와 같이 참신한 TSR 게임을 작업했고, 윌리엄스는 1970년대부터 회사와 함께해오며 〈드래곤〉지의 '현자의 조언Sage Advice' 칼럼에 내놓을 지혜를 뒤에서 준비하던 인물이었다. 이 세 명의 디자이너들은 D&D 개발 시대를 함께해왔으며 프로젝트에 옛것과 새것을 함께 제시했다. 완전히 새로워진 3판 핵심 룰 북은 전통에 따라 《플레이어 핸드북》, 《던전 마스터 가이드》, 《몬스터 매뉴얼》 3부작으로 출시되었다.

위저즈의 기념비적인 새로운 D&D 버전은 이름부터 시작해 바뀐 게 많았다. 출시하는 주력 제품에 '어드밴스드'라는 명칭을 빼면서 수십 년간 '성 삼위일체'로 불리던 별칭을 버렸다. 애드키슨은 가이객스와 아네슨에게 연락해 그들의 기분을 거스르지 않으면서 위저즈가 '던전 앤 드래곤'이라는 이름을 사용하는 데 필요한 모든 남은 권리를 확보했다. 이 정리 작업으로 D&D는 시장에서 통합된 단일 게임으로 산뜻하게 출발할 수 있게 되었다.

시스템 관점에서 위저즈의 디자인팀은 TSR이 차마 시도하지 못한 것들에 도전했다. 쿡은 오랜 전통을 깨고 갑옷 등급(AC) 시스템을 게임의 다른 숫자 계열과 어울리게 높을수록 유리한 쪽으로 바꾸기를 원했지만, TSR 2판 디자인팀은 이런 개혁이 너무 급진적이지 않을까 걱정했다. 이제 3판의 AC는 낮은 쪽에서 높은 쪽으로 숫자가 올라갈수록 좋아졌고, 이는 사실상 거의 모든 부가 요소도 마찬가지였다. 행동 판정에는 새로운 d20 시스템을 채용했는데, 이 시스템에서는 어느 이벤트든 20면체 하나를 던져 해결했다. 트위트의 멀티 클래스 디자인에서는 레벨이 올라갈 때마다 플레이어들이 어떤 클래스의 레벨을 높일지 결정할 수 있었다. 핵심 클래스 메카닉을 유지해야 한다는 필요성과 플레이어가 원하는 방향으로 캐릭터를 성장시킬 수 있어야 한다는 유연성 사이에서 놀랍도록 설득력 있는 절충안을 찾은 것이다. 완고한 2판 플레이어들이 새로운 시스템에 쉽게 적응하도록 위저즈는 윌리엄스가 작성한 《컨버전 매뉴얼Conversion Manual》 팸플릿을 무료로 배포해 경험 있는 플레이어들에게 전환의 핵심적인 내용을 제공했다. 한편으로는 《종말석Apocalypse Stone》 모험 모듈과 같은 제품을 내놓아 '기존 캠페인 세계를 깨끗하게 정리하고 3판을 향한 길을 닦는' 방향을 제시했다.

REMOVE UNWANTED SPOTS

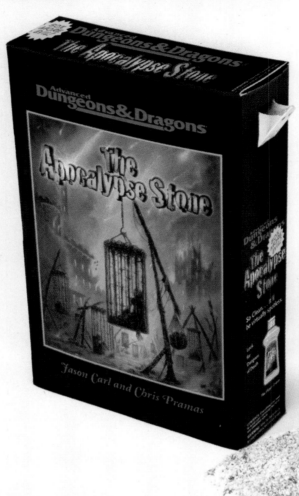

Stuck looking at the same mucky swamp, ruin, or back-alley?
Well say no more! The *Apocalypse Stone* adventure is
designed specifically to scour your campaign world and pave
the way for Third Edition.
It's time to level the playing field. Literally.

Advanced Dungeons & Dragons®

TIME TO PLAY.

Available Now!

**Look for these other great
Apocalypse adventures:**
Dungeon of Death
Die, Vecna, Die!

Questions?
www.wizards.com
(800) 324-6496

All trademarks are property of Wizards of the Coast, Inc. ©2000 Wizards.

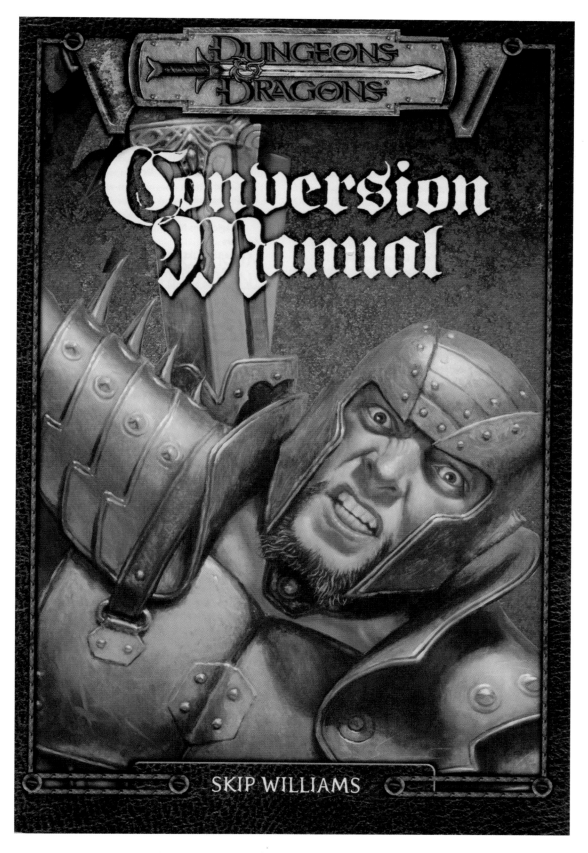

《종말석》 모듈(맞은편)과 무료 《컨버전 매뉴얼》(위)은
이전의 D&D 캠페인에서 새로운 3판으로의
전환을 돕는 상품이었다.

오른쪽 미리 발표된 3판 로고 콘셉트와 3판
전체를 장식한 최종 트레이드 드레스

2000년이 되자 더 이상 테이블 게임 고객층에서 컴퓨터 사용자들을 무시할 수 없게 되었다. 위저즈 오브 더 코스트는 TSR보다 훨씬 더 컴퓨터를 잘 알았고, 《플레이어 핸드북》 뒤표지에 캐릭터 생성을 위한 소프트웨어 도구 세트의 데모 버전 CD를 무료로 동봉했다. 프로그램에 버그가 좀 있긴 했지만, 위저즈가 앞으로 점차 종이와 연필보다는 디지털 도구를 더 선호하는 게이머 세대들에게 제품을 맞추겠다는 의지를 표현한 것이다.

왼쪽 위 현재의 위저즈 오브 더 코스트 창립주 피터 애드키슨(왼쪽)과 3판 책임 디자이너 조나단 트위트 (오른쪽)

왼쪽 위저즈 오브 더 코스트 본사

맞은편 전설적인 d20 시스템의 기원인 D&D 3판이 출시될 거라고 발표하는 2000년 광고. 3판은 말 그대로 게임계의 상식에 도전했다.

아래 3판을 출시한 2000년 무렵부터 위저즈 오브 더 코스트는 캐릭터 생성기 같은 디지털 도구에 힘을 쏟기 시작했다.

> "〈던전 앤 드래곤〉 3판으로
> 가야 한다는 결정을 내리는 데
> 30초밖에 안 걸렸다."
>
> —피터 애드키슨

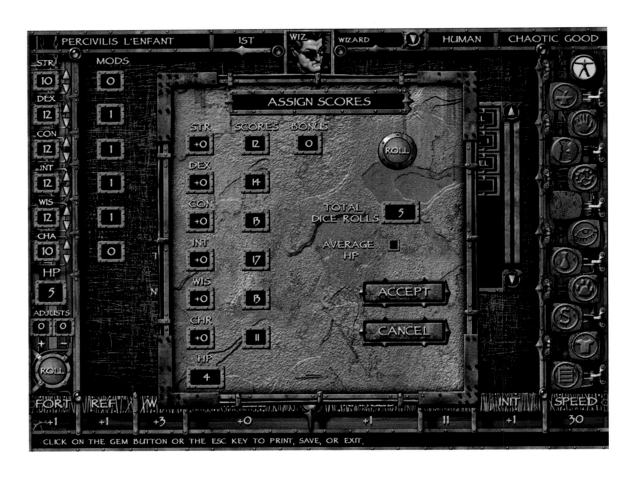

CHALLENGE YOUR PERCEPTIONS

DUNGEONS & DRAGONS®

8.10.00

www.wizards.com/dnd

All trademarks are property of Wizards of the Coast, Inc. ©2000 Wizards

세계관 속 디자인

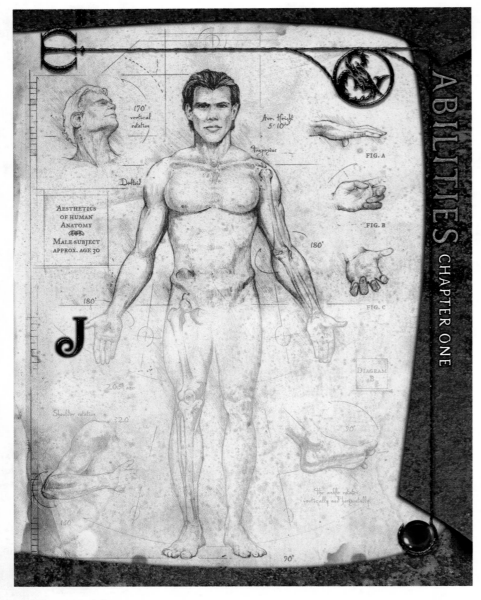

코어북의 양피지처럼 인쇄된 속지(위)와 헨리
히긴보텀(맞은편)의 책 전체를 둘러싸는 표지는 세계관
속 서책의 모습을 보여주며 과거의 D&D의 특색인
극적인 모험 장면과 대비되었다.

> "지금까지 D&D 아트는
> 훌륭하긴 하지만,
> D&D 캐릭터의 모습을
> 제대로 반영하지 않았다.
> D&D 아트는 지나치게
> '깔끔'했다."
>
> —피터 애드키슨

D&D 전통에서 크게 벗어난 헨리 히긴보텀Henry Higginbotham의 3판 코어북의 표지에는 제프 이슬리, 데이브 서덜랜드, 데이브 트램피어의 전통적인 판타지 아트 같은 면이 없었다. 어쩌면 이것이 위저즈 오브 더 코스트 나름의 브랜드 차별화일 것이다. 어쨌든 그들이 이 큰 제국을 건설하는 데 가장 큰 힘이 되었던 컬렉터블 카드 게임 〈매직: 더 개더링〉도 극적인 판타지 아트 장면을 제공하는 데 크게 의존했기 때문이다. 진실은 알 수 없지만 최고의 판타지 아티스트들을 자랑하는 회사가 내린 의도적인 결정임에는 틀림없었다.

이런 룰 북의 겉모습은 기존 관습을 깨고 세계관 속의 가죽으로 장정한 책 같은 모습이었으며, 책의 내부 아트는 새롭게 개정된 게임 플레이에 영감을 받은 세피아 이미지의 향연이었다. 이전 판들처럼 이 새로운 버전은 완전히 새로운 비주얼 정체성을 자랑했다. D&D의 과거 비주얼을 책임지던 거성 아티스트들은 브랜드를 새롭게 해석한 신진 아티스트에게 자리를 내주었다.

THE KEY TO ENDLESS ADVENTURE!
by Jonathan Tweet, Monte Cook, and Skip Williams

Here is the indispensable manual of fantasy roleplaying. The *Player's Handbook* includes everything you need to create and play your ideal DUNGEONS & DRAGONS® character.

Pick up this book and join the millions of other players who have made the D&D® game the world's most popular fantasy roleplaying game!

DUNGEONS & DRAGONS

PLAYER'S HANDBOOK

CORE RULEBOOK I

PLAYER'S HANDBOOK

ISBN 0-7869-1550-1
52995
9 780786 915507
U.S. $29.95 CAN $41.95
Printed in U.S.A. TSR11550
Visit our website at www.wizards.com/dnd
EAN

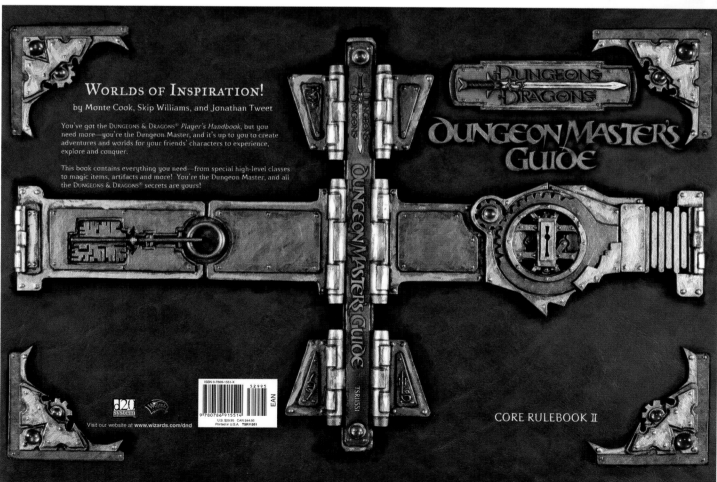

WORLDS OF INSPIRATION!
by Monte Cook, Skip Williams, and Jonathan Tweet

You've got the DUNGEONS & DRAGONS® *Player's Handbook*, but you need more—you're the Dungeon Master, and it's up to you to create adventures and worlds for your friends' characters to experience, explore and conquer.

This book contains everything you need—from special high-level classes to magic items, artifacts and more! You're the Dungeon Master, and all the DUNGEONS & DRAGONS® secrets are yours!

DUNGEONS & DRAGONS

DUNGEON MASTER'S GUIDE

CORE RULEBOOK II

DUNGEON MASTER'S GUIDE

ISBN 0-7869-1551-X
52995
9 780786 915514
U.S. $29.95 CAN $44.95
Printed in U.S.A. TSR11551
Visit our website at www.wizards.com/dnd
EAN

위 샘 우드(왼쪽), 토드 록우드(중앙), 존 신데헤트 (오른쪽). 돈 머린(사진 속에 없음)은 3판의 급진적으로 새로운 모습을 담당한 핵심 팀이었다.

오른쪽 세계관 속 관점에서 실제 살아가는 듯한 캐릭터를 보여주는 토드 록우드의 3판 콘셉트 그림(위) 및 데이비드 마틴(아래 왼쪽)과 록우드(아래 중앙, 오른쪽)의 《플레이어 핸드북》에 수록된 완성작

"모든 면에서 우리는
역사적인 중세시대와
새롭고 본 적이 없는 것 사이의
중간 지점을 찾고자 했다."

–던전 앤 드래곤 3판 아티스트, 토드 록우드

EVERY GOOD ADVENTURER NEEDS THE RIGHT EQUIPMENT

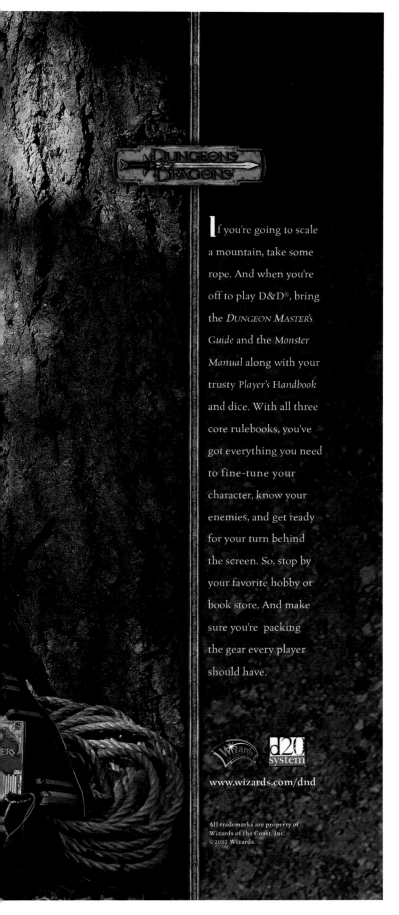

If you're going to scale a mountain, take some rope. And when you're off to play D&D®, bring the DUNGEON MASTER'S Guide and the Monster Manual along with your trusty Player's Handbook and dice. With all three core rulebooks, you've got everything you need to fine-tune your character, know your enemies, and get ready for your turn behind the screen. So, stop by your favorite hobby or book store. And make sure you're packing the gear every player should have.

www.wizards.com/dnd

All trademarks are property of Wizards of the Coast, Inc. ©2002 Wizards.

라이브 액션 롤플레잉 게이머들을 보드게임으로 부르는 3판 온라인 스타일의 2002년 광고

야성적 마법의 보유자이며 후속판에서 주요 클래스로 나오는 소서러가 처음 모습을 드러낸 것은 3판 《플레이어 핸드북》의 페이지를 장식한 샘 우드의 이 그림을 통해서였다.

급진적인 3판에서는 (시프 클래스를 업데이트한) 로그와 (좀 더 직관적인 마법시전자 선택지인) 완전히 새로운 소서러를 비롯한 새로운 캐릭터 클래스와 옵션의 도입을 알렸다. 주문서에 의존해야 한다는 부담감에서 해방된 소서러는 선천적으로 마법의 힘을 발휘할 수 있었고, 위저드보다 사용할 수 있는 주문 종류는 훨씬 적지만 전투 유연성이 늘어나 플레이어들이 더 공격적인 마법 시전자로 키울 수 있었다.

D&D 3판의 비주얼 정체성에서 한 가지 가장 놀라운 면은 이제는 상징이 된 이름 있고 구체적인 캐릭터들을 룰 북 전반에 걸쳐 등장시킨다는 점이다. 룰 북에 나오는 소서러는 그냥 소서러가 아니라, 헤넷Hennet이라는 이름이 있다. 시프 리다Lidda는 주변을 몰래 염탐하면서 덫을 해제하거나 기습을 펼쳤다. 몽크 엠버는 쪽진 머리에 육척봉을 휘둘렀다. 아티스트 토드 록우드와 샘 우드Sam Wood가 구체화한 이런 상징적인 캐릭터들은 D&D 3판의 모습을 다시 디자인할 때 중요한 부분을 차지했다. 이런 모든 캐릭터가 D&D 3판의 던전 마스터 스크린을 장식했을뿐더러, 룰 북에도 계속해서 나타나 클래스 파워를 사용하는 법을 설명하고 모험가가 해야 할 행동 등을 이해시켜주었다. 얼마 안 가 위저즈는 새 D&D 소설 시리즈에서 이들을 주인공으로 등장시켰고, 3D로 렌더링해 최초의 D&D 3판 브랜드 미니어처로 만들었다.

EVILUTION

오크

오리지널 초판본 에디션(1974)

1판(1977)

2판(1989)

3판(2000)

"오크들은 잔인하고 살아 있는 것들을
전반적으로 싫어한다. (중략) 오크의 역겨운
외모 중에서도 특히 눈에 띄는 것은 색깔이다.
푸르스름한 갈색 또는 녹갈색 피부와
대조적으로 코와 귀는 분홍빛이다. 뻣뻣한
머리카락은 어두운 갈색이나 검은색이며, 부분
부분 더 짙은 얼룩이 있는 경우도 있다. 오크는
갑옷마저도 매력이 없다.
지저분하고 녹슬어 있을 때가 많다."

–《몬스터 매뉴얼》, 1977

5판(2014)

4판(2008)

다양한 이름의 캐릭터들이 등장하는 제프 이슬리의 3판
《던전 마스터 스크린》(다음 장에 계속)은 각 클래스의 새로운
미학을 보여주었다.

CHARACTER RACE TABLE II.: CLASS LEVEL LIMITATIONS

Character Class	Racial Stock of Character						
	Dwarven	Elven	Gnome	Half-Elven	Halfling	Half-Orc	Human
CLERIC	(8)	(7)	(7)	5	no	4	U
Druid	no	no	no	U	(6)	no	U
FIGHTER	9[1]	7[2]	6[3]	8[4]	6[5]	10	U
Paladin	no	no	no	no	no	no	U
Ranger	no	no	no	8[4]	no	no	U
MAGIC-USER	no	11[6]	no	8[7]	no	no	U
Illusionist	no	no	7[8]	no	no	no	U
THIEF	U	U	U	U	U	8[9]	U
Assassin	9	10	8	11	no	U	U
MONK	no	no	no	no	no	no	U

[1]*Dwarven fighters with less than 17 strength are limited to 7th level; those with 17 strength are limited to 8th level.*

[2]*Elven fighters with less than 17 strength are limited to 5th level; those with 17 strength are limited to 6th level.*

[3]*Gnome fighters of less than 18 strength are limited to 5th level.*

[4]*Half-elven fighters of less than 17 strength are limited to 6th level; those of 17 strength are limited to 7th level.*

[5]*Halfling fighters of Hairfeet sub-race, as well as all other types of sub-races with strength of under 17, are limited to 4th level. Tallfellows of 17 strength and Stouts of 18 strength can work up to 5th level. Tallfellows that somehow obtain 18 strength can work up to 6th level.*

[6]*Elven magic-users with intelligence of less than 17 are limited to 9th level; those with intelligence of 17 are limited to 10th level.*

[7]*Half-elven magic-users with intelligence of less than 17 are limited to 6th level; those with intelligence of 17 are limited to 7th level.*

[8]*Gnome illusionists with intelligence or dexterity under 17 are limited to 5th level; those with both intelligence and dexterity of 17 are limited to 6th level.*

[9]*Half-Orc thieves with dexterity of less than 17 are limited to 6th level; those with dexterity of 17 are limited to 7th level.*

Notes Regarding Character Race Table II:

Numbers in Parentheses ( ) indicate that this class exists only as non-player characters in the race in question.

Numbers — not in parenthesis — indicate the maximum level attainable by a character of the race in question.

U appearing in a race column indicates that a character of the race in question has no limitation as to how high the character can go with regard to level in the appropriate class.

Penalties and Bonuses for Race:

Certain racial stocks excel in certain ability areas and have shortcomings in others. These penalties and bonuses are applied to the initial ability scores generated by a player for his or her character as soon as the racial stock of the character is selected, and the modified ability scores then are considered as if they were the actual ability scores generated for all game purposes. These penalties and bonuses are shown below:

Race	Penalty or Bonus
Dwarf	Constitution +1; Charisma -1
Elf	Dexterity +1; Constitution -1
Half-Orc	Strength +1; Constitution +1; Charisma -2
Halfling	Strength -1; Dexterity +1

There are certain other disadvantages and advantages to characters of various races; these are described in the paragraphs pertaining to each race which follow.

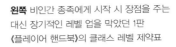

왼쪽 비인간 종족에게 시작 시 장점을 주는 대신 장기적인 레벨 업을 막았던 1판 《플레이어 핸드북》의 클래스 레벨 제약표

아래 1978년 《플레이어 핸드북》에서 종족을 묘사한 데이브 서덜랜드의 오리지널 그림

맞은편 2000년 3판에서 달라진 종족 묘사. 이제는 각 종족의 남성과 여성을 모두 묘사했다.

다음 장 〈드래곤〉지 275호에서 마크 저그가 묘사한 하프 오크 팔라딘은 위저즈 오브 더 코스트의 지휘 아래 게임의 표현이 얼마나 확장되는지를 획기적으로 보여줬다.

'상급 클래스prestige classes'가 들어간 것도 3판의 특징인데, 이는 고레벨 플레이어가 게임 속 특정 목표를 완수한 뒤에야 전직할 수 있는 서브 클래스를 일컫는 말이다. 후속 제품에서는 최고 레벨인 20레벨보다 더 높이 성장하기를 바라는 캐릭터들을 위해 '에픽 레벨'까지 추가했다. 비무기 숙련 대신 들어간 '기술skills'과 '재주feats'는 캐릭터가 수행할 수 있는 비범한 능력을 깔끔하게 정의했고, 덕분에 플레이어는 더욱 심화된 커스터마이징이 가능해졌다. 그러나 가장 중요한 점은 3판은 기존 버전에 있던 종족별 클래스 제약을 없애서 완전히 새로운 겸직 캐릭터를 만들 수 있었는데, 이는 TSR 시대에는 생각조차 할 수 없던 개념이었다. 이렇게 많은 부분에서 수정되다 보니 자연스럽게 전체 제품의 이미지가 새롭게 바뀌었다.

3판의 출시는 여러 가지 이유에서 중요하기도 했지만, 그중에서도 새로운 규칙 시스템이 가장 중요했다. 이전 D&D 판들은 3판처럼 원래 규칙을 크게 벗어난 적이 없었다. 1970년대 개리 가이객스는 규칙을 다듬고 고민하는 데 여러 해를 보냈고, 항상 게임의 균형감을 잃지 않으려 노력했다. 때로는 초자연적인 종족Supernatural races에게 부당한 장점이 있을 수 있다고 여겨지면 과잉 보정을 했다. 예를 들어 AD&D에서 드워프 파이터는 9레벨을 넘을 수 없었고, 하프오크 팔라딘과 같이 특정 클래스 조합은 허용되지 않았다. 이렇게 원래 게임은 플레이어들이 비인간 캐릭터들이 가진 단기적 보너스의 매력에도 불구하고 무미건조한 인간 종족을 선호하게 만들었다. 3판은 클래스와 종족 제한을 없앰으로써 흥미진진한 조합이 가능한 분위기를 만들었지만, 이는 사회에 던지는 강력한 메시지이기도 했다. D&D는 모든 사람을 위한 게임이고 여러분은 원하는 건 뭐든지 될 수 있다는 것이었다. 이 책에 등장한 상징적 캐릭터들 자체가 다양성에 대한 확고한 외침이었다. 한편 새로 생긴 기술과 재주는 이후 많은 컴퓨터 게임에서 채용한 '스킬 트리talent tree' 시스템의 기반 메카닉이 됐다.

Human

Half-orc

Elf

Dwarf

Half-elf

> "세계에서 가장 성공한 RPG 기업 대표와 브랜드 매니저가 애당초 D&D를 성공시킨 규칙 세트를 왜 그냥 포기했는지 이해할 수 없었다."
>
> —TSR/위저즈 오브 더 코스트 게임 디자이너, 에드 스타크

위저즈 오브 더 코스트가 위험을 감수한 것은 게임 속 디자인만이 아니었다. 더 광대한 RPG 커뮤니티를 D&D 샌드박스로 다시 유치하기 위해 위저즈 브랜드팀, 특히 브랜드 총괄 라이언 댄시Ryan Dancey는 오픈 게임 라이선스(OGL)라는 법적 제도하에서 3판을 발간했다. 소프트웨어 업계의 비슷한 개념인 오픈 소스 라이선스를 모델로 삼은 것이었다. 이는 사실상 서드파티 기업과 개인 디자이너가 D&D 3판 규칙을 기반으로 한 범용 d20 시스템 브랜드 제품을 로열티 없이 제작할 수 있는 기회를 만든 셈이라 업계에 큰 변화를 일으켰다. 독립적인 제작자가 새로운 상품을 만들 수 있는 수문이 열렸고, D&D 시스템을 경쟁 우위로 생각하던 TSR 직원들은 깜짝 놀랐다. 이제 시장을 캠페인 설정으로 꽉 채우는 대신 위저즈는 다른 기업들이 시장이 감당할 수 있는 최대량의 캠페인과 모듈을 사상 최저 이윤으로 출간할 수 있게 했다. 뒤이어 골드러시가 일어났다. 예를 들어 어느 모로 보나 베테랑 출판사인 화이트 울프는 소드 앤 소서리 스튜디오라는 출판 자회사를 만들어 자체 d20 자료집을 출판했으며, 게임숍에서 위저즈의 공식 제품과 나란히 놓여 판매되었다. 심지어 디지털 게임 회사 블리자드 엔터테인먼트도 OGL을 사용해 자사의 고전이 된 컴퓨터 전쟁 게임 프랜차이즈 〈워크래프트Warcraft〉의 TRPG 버전을 만들었다.

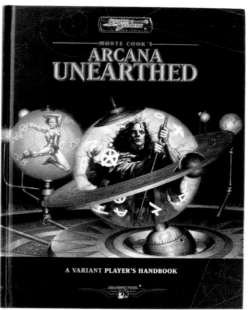

기업이 보유한 자산으로 인해 위저즈 오브 더 코스트는 매력적인 인수 대상으로 떠올랐다. 〈매직 더 개더링〉, 〈던전 앤 드래곤〉, 기록적인 성공을 거둔 〈포켓몬〉 카드 게임 프랜차이즈를 자랑하는 위저즈는 놀랄 만한 가치가 있었고, 실제로 그런 값이 매겨졌다. 해즈브로가 1999년 9월 3억 2,500만 달러에 위저즈를 인수한 것이다. 이제 처음으로 D&D는 글로벌 모기업이 생겼다. TSR의 원래 경영진은 10여 년 동안 D&D를 성공적으로 이끌었지만 외부 투자자의 도움을 얻어야 했고, 그 투자자들도 또 10여 년 동안 기업을 운영하다가 위저즈의 개입을 받아야 했다. D&D는 이제 이런 성가신 패턴이 반복될 것이라고 두려워할 필요가 없었다.

오른쪽 모든 제품에 들어간 d20 로고는 소비자들에게 D&D 3판과 호환이 된다는 안도감을 주었다.

맨 오른쪽 다른 게임 제작사가 만든 인기 있는 오픈 게임 라이선스 상품 트리오. 켄저 앤 컴퍼니의 《칼라마르의 왕국들Kingdoms of Kalamar》, 소드 앤 소서리 스튜디오의 《아르카나 언어스드Arcana Unearthed》, 위저즈 오브 더 코스트, 소드 앤 소서리, 블리자드 엔터테인먼트가 공동 제작한 《워크래프트》. 셋 중 마지막으로 나온 이 책은 〈월드 오브 워크래프트〉 출시 1년 전에 등장했다.

맞은편 켄저 앤 컴퍼니 같은 퍼블리셔들은 자사의 새 OGL 제품 라인을 지원하기 위한 만화책 등 라이선스를 받은 부가 상품들도 개발했다.

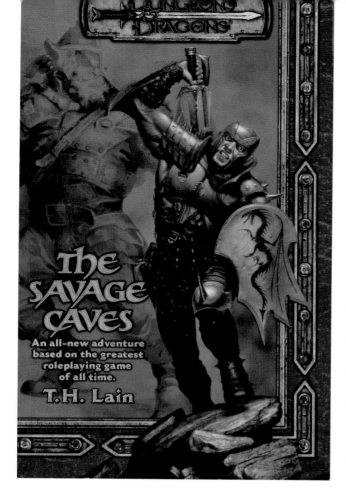

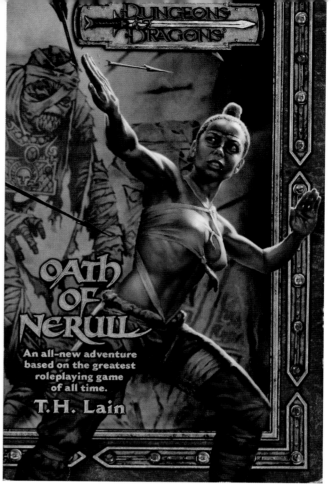

이 펼침면 전체 D&D의 새로운 영웅들은 룰 북 안에만 있지 않았다. 이들은 온갖 확장판, 부속 상품, 소설, 게임 부수 상품에도 자주 등장했다.

이제 D&D가 해즈브로 계열사(위저즈 오브 더 코스트의 모기업)에 속하자, D&D 브랜드와 상징적인 캐릭터들은 파커 브라더스 과거 상품 카탈로그에 등재될 수 있게 되었다. 클래식 살인 추리물 보드게임 〈클루Clue〉의 2001년 버전에서는 상징적인 캐릭터들이 등장하며 규칙이 마법같이 변모했다. '레그다'가 '드래곤의 소굴'에서 '권능의 지팡이'로 그랬을까? 유럽의 게이머들이 〈던전 앤 드래곤 판타지 어드벤처 보드게임〉에서도 이 캐릭터들을 플레이할 수 있었는데, 이 게임은 D&D와 어린이 보드게임 시장의 간격을 줄이기 위한 또 다른 시도였다. 그리고 당연히 예전 전략 그대로 D&D 3판을 토대로 한 소설들에서는 이 상징적인 캐릭터들을 주인공으로 세웠다.

3판의 드래곤들

3판에서 토드 록우드와 샘 우드가 만든 인상적인 색채 드래곤과 금속 드래곤을 통해 위저즈 디자이너들은 이 몬스터의 '완벽한' 이미지란 어떤 모습인지를 보여줬다. 록우드에 따르면, 그와 우드는 디자인 단계에서 두 가지 목표가 있었다고 했다. "첫째, 드래곤을 해부학적으로 말이 되게 하자. 특히 날개 근육 쪽을 신경 쓰자. 둘째, 1판《몬스터 매뉴얼》을 만든 데이브 서덜랜드의 오리지널 디자인을 존중하자."

　　록우드는 덧붙여서 말했다. "디자인을 하면서 우리는 날개가 똑같은 드래곤은 없다고 생각했다. 드래곤의 색깔과 얼굴의 특징은 분명히 구분이 되며, 따라서 드래곤의 날개도 특징 있게 만들고 싶었다. (중략) 사자가 동물의 왕이 되는 이유가 있듯이, 드래곤도 그 이유를 넘치게 가지고 있다."

맞은편 〈던전〉지에 몬티 쿡이 기고한 모험 '참혹The Harrowing'에 수록된 스테판 대니얼의 기념비적인 작품인 롤스의 딸 레이브스 그림. 작품의 아트 디렉터를 맡은 크리스 퍼킨스는 이렇게 말했다. "배경을 채우는 롤스의 양식화된 얼굴과 그것이 상징하는 위험성이 좋다."

위 〈던전〉지에 수록된 브롬의 이 고딕풍 삽화는 3판에 새로 등장한 크리처인 디바우어러Devourer를 조종하는 여사제 로비아타의 여사제Priestess of Loviatar의 모습을 보여준다.

은막 뒤의 땅

"D&D 영화에서 건질 만한 게 하나도 없었다.
특수 효과마저도 특별하지 않았다."

–개리 가이객스

1999년 거대 장난감 기업 해즈브로가 위저즈 오브 더 코스트를 인수하면서 D&D에게 신나는 새 시대가 펼쳐졌고, 풍부한 예산으로 영화로 각색해 주류문화에 편입할 수 있는 기반이 생겼다. 5년 전, 코트니 솔로몬의 제작사 스위트피가 당시 어려움을 겪던 TSR로부터 불과 1만 5,000달러에 D&D 영화 독점권을 사들였다. 2000년에 개봉한 솔로몬이 감독한 영화는 D&D의 과거에서 따온 고전적인 전형과 묘사를 비교적 논란의 소지 없이(특정 판본과 엮이지 않고) 안전하게 선보였다. 영화 제작자들은 원작에 경의를 표하는 한편으로 〈헤라클레스Hercules: The Legendary Journeys〉와 〈여전사 지나Xena: Warrior Princess〉 같이 최근 판타지 분야에서 성공한 TV드라마 프랜차이즈를 의도적으로 따라 하며 저렴한 특수 효과와 감성 수준에 맞추려고 했다.

말론 웨이안Marlon Wayans부터 아카데미 수상자 제레미 아이언스Jeremy Irons에 이르기까지 다양한 스타들이 출연하고 뉴 라인 시네마가 배급해 북미에서만 2,000개가 넘는 상영관에서 상영한 이 작품은 게임과 영화의 간격을 좁히려고 노력했지만, 전 세계적으로 팬과 비평가 모두

의 외면을 받으며 조용히 사라졌다.

2000년 스팅커스 배드 무비 어워드에서 올해 최악의 영화상을 비롯해 7개 부문에 후보로 선정되었고, 예산 중 불과 3,300만 달러만 회수해 재정적으로도 실패했다. 저예산 TV 영화 후속편인 〈드래곤 신의 진노Wrath of the Dragon God〉(2005)와 〈사악한 어둠의 책The Book of Vile Darkness〉(2012)의 실적은 그보다 더 나빴고, 브랜드의 명성에 득보다 실이 많은 작품이었다. 프랜차이즈의 분위기는 점점 더 저렴해졌고, D&D 영화는 저주받았다고 생각하는 사람들이 많았다.

거의 모든 영화화가 이 게임의 정신을 담아내지 못했다. 분명히 D&D의 자유로운 형태라는 특성과 플레이어들과 던전 마스터들이 함께 이야기를 짜내는 형식은 영화라는 매체에서 구현하기 힘들 수밖에 없었다. 그러나 테이블 게임의 인기가 절정에 달했으니 마지막 순간에 부활의 주술을 걸어 영화에 새 생명을 불어넣을 수 있으리라는 희망도 여전히 있었다.

주류로의 복귀

적극적인 홍보와 3판의 빠른 성공으로 인해 D&D는 점차 주류 미디어로 다시 부상했다. 직접 만든 캠페인으로 스토리텔링 기술을 연마하면서 게임을 하며 자란 팬들은 이제는 힘과 영향력이 있는 자리에 있었다. 제작팀 중 왕년에 D&D 플레이어들이 포진해 있던 〈심슨가족The Simpsons〉과 같이 매우 대중적인 1990년대 프로그램에서 D&D는 자연스럽게 존경의 대상(종종 조롱의 대상)이 되었다. 1996년 X파일 에피소드의 한 등장인물은 부끄럼 없이 이렇게 말할 수 있었다. "내가 D&D를 하면서 용기를 배울 수 없었다면 그렇게 오랫동안 D&D를 플레이하진 않았을 거야."

다음 해, 풍자적인 신문 〈더 어니언The Onion〉에는 "빌 게이츠가 자신에게 민첩 18, 매력 20을 주다"라는 헤드라인 밑에 조잡하게 그린 "빌보 오브 더 게이츠피플"의 캐릭터 시트가 실렸다. 강력한 혼돈 악 성향 하프엘프 캐릭터였다. 1999년 컬트 클래식 〈프릭스 앤 긱스Freaks and Geeks〉에서는 시리즈 피날레에 D&D 게임이 등장했다. 제임스 프랑코James Franco가 역할을 맡은 너무 멋진 학교 '별종freak'이 괴짜geek 주인공들과 함께 D&D 게임을 하자 그들은 이런 의문을 품는다. "걔가 우리랑 다시 게임을 하고 싶다는 말은 걔가 우리처럼 괴짜가 됐다는 뜻일까, 아니면 우리가 걔처럼 쿨가이가 됐다는 뜻일까?" 이 장면은 프로그램의 크리에이터들인 D&D 플레이어이자 미래 작가 겸 감독이 되는 슈퍼스타 저드 애퍼타우Judd Apatow와 폴 피그Paul

Feig에게는 상징적인 순간으로, 그들 자체가 이 질문의 답이 후자라는 확실한 증거다. 맷 그레이닝Matt Groening이 만든 애니메이션 시리즈 〈퓨처라마 Futurama〉 중 2000년에 방영된 '관심 선집Anthology of Interest'이라는 화에서는 개리 가이객스 본인이 엘 고어Al Gore 부통령과 스티븐 호킹Stephen Hawking을 비롯한 20세기 말 중요한 문화적 중요 인사들과 함께 게스트로 출연했다. 엘 고어 부통령의 아내 티퍼 고어Tipper Gore는 검열 지지자로 1980년대 D&D의 가장 신랄한 비평가 중 한 명이었기 때문에 D&D의 대중적인 이미지가 얼마나 변했는지 보여주는 아이러니하면서 통렬한 일화가 되었다.

D&D는 또다시 유행하게 되었지만, 이번에는 과거의 신선함이 이제는 세련미로 보였다. 테이블 게임은 마침내 외부인들이 찍었던 오래된 낙인의 일부를 없앨 수 있었다.

2001년 D&D 〈체인메일〉 미니어처 게임은 게임 플레이의 근간인 중세 판타지 전쟁 게임으로 돌아가려는 향수 짙은 시도이자, 게임즈 워크숍이 거둔 〈워해머〉의 성공과 경쟁하려는 시도였다. 이 게임은 금속 미니어처에 어마어마한 돈을 쓰는 열성 팬들을 끌어모았던 것이다. 위저즈 오브 더 코스트가 관리하는 D&D는 점점 더 형식에 구애받지 않았고, 괴짜들뿐만 아니라 누구나 이름만 들어도 아는 브랜드가 되었다.

점차 D&D 컴퓨터 게임이 D&D의 브랜드 인지도를 떠받쳤고, 이제는

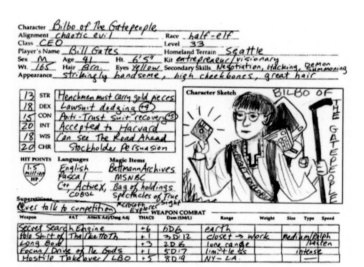

오른쪽 위 풍자 신문 〈더 어니언〉의 1997년 이미지

위 미니어처 전쟁 게임으로 돌아가려 한 〈체인메일〉의 2001년 광고

오른쪽 2000년 〈퓨처라마〉에서 묘사된 개리 가이객스

테이블 게임이 10년 동안 판매한 양보다 컴퓨터 게임이 1년 동안 판매한 양이 더 많았다. 〈풀 오브 레디언스〉 컴퓨터 게임 시리즈는 2001년 유비소프트가 제작한 속편 〈미스 드래노어의 폐허Ruins of Myth Drannor〉로 PC시장에 다시 뛰어들었다. 다음해에는 〈네버윈터 나이츠〉 컴퓨터 게임이 바이오웨어에 의해 완전히 새로 제작 출시되었다. 3판 규칙과 〈포가튼 렐름〉 설정을 기반으로 한 이 게임의 시스템에는 인터넷을 통한 멀티플레이어 모드가 있어 팬들이 전 세계 커뮤니티와 함께 소설적 요소를 경험할 수 있었으며, 통합 모듈 제작 시스템인 오로라 툴셋도 들어 있어 팬들의 제어력과 창작력이 더 커졌다. 플레이어 제작 콘텐츠로 가득한 자신만의 서버를 호스팅할 수 있을 정도였다. 널리 인터넷이 보급되면서 기술이 마침내 테이블 게임의 창의적인 플랫폼을 일부나마 따라 할 수 있게 된 것이다. 게임은 히트를 쳤고, 옵시디언 엔터테인먼트의 〈네버윈터 나이츠 2〉와 인터플레이의 다른 게임들이 재빨리 그 뒤를 이어 출시되었다. 당시 해즈브로는 아타리를 소유하고 있었기 때문에 많은 컴퓨터 게임을 발 빠르게 내놓을 수 있었다.

완전히 세대가 다른 팬들에게 디지털 게임과 다양한 콘솔에 걸쳐 있는 수많은 게임은 사라진 연필과 종이의 시대에 정체성의 뿌리를 둔 브랜드로 들어가는 유일한 관문이 되었다. 그러나 시장에 출시되는 대다수의 D&D 비디오 게임들은 이 브랜드를 존중하기보다는 참고하는 데에 가까웠다. 비디오 게임은 계속 발전했지만, 그 형식 자체가 테이블 RPG의 폭넓은 경험을 다 담기에는 여전히 버거웠다. 사실 RPG 출간이 다시 증가했음에도 디지털 게임은 이제 과거 어느 때보다 몸집이 커졌고, D&D 라이선스 작품의 비주얼이야말로 브랜드를 정의하는 중요한 '모습'이 되었다.

D&D는 어느 모로 보나 성공하고 있었고, 위저즈 오브 더 코스트가

몇 년 전에 한 D&D 인수가 훌륭한 사업적 결정이었다는 점을 보여주었다. 〈드래곤랜스〉와 〈포가튼 렐름〉을 배경으로 한 소설도 계속해서 발간되었다. 2002년 《영혼 전쟁 제3권: 사라진 달의 드래곤Dragons of a Vanished Moon: The War of Soul, Vol. Ⅲ》과 《천 명의 오크The Thousand Orcs》는 뉴욕타임스 베스트셀러 목록에까지 오르게 되었다. 책과 그 속에 등장하는 브랜드 캐릭터들은 새로운 지적재산권을 만들었고, 끝없이 부대상품이 늘어날 기회를 만들어 냈다.

그러나 격변의 시기를 겪기도 했다. 〈포켓몬 카드 게임〉은 지난 2년간 회사에 큰 수익을 창출했지만, 인기가 사라지자 해즈브로는 인원 감축을 단행했고, 위저즈 오브 더 코스트는 D&D의 초창기부터 함께하던 수많은 핵심 자산을 매각해야 했다. 2002년 위저즈는 자사 출신인 리사 스티븐스가 이끄는 스타트업 기업 파이조Paizo에 〈드래곤〉과 〈던전〉지의 출간 라이선스를 판매했다. 파이조는 막 300호를 발행할 시점에 라이선스를 인수했다. 2000년 말, 회사를 떠난 위저즈의 창립주 피터 애드키슨은 2002년 팬들이 제일 좋아하는 행사인 젠 콘을 사들이기 위해 별도의 계약을 맺었다. 그때 이미 위저즈는 2003년부터 젠 콘 행사를 위스콘신에서 인디애나주 인디애나폴리스로 이전하기로 결정했다. 당시 팬층은 의구심을 가졌지만, 가장 오래된 전통을 가진 젠 콘 행사가 더 크게 성장하면서 중심지에 가깝고 전시 공간이 넓어지면 긍정적인 효과가 있다는 사실을 입증했다. 분명히 변화가 일어나고 있었을뿐더러, 더 많은 변화를 앞두고 있었다.

맞은편 왼쪽 이제는 파이조 퍼블리싱이 라이선스 파트너로 출간하는 〈드래곤〉지의 발간 300호를 축하하는 2002년 광고

맞은편 오른쪽 팬들의 사랑을 받은 〈풀 오브 레디언스Pool of Radiance〉의 2000년 리부트 광고

오른쪽 D&D 규칙 개정 3.5판에 관한 특집기사를 실은 〈드래곤 #305〉. 웨인 레이놀드의 인기를 끈 표지

아래 바이오웨어의 1991년 MMO 〈네버윈터 나이츠〉의 2002년 리메이크 버전과 같이 초기 컴퓨터 RPG도 향수 어린 리부트의 대상이 되었다.

3판 영웅들인 헤넷, 미알리,
네빈은 번개가 두 번이 아니라
세 번 칠 수도 있다는 걸
보여주었다.

LOCKWOOD

"복제품은 어떤 크리처든
똑같은 복제 환영을 만든다."

7

복제품
(SIMULACRUM)

3.5버전과 DDM

맞은편 2003년 《플레이어 핸드북II》에 등장하는
마이클 코마크가 그린 〈혼돈의 동굴The Caves of Chaos〉.
개리 가이객스의 《변두리 땅의 요새》에 등장하는
전설적인 던전을 리메이크한 것이다.
이 그림에서 3판의 영웅인 로그 리다. 파이터 레그다.
위저드 미알리는 수많은 D&D 전임자의 목숨을
앗아간 불쾌한 동굴에 들어갈지를 고민하고 있다.

아래 2003년 D&D 3.5버전은 표지 그림이 달라
졌지만, 3판에서 친숙해진 테마인 세계관 속
스타일에 아주 약간 변화를 준 정도다.

D&D 3판은 어느 모로 보나 성공적이었지만, 위저즈는 출시 후 6개월도 되지 않아 급진적인 새 시스템에는 신규 플레이어 확보라는 문제가 도사리고 있음을 깨닫게 되었다. 출시 직후의 질풍노도와도 같은 기세가 끝나자 신규 플레이어 증가세는 가뭄에 콩 나는 수준으로 줄어들었다. 그 이유는 새 규칙이 복잡해 진입 장벽이 생겼고, 오픈 게이밍 라이선스로 인해 무수히 많은 경쟁 게임이 생겨난 것이 복합된 것으로 풀이되었다. 따라서 2003년에 D&D 3판을 개정했고, 소프트웨어 버전에 이름을 붙이는 방식에 따라 'D&D 3.5버전'이라 불렀다. 업데이트된 핵심 룰 북은 상당량의 게임 메카닉 결함을 수정했지만, 3판이 출시된 지 얼마 되지 않아 3.5버전이 출시되자 똑같은 게임을 다시 출시해 돈벌이를 한다고 의심하는 사람들이 생겼다. 그러나 게임 속을 살펴보면 업그레이드된 3.5버전은 플레이 방식이 달라졌고, 인접 시장으로 과감히 진출했다는 점을 알 수 있다.

〈포켓몬〉의 추락 이후 위저즈는 D&D의 방향을 새로 잡아서 수집형

미니어처 전술 전투 게임인 〈던전 앤 드래곤 미니어처 게임(이하 DDM)〉에 크게 의존하는 쪽으로 선회하기로 했다. 〈매직: 더 개더링〉의 플레이어를 획득하고 육성하는 데 효과적이었던 '조직화 플레이organized play' 전략을 채택한 것이다. 대규모 토너먼트 기간에 맞춰 정기적으로 새로운 카드 확장팩을 출시하는 이 방법은 수집용 놀이말을 제작하고 배급하는 구조를 어떻게든 복제만 할 수 있다면 D&D에도 적용할 수 있었다. 위즈키즈의 〈메이지 나이트〉 시스템 이후로 수집용 플라스틱 전술 미니어처 게임 산업은 이미 확산되었다. 〈메이지 나이트〉의 성공으로 위저즈의 〈체인메일〉이 하찮게 보일 정도였다. D&D의 전 디자인 직원들인 몬티 쿡과 제프 그럽이 디자인한 〈히어로클릭스HeroClix〉를 비롯한 〈메이지 나이트Mage Knight〉의 파생작과 후속편이 생겨났고, 이는 D&D 브랜드가 시장에 진입할 수 있음을 보여주었다. 계기만 있다면 수집용 미니어처 게임 팬을 D&D로 끌어올 수 있었다.

그래서 D&D 브랜드를 수집용 미니어처 게임으로 복제했다. 위저즈는

DUNGEONS & DRAGONS®
Get Ready for the Next Round

3.5

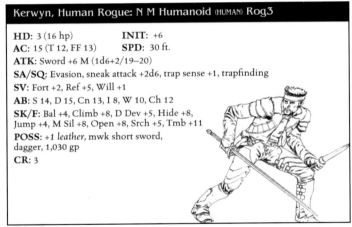

Kerwyn, Human Rogue: N M Humanoid (HUMAN) Rog3

HD: 3 (16 hp)　　**INIT:** +6
AC: 15 (T 12, FF 13)　　**SPD:** 30 ft.
ATK: Sword +6 M (1d6+2/19–20)
SA/SQ: Evasion, sneak attack +2d6, trap sense +1, trapfinding
SV: Fort +2, Ref +5, Will +1
AB: S 14, D 15, Cn 13, I 8, W 10, Ch 12
SK/F: Bal +4, Climb +8, D Dev +5, Hide +8, Jump +4, M Sil +8, Open +8, Srch +5, Tmb +11
POSS: +1 leather, mwk short sword, dagger, 1,030 gp
CR: 3

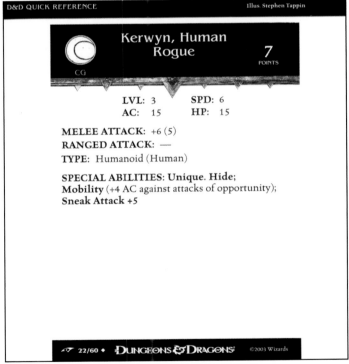

| D&D QUICK REFERENCE | | Illus. Stephen Tappin |

Kerwyn, Human Rogue　　**7** POINTS

CG

LVL: 3　　**SPD:** 6
AC: 15　　**HP:** 15

MELEE ATTACK: +6 (5)
RANGED ATTACK: —
TYPE: Humanoid (Human)

SPECIAL ABILITIES: Unique. Hide; Mobility (+4 AC against attacks of opportunity); **Sneak Attack +5**

22/60 ◆ **DUNGEONS & DRAGONS** ©2003 Wizards

2003년 〈하빈저Harbinger Set〉 세트를 시작으로 매년 DDM의 새로운 수집용 미니어처 확장판 3~4개를 배급하기 시작했다. DDM의 엔트리 팩과 부스터 안에는 플레이어들이 좋아하는 미리 색칠이 된 몬스터와 캐릭터의 플라스틱 미니어처가 들어 있었다. 각 미니어처에는 한 면에 단순화된 DDM '접전 규칙Skirmish Rules'용 스탯이, 다른 면에는 'D&D용 빠른 참조'가 있는 캐릭터 시트가 동봉되었다. 덕분에 한 미니어처를 양쪽 게임에 모두 사용할 수 있어서 새 3.5버전의 RPG 진입장벽이 낮아졌다.

맨 위 2003년 3.5버전 광고

위 D&D 미니어처 팩에 들어 있는 양면 캐릭터 카드. 한 면은 3.5 D&D RPG 규칙용이고, 다른 면은 독자적인 DDM 전투용이다.

맞은편 〈매직: 더 개더링〉에서 성공했던 방법을 적용한 위저즈는 미리 색칠된 D&D 미니어처와 관련 캐릭터 카드가 무작위로 들어 있는 '부스터 팩'을 출시하기 시작했다.

EASIER

No glue. No paint. Open a box and jump into battle. With **DUNGEONS & DRAGONS®**
Miniatures, you get pre-assembled, pre-painted, randomized plastic minis, all statted up
and ready for action. So you know where you stand—and where your enemies will fall.

Pick them up and roll for initiative.

DUNGEONS & DRAGONS
PLAY MORE

《미니어처 핸드북》에는 정면 승부 접전 시스템이 들어 있지만, 전통적인 RPG 전투용으로도 쉽게 각색할 수 있었다.

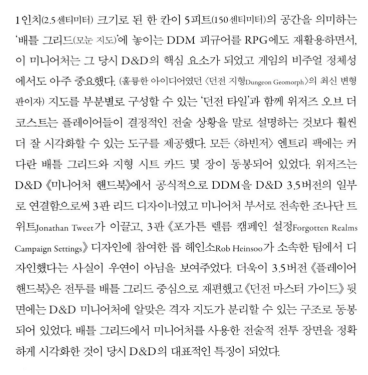

1인치(2.5센티미터) 크기로 된 한 칸이 5피트(150센티미터)의 공간을 의미하는 '배틀 그리드(모눈 지도)'에 놓이는 DDM 피규어를 RPG에도 재활용하면서, 이 미니어처는 그 당시 D&D의 핵심 요소가 되었고 게임의 비주얼 정체성에서도 아주 중요했다. (훌륭한 아이디어였던 〈던전 지형Dungeon Geomorph〉의 최신 변형판이자) 지도를 부분별로 구성할 수 있는 '던전 타일'과 함께 위저즈 오브 더 코스트는 플레이어들이 결정적인 전술 상황을 말로 설명하는 것보다 훨씬 더 잘 시각화할 수 있는 도구를 제공했다. 모든 〈하빈저〉 엔트리 팩에는 커다란 배틀 그리드와 지형 시트 카드 몇 장이 동봉되어 있었다. 위저즈는 D&D 《미니어처 핸드북》에서 공식적으로 DDM을 D&D 3.5버전의 일부로 연결함으로써 3판 리드 디자이너였고 미니어처 부서로 전속한 조나단 트위트Jonathan Tweet가 이끌고, 3판 《포가튼 렐름 캠페인 설정Forgotten Realms Campaign Settings》 디자인에 참여한 롭 헤인소Rob Heinsoo가 소속한 팀에서 디자인했다는 사실이 우연이 아님을 보여주었다. 더욱이 3.5버전 《플레이어 핸드북》은 전투를 배틀 그리드 중심으로 재편했고 《던전 마스터 가이드》 뒷면에는 D&D 미니어처에 알맞은 격자 지도가 분리할 수 있는 구조로 동봉되어 있었다. 배틀 그리드에서 미니어처를 사용한 전술적 전투 장면을 정확하게 시각화한 것이 당시 D&D의 대표적인 특징이 되었다.

"D&D 게임은 상상력의 게임이지만,
전술과 전략의 게임이기도 하다.
미니어처와 배틀 그리드는 전투를
시각화한 최고의 방법이다."

−D&D 3.5버전

로퍼

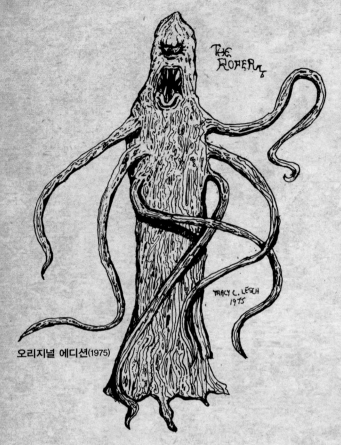

오리지널 에디션(1975)

2판(1993)

초판(1977)

"로퍼는 지하 동굴 속에 산다. 모든 크리처를 먹이로 삼지만 그중에서도 인간을 가장 좋아한다. (중략) 로퍼는 단단하고 끈적끈적한 밧줄 같은 6가닥의 돌출부를 뻗어낼 수 있다. (중략) 이 누런빛이 도는 회색 몬스터는 부패한 더러운 덩어리처럼 보인다. 로퍼는 시가처럼 생겼으며 키는 9피트(2.1미터) 정도고 직경은 약 3 피트(0.9미터)다."

—《몬스터 매뉴얼》, 1977

3판(2000)

4판(2008)

5판(2014)

술집 난투! 3판 시대에 30주년을 기념하는 토드 록우드의 주요 마케팅 이미지. 캐릭터들로 가득한 주막tavern 장면을 묘사하는 D&D의 오랜 전통을 지켜서 상징적 D&D 크리처들과 전형적 캐릭터들이 야닝 포털 Yawning Portal 여관에 군집한 모습을 보여준다. "D&D 테마 이미지 중 가장 즐겁게 만든 작품이며, 나름의 의미가 있다"고 록우드는 말했다.

〈에버론〉은 3판 시대에 위저즈가 내놓은 유일한
새 캠페인 설정이다. 잉글랜드 리즈 출신의 젊은
아티스트 웨인 레이놀즈만큼 이 시대를 잘 대변하는
사람은 없을 것이다. 이 그림은 출간된 제품을 둘러싸는
전체 표지의 오리지널 그림이다.

"제 생각에 웨인 안토니 레이놀즈야말로
에버론을 규정하는 아티스트다."

−에버론 크리에이터, 키스 베이커

새로운 세계들

2004년 D&D 게임이 탄생한 지 30년이 되었고, 위저즈는 매달 400만 명의 사람들이 D&D를 플레이한 것으로 추산했다. 10월 16일 D&D 게임 탄생 30주년을 축하하는 최초의 전 세계 D&D 게임의 날이 개최되어, D&D 팬들이 지역 게임숍으로 가서 게임을 사거나 플레이할 좋은 이유가 되었다. 게임 시스템이 최근에 많이 바뀌었지만, 팬층은 여전히 브랜드 정체성에서 깊은 가치를 가진 요소였으며, 위저즈 오브 더 코스트도 그 사실을 인식하고 존중했다. 한 해 전에 위저즈는 세계 RPG 팬들을 대상으로 새로운 캠페인 설정 공모전을 열었고, 우승자의 아이디를 완전히 새로운 〈던전 앤 드래곤〉의 플레이 배경으로 만들어주겠다는 약속과 함께 10만 달러의 상금을 걸

었다. 이 공모전에는 1만 1,000개 이상의 아이디어가 출품되었고, 작가이자 게임 디자이너 키스 베이커Keith Baker가 만든 에버론Eberron이 우승작으로 선정되었다.

키스 베이커, 빌 슬라빅섹Bill Slavicsek과 제임스 와이어트James Wyatt가 개발한 《에버론 캠페인 설정Eberron Campaign Setting》은 표준적인 D&D 종족이 사는 완전히 신선한 캠페인 세계로 디자인되었다. 가상의 대륙 코베어의 전쟁 후 상황을 무대로 하는 에버론은 어두운 모험 요소를 고전적 판타지 분위기에 엮었지만, 마법으로 움직이는 비행선, 열차, 기계 종족과 같이 전형적이지 않은 기술도 덧붙였다.

위 웨인 레이놀즈의 《샨: 탑의 도시Sharn: City of Towers》. 에버론 크리에이터 키스 베이커의 말에 따르면 이 표지는 "펄프적인 취향을 담고 있으며, 워포지드와 같은 새로운 요소를 통합시켰다." 워포지드는 골렘을 재해석한 것이라 할 수 있으며 에버론에서 플레이어 캐릭터의 종족으로 선택할 수 있었다.

아래 웨인 레이놀즈가 그린 《전쟁의 용광로 Forge of War》 전체를 둘러싼 표지의 원화

WAYNE
REYNOLDS
ARTIST FAVORITE

Everything You Need to Start Playing the DUNGEONS & DRAGONS Roleplaying Game!

Ages 12+
2 to 5 players

DUNGEONS & DRAGONS

BASIC GAME

· EASY TO SET UP AND PLAY
· CONTAINS 16 PAINTED MINIATURES

D&D가 출시된 지 30주년이나 되었지만 낡았다는 느낌은 찾을 수 없었으며, 오히려 팬층은 젊었고 D&D 책들도 인기가 많았다. 조나단 트위트가 디자인한 새 D&D《기본 게임Basic Game》이 2004년에 출시되어 신규 플레이어가 쉽게 게임에 입문할 수 있게 도왔다. 캐릭터 작성용 템플릿으로 쓸 수 있도록 3판의 상징적인 캐릭터들에 대해 미리 만들어진 시트가 들어 있었고, 당연하게도 〈던전 타일〉과 배틀 그리드 간략 버전 위에서 이동할 수 있는 〈DDM〉 피규어도 들어 있었다. 인쇄된 D&D는 하나의 사회적 제도처럼 존경을 받았지만, 산업 전체로 보면 여전히 성장할 수 있는 가능성이 있었다. 위저즈 오브 더 코스트는 떠오르는 디지털 시장을 경쟁 브랜드에 양보했고, 이 기업들은 D&D가 만들어낸 혁신을 인터넷상의 한 현상으로 만들었다. 〈에버퀘스트〉, 〈울티마 온라인〉, 〈월드 오브 워크래프트〉는 매월 구독료를 내는 팬들을 많이 끌어들였는데, 위저즈 이사회는 이를 깊이 주목했으며 때로는 원통해하기도 했다.

위 2004년 《기본 게임》의 미리 생성된 캐릭터 시트

왼쪽 웨인 레이놀즈의 2004년 《기본 게임》 표지 그림. 미니어처 시장에 새로 관심을 쏟으면서, D&D의 《기본 게임》 최신판에는 이제 미니어처가 기본으로 들어가 있었다.

월리엄 오코너가 영화의 한 장면처럼 묘사한 2005년
〈포가튼 렐름〉 제품 《문시의 수수께끼Mysteries of the
Moonsea》를 둘러싸는 표지 그림. 이렇게 둘러싸는 표지는
3판 시절의 공통적인 요소였다. 2000년 초, 피터 잭슨의
블록버스터 〈반지의 제왕〉 3부작이 모든 판타지에 미친
막대한 영향력은 무시하기 힘들다. 이 작품은 〈왕의
귀환〉(2004)의 미나스 모르굴 장면에서 영감을 얻은 게
분명했다.

온라인 모험

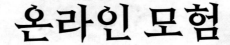

"당시 나의 비전은 D&D를 MMO로 만드는 것이었다. 우리는
스튜디오를 차렸고, 30명이 코드와 아트를 만들고 있다.
해즈브로가 MMO를 하지 않겠다고 했을 때,
나에게 달리 방법이 없다는 걸 깨달았다."

—피터 애드키슨

1970년대 이후 컴퓨터 프로그래머들은 스릴 넘치는 개방형 D&D 세계를 컴퓨터 게임으로 구현하려 했다. 초기의 기술 장벽으로 그래픽과 게임 플레이는 상당히 원시적인 수준이었다. 그러나 2000년 무렵 마침내 능력 있는 아티스트들이 그린 세계를 컴퓨터 화면에서 구현할 수 있게 되면서 상황은 달라졌다.

초기 컴퓨터 게임에서 가장 중요한 발전 중에는 머드Multi-User Dungeon의 발달이 있는데, 자작한 시스템을 통해 한 컴퓨터에 수십 명의 플레이어가 접속해 '아바타'나 '플레이어 캐릭터'로서 텍스트 인터페이스를 통해 상호작용하며 하나의 영속적인 게임 세계를 이룰 수 있었다. 디지털 도둑, 마법사, 전사, 성직자가 실리콘silicon 미궁을 깊이 휘젓고 다니며, 테이블 주변에 모여 보석이 박힌 주사위를 던지고, 이야기를 함께 엮어나가는 D&D의 마법을 재현하려 애썼다. 다만 머드는 제일 큰 식탁에 둘러앉을 수 있는 인원보다 더 많은 수의 플레이어들이 게임에 참여할 수 있다는 면에서는 아날로그 원본을 능가할 정도로 진화했다.

오리진 시스템의 〈울티마 온라인〉, 소니의 〈에버퀘스트〉, AOL의 〈네버윈터 나이츠〉, 미씩 엔터테인먼트의 〈다크 에이지 오브 카멜롯〉과 같이 더 세련된 상업적 후예들은 한 번에 수천 명이 플레이할 수 있는 시스템으로 각자 팬덤을 만들었다. D&D를 한 번도 해 보지 않은 사람들은 중독성 있는 게임을 경험하게 되었고, 매번 새 게임이 나오면서 기술, 디자인, 아트가 더 생생해지고 매혹적으로 변했다. 곧 이러한 디지털 왕국들은 수백만 명의 열렬한 플레이어들과 특정한 배경을 좋아하는 열성 팬들의 아지트가 되었다.

이 같은 광란의 열기 속에서 컴퓨터가 생성한 새로운 세계가 탄생했다. 그리고 그 매시블리 멀티플레이어 온라인 롤플레잉 게임(MMORPG, 줄여서 MMO)들 중에서 반론의 여지가 없는 승자가 탄생했다. 바로 2004년 블리자드 엔터테인먼트가 〈월드 오브 워크래프트〉(이하 WoW)를 출시하면서 온라인 게임의 얼굴을 영원히 바꾼 것이다.

기술보다 디자인을 중시한 게임 아트 덕택에 〈WoW〉는 빠르게 당시 가장 성공한 MMO가 되었다. 〈WoW〉의 아름다운 그래픽은 대중에게 잘 먹혔다. 〈WoW〉는 더 빠른 속도의 컴퓨터 하드웨어가 필요한 다른 게임들의 현실적 스타일을 포기하는 대신 다양한 PC에서 빠르게 구동되면서도 아름다워 보이는 단순하고 극도로 양식화된 색채가 넘치는 세상을 선택했다. 여기에 뛰어난 게임 엔진이 더해지자 〈WoW〉의 성공은 아무도 멈출 수 없었다.

결과는 어땠을까? 전성기의 〈WoW〉는 월 1,200만 명 이상의 구독자 수를 자랑했다. 이런 성과는 엔터테인먼트 산업 전체에 충격을 줬다. 다른 MMO들도 〈WoW〉의 성공을 따라 하려 했지만, 위저즈 오브 더 코스트만큼 충격을 느낀 곳은 없었다. D&D의 플레이어 수를 400만 명으로 추산했는데, 이는 〈WoW〉의 3분의 1밖에 되지 않는 숫자였다. 1인당으로 따져 봐도 플레이어들은 〈WoW〉에 더 많은 시간을 보냈고, 더 많은 돈을 썼다. 〈WoW〉 구독자들이 알았는지 모르지만, 위저즈 오브 더 코스트 경영진은 왕년의 테이블 게임이 들어 있는 호빗 구멍 바로 옆 골짜기에 있는 그 유명한 언덕에 1,200만 명의 D&D 플레이어들이 있는데, 그 대부분은 자신이 하는 게임이 D&D라는 사실도 모른다는 현실을 지켜봐야 했다.

```
> look
The Church

     You are in the main church of Realmsmud.
     You see a set of stairs that go down to the healing waters of
     the Realms. There is a huge pit in the center, and a door in
     the west wall. There is a button beside the door.
     There is a clock on the wall.

     THE GRAVEYARD TO THE EAST IS NOW OPEN FOR LEVELS 6-15!
     This church has the service of reviving ghosts. Dead
     people come to the church and pray.
+-------------------------------------------------------------------+
|      ******DON'T CAST SPELLS OR FIGHT IN THE CHURCH!******         |
+-------------------------------------------------------------------+
A new graphics command is now available. Try typing 'graphics vt100'
and then look at this room again. You should see the box around
the text above as a perfectly drawn box. If this doesnt work
with your terminal program, you can disable it by typing
'graphics dumb'. Or just type 'graphics' for a list of other
supported terminal types.   -James


There are exits south, north, up, arena, east, down and wedding.
     A magic portal, leading to many houses.
     REALMS players rules.
     A newspaper.
> s
Village green ( w e s n up )
     The Dream Post.
     A dazzling sapphire.
     An important Newbie Signpost.
```

맨 위 MUD의 전형적인 텍스트 인터페이스 예

위 2006년 〈D&D 온라인〉 스크린샷

오른쪽 〈WoW〉는 온라인으로 옮겨온 테이블 플레이어들
에게 윙크를 보내듯 가끔씩 개리 가이객스나 데이브
아네슨의 이름을 언급했다.

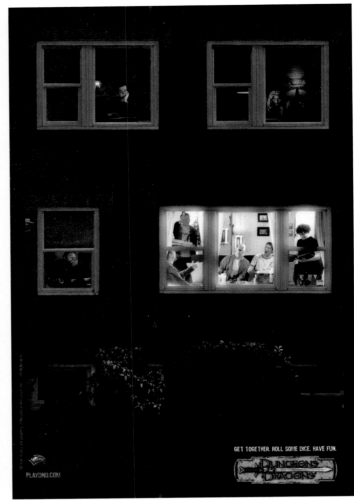

2006년 터바인 엔터테인먼트와 위저즈가 파트너십을 맺고 MMORPG 〈D&D 온라인〉을 출시했을 때는 MMO 시장이 이미 고착되어 있었다. 전 세계 플레이어들이 접속해서 함께 (또는 대적하며) 플레이를 펼칠 수 있었지만, 많은 잠재적 구매자들은 이미 경쟁사 게임에 상당히 많은 투자를 한 상태였다. 그럼에도 〈D&D 온라인〉은 전통적인 RPG의 정신을 유지했고, 그 결과 비록 형식면에서는 명백히 메카닉과 디자인을 다시 검토해야 했지만, 플레이어들은 완전히 새롭게 D&D에 몰입해 즐길 수 있게 되었다. 새로운 팬들을 끌어들이며 충성심 있는 테이블 플레이어들은 '쉬는 날' 현실에서 도피할 수 있었다. 터바인은 테이블의 열혈 팬들에게 화해의 몸짓을 하는 한편으로 D&D 크리에이터들에게 존경심을 표현하기 위해 개리 가이객스와 데이브 아네슨을 〈스톰리치Stormreach〉 모험의 해설 성우로 초청하기도 했다.

위 왼쪽, 위 오른쪽 온라인 게임의 인기가 많아지면서, 위저즈는 플레이어들에게 과거의 라이브 롤플레잉의 즐거움을 상기시키고자 했다.

맞은편 이 게임은 원래 〈에버론〉 세계관을 채용한 〈D&D 온라인: 스톰리치Dungeons & Dragons Online: Stormreach〉로 마케팅했다가 간단하게 〈D&D 온라인〉으로 이름이 바뀌면서 〈포가튼 렐름〉 콘텐츠를 도입했다.

위저즈는 창작 환경이 급속히 바뀌고 산업 전체도 이에 따라 변하고 있음을 깨달았다. 출시되는 컴퓨터 RPG는 대부분의 할리우드 블록버스터 영화보다 더 크게 히트를 쳤고, 최고의 게임은 수억 달러씩 매출을 거둬들였다. 그 결과 많은 D&D 팬은 테이블 게임에서 PC 게임과 콘솔 게임으로 옮겨가게 되었다.

위저즈는 반격을 해야 했다. 이 야심은 마침내 4판 프로젝트라는 모습으로 드러났고, 때마침 옆 동네인 MMO 인접 시장이 폭발 성장하던 2005년에 내부적으로 발족했다. 마침내 2007년 젠 콘에서 프로젝트가 되살아난 D&D 신판은 향후 몇 년간 맹렬한 기세로 빠르게 팔려나갔다. 하지만 파이조의 〈드래곤〉과 〈던전〉지의 출판 라이선스가 만료되면서 갱신이 되지 않자 사람들은 무언가 근본적인 변화가 진행 중이라는 사실을 눈치챘

다. 디지털 미디어에 관심이 집중되면서, 위저즈는 젠 콘의 첫째 날 출시된 자사의 새 멀티미디어 서비스 〈D&D 인사이더〉를 통해 브랜드의 대표적인 정기간행물을 디지털 버전으로만 다운로드할 수 있게 했다.

〈D&D 인사이더〉의 콘셉트는 간단했다. 테이블 D&D 플레이에 도움되는 도구를 제공하는 인터넷 포털로서 오직 가입자만 사용할 수 있었다. 〈월드 오브 워크래프트〉 플레이어들에게는 익숙한 서비스 형태로 매월 14.95달러의 구독료를 내면 가입자들은 캐릭터 빌더, 규칙 라이브러리를 이용할 수 있었고, 디지털 버전의 〈던전〉과 〈드래곤〉지를 다운로드받을 수 있었다. 그러나 〈D&D 인사이더〉의 가장 큰 가치는 원격 플레이를 위한 온라인 인터페이스, 즉 〈네버윈터 나이츠〉의 오로라 툴셋과 〈D&D 미니어처 게임〉 사이의 중간쯤 되는 '가상의 테이블'에 있었다. 2007년에도 위저즈는 최신작 〈나이트 빌로우Night Below〉와 같은 확장팩을 출시하며 〈D&D 미니어처 게임〉을 밀고 있었지만, 〈D&D 인사이더〉는 라이선스 게임이나 일회성 제품이 아니라 D&D의 핵심 중 한 부분이었다. 이 게임의 비주얼 정체성은 종이에서 뛰쳐나와 화면으로 뛰어든다는 점이었다. 이 모든 변화에서 한 가지는 확실했다. 위저즈는 디지털 시대에 맞게 D&D를 탈바꿈시키고 있었다.

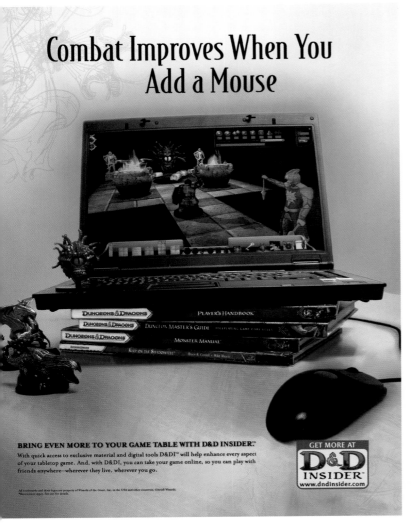

위 디지털이 이제 D&D 전략의 핵심이 되자, 플레이어들은 비싼 책들을 전부 다 어떻게 해야 할지 고민했다. 이 광고는 뜻하지 않게 상징적 아이디어를 제시했다.

오른쪽 댄 스캇이 v3.5용 《플레이어 핸드북 II》의 표지 그림을 위해 데이브 트램피어의 《플레이어 핸드북》 그림을 재구성했다.

맞은편 1982년 에롤 오투스의 상징적인 〈드래곤〉 55호 표지 그림을 2007년 v3.5 〈몬스터 매뉴얼V〉 광고로 리메이크했다.

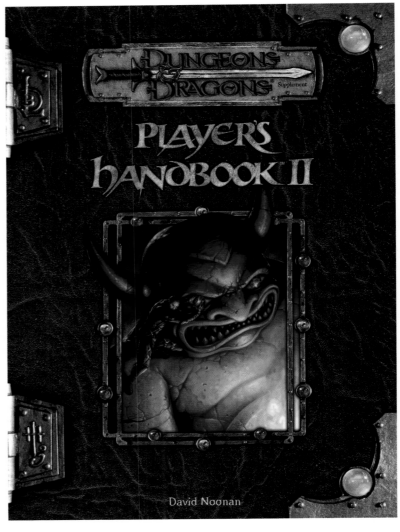

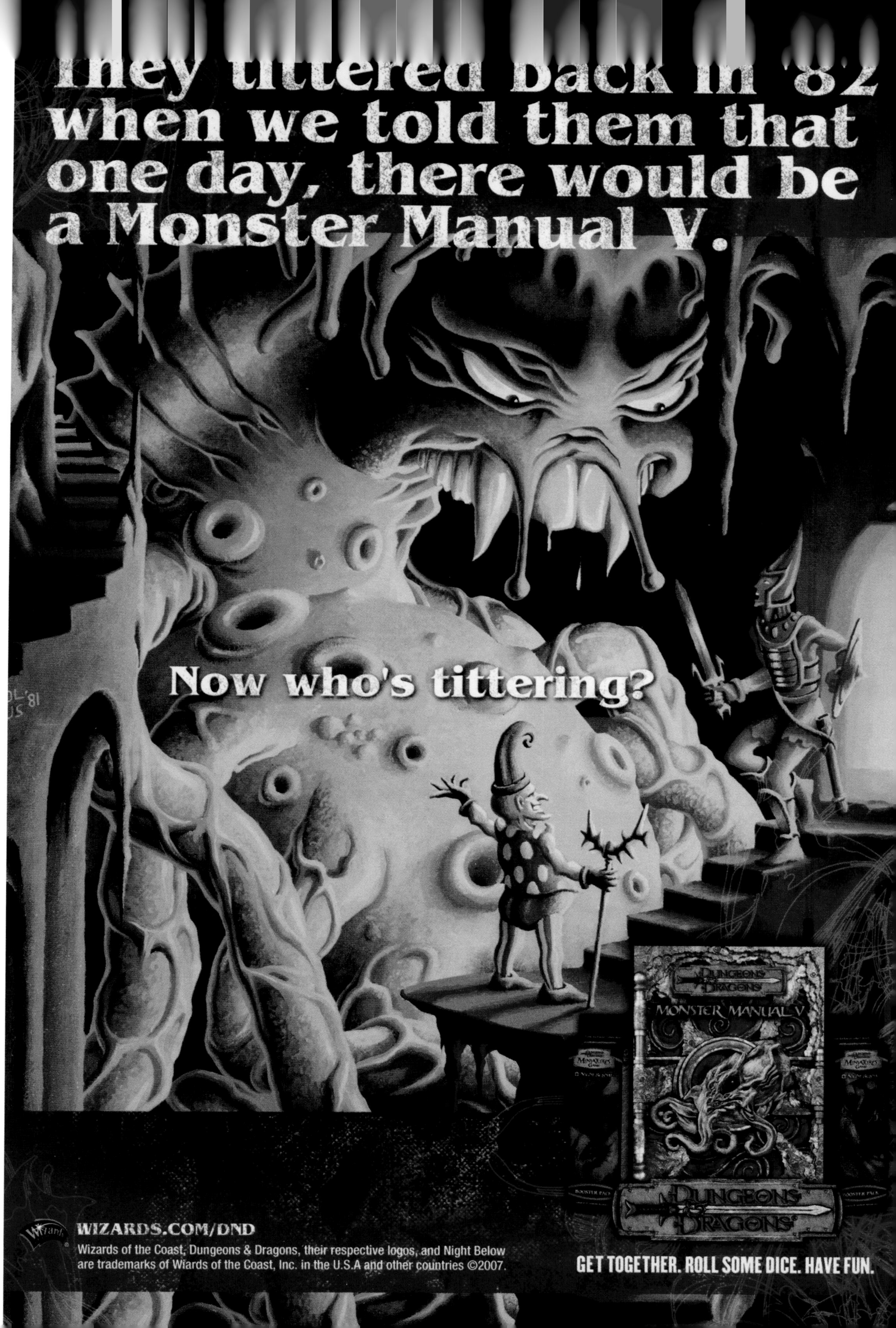

They tittered back in '82 when we told them that one day, there would be a Monster Manual V.
Now who's tittering?
DUNGEONS & DRAGONS
MONSTER MANUAL V
DUNGEONS & DRAGONS
WIZARDS.COM/DND
Wizards of the Coast, Dungeons & Dragons, their respective logos, and Night Below are trademarks of Wiards of the Coast, Inc. in the U.S.A and other countries ©2007.
GET TOGETHER. ROLL SOME DICE. HAVE FUN.

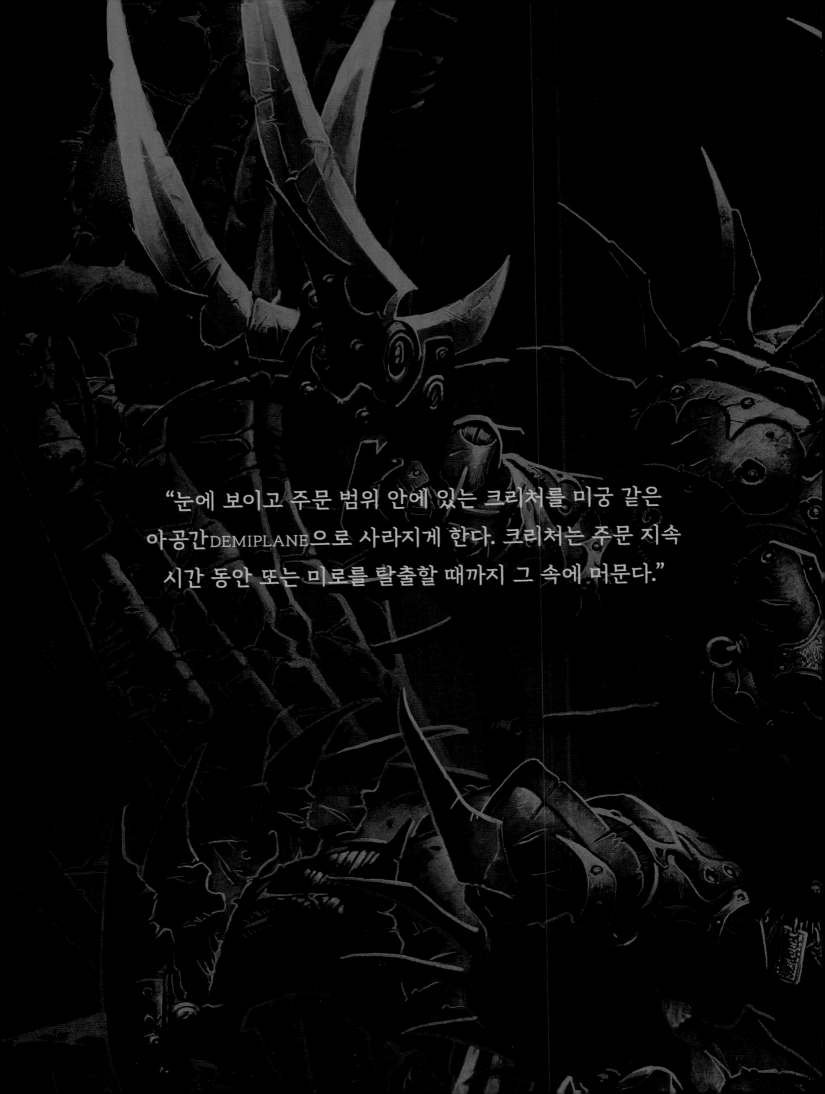

"눈에 보이고 주문 범위 안에 있는 크리처를 미궁 같은
아공간DEMIPLANE으로 사라지게 한다. 크리처는 주문 지속
시간 동안 또는 미로를 탈출할 때까지 그 속에 머문다."

8

미로
(MAZE)

4판

맞은편 웨인 레이놀즈의 4판
《던전 마스터 가이드》 표지 그림

아래 웨인 레이놀즈가 표지 그림을
담당한 4판의 코어북의 3부작

위저즈 오브 더 코스트가 4판을 발표했을 때는 D&D 3판이 발매된 지 8년 밖에 되지 않았고, 버그를 없앤 v3.5가 발매된 지 5년이 채 되지 않은 시점이었다. 4판 발매는 MMO의 엄청난 인기로 인해 발생한 시장의 지각 변동에 뒤따른 조치였지만, 위저즈가 D&D 신규 플레이어 유치에 어려움을 겪고 있다는 이유도 한몫했다. v3.5로 신규 플레이어를 확보하지 못한 위저즈는 수집용 〈D&D 미니어처 게임〉을 D&D 핵심 제품과 통합하려고 더욱 밀어붙였다. 한편 SSI와 바이오웨어 같은 컴퓨터 게임 개발 업체는 기존에 쓰던 자유로운 형식의 D&D 규칙을 디지털 플레이에 맞게 변경해야 했지만, 4판은 처음부터 컴퓨터가 그 게임의 핵심 구현 요소 중 일부가 될 수 있었다.

4판의 디자인은 DDM의 베테랑 디자이너 롭 헤인소가 총괄했다. 4판의 전투 규칙은 플레이어가 미니어처와 〈던전 타일〉 제품을 사용한다고 가정했다. v3.5가 배틀 그리드를 전투에 통합시킨 정도라면, 이번 4판에서는 모든 이동과 효과 범위가 〈던전 타일〉 그리드와 비슷하게 칸 단위로 측정되었다. 덕분에 주문을 시전할 때 어느 칸이 효과 범위 안에 들어갈지 바로 알 수 있게 되었지만, 크게 보면 이런 변화조차 상대적으로 사소한 차이에 지나지 않았다. 이전 개정판들이 브랜드를 존중 어린 태도로 조심스럽게 다루었다면, 4판의 제작팀은 D&D의 핵심까지 과감히 탈바꿈했다.

이젠 젠 콘이 위저즈 소유가 아니므로, 대망의 4판 출시를 군이 이 여름 행사 기간까지 기다릴 필요가 없게 되었다. 그래서 '성 삼위일체' 코어북의 새로운 버전을 2008년 6월 6일 D&D의 날에 출시했다. 그리고 한 달 전에 위저즈는 플레이어들이 먼저 플레이할 수 있도록 퀵 스타트 패키지와 함께 《섀도우펠의 요새The Keep on the Shadowfell》 모듈을 출시했다. 이런 시스템 개혁은 v3.5에서도 오랫동안 타진해오던 것이었다. 예를 들어 이미 2006년

《아홉 검의 서Book of Nine Swords》에서는 4판 디자인 팀이 연구한 접근전 클래스의 능력을 유사 주문 능력으로 재구성하는 방법을 v3.5의 틀 안에서 선보인 바 있다.

4판 규칙은 각 클래스마다 이미 준비된 파워들의 목록을 제공했고, 그중 어떤 것은 뜻대로 쓸 수 있는 반면 어떤 것은 다시 사용할 때까지 쿨다운 기간이 필요했다. 당시의 MMO 플레이어에게 익숙한 시스템이었으며, 주문시전 클래스에게는 전통적 D&D의 주문 외우기 방식과의 냉혹한 단절을 의미했다. 이제 '마법 화살Magic Missile'을 가진 초보 위저드는 이 주문을 매라운드 쉴 새 없이 사용할 수 있는 반면, '수면Sleep'은 하루에 한 번만 시전할 수 있었다. 시작 히트 포인트 증가와 함께 이런 변화는 전통적으로 약하게 시작하던 이 클래스들에게 이제 처음부터 쓸 만한 공격력과 방어력이 생겼음을 의미했다. 마찬가지로 MMO 디자인에 따라서 인카운터 사이의 휴식 시간에 체력과 능력을 빠르게 회복하게 했으며, 캐릭터 클래스들을 통제계, 방어계, 지휘계, 공격계라는 '역할'로 분류했다. 이로써 MMO처럼 힐러의 지원을 받는 강인한 캐릭터가 적의 공격을 몰아서 받고 버티는 동안 대미지 딜러가 적의 수를 줄이는 전술이 가능해졌다. 이렇게 엄격한 메카닉은 한자리에 모일 수 없는 플레이어들이 D&D를 할 수 있는 수단이 된 '온라인 만남의 장소'인 '가상 테이블'이 이상적인 플레이 방법이 되었을 것이다. 가상 테이블은 4판과 함께 내기로 공약했지만, 4판 출시 직후 프로젝트가 연기되는 바람에 초기 사용자들은 예전처럼 테이블 위에서 게임을 기록해야 했다. 그렇다고 해서 게임이 상당히 달라진 것은 아니었다. 시장에 나오지 못하게 된 '가상 테이블'의 시제품 스크린샷도 〈DDM〉과 〈던전 타일〉의 컴퓨터 렌더링과 놀라울 정도로 닮았기 때문이다.

이 페이지 위험 가득한 게임임을 암시하는 2008년 광고. 그러나 4판의 빠른 치유력, 높은 히트 포인트(HP) 총점과 플레이어의 다양한 파워로 게임은 플레이어들에게 가장 위험한 순간에도 살아남을 수 있는 몇 가지 방법을 제시했다.

맞은편 웨인 레이놀즈의 4판 〈다크 선〉 표지 그림 리메이크

THESE GUYS SPENT THE LAST THREE YEARS GETTING READY FOR THEIR NEXT FIGHT.

In the name of making 4th Edition, we've offered up countless of our own characters for use as punching bags and chew toys. Now it's your turn.

So, be ready to throw down when you pick up all three Core Rulebooks.

You know where to get 'em.

AVAILABLE JUNE 6TH
CREATE AN ACCOUNT AT:
DNDINSIDER.COM

All trademarks are property of Wizards of the Coast, Inc. ©2008 Wizards.

"4판에서 발전한 사항 중 하나는 3
판에서 가장 큰 발전사항의 절반
을 재고했다는 점이다."

– 4판의 책임 디자이너, 롭 헤인소

이 페이지 4판의 콘셉트 디자인들. 윌리엄 오코너가 그린 몇 가지 '드워프 디자인' 시안과 플레이어 캐릭터로 사용 가능한 새 종족 '드래곤본Dragonborn', 그리고 데이비드 그리피스가 재해석한 D&D의 상징적 몬스터 비홀더

맞은편 전설적인 《악한 정령의 사원》의 경관을 새롭게 해석했다.

> "나는 모든 판의 아트를 좋아하지만,
> 메카닉과 마찬가지로 아트도
> 새로운 게이머를 위해 새로운 스타일로
> 신선하게 바꿀 필요가 있다."
>
> −4판의 리드 콘셉트 아티스트, 윌리엄 오코너

신판 책들이 새로운 메카닉을 탐구하고 전술적 미니어처 전투를 강조하며 원래 게임의 전통에서 멀어지자, 아트 쪽에서도 고도로 양식화시켜 리브랜딩하려는 움직임을 무시하기 어려웠다. 윌리엄 오코너William O'Connor에게서 콘셉트 아트의 영감을 많이 얻은 아트 디렉터 스테이시 롱스트리트Stacy Longstreet의 지휘 아래, 4판 D&D는 급진적으로 방향을 틀었다. 억제되지 않은 액션, 과장된 포즈, 극단적인, 심지어 왜곡되기까지 한 각도 등으로 가득 찬 것이다. "(스타일 가이드에서는) 이전 판본에서 전혀 고려하지 않던 비주얼 브랜딩을 요구했다. 따라서 게임을 시각적으로 (중략) 온라인 게임, 비디오 게임, 책, 미니어처, 장난감 같은 느낌으로 처음부터 다시 디자인하게 되었다"고 오코너가 말했다. 따라서 비디오 게임에서 흔하게 볼 수 있는 아이소메트릭 시점(등축 투영도라는 뜻으로 x, y, z 세 좌표축이 모두 120도를 이루며 서로 같은 길이를 만들어내는 상태의 투시도법-옮긴이)과 일인칭 시점이 4판 아트의 대표적인 특징들이 되었다. 프레임은 꽉 채워질 때가 많았고, 때로는 긴장감 넘치는 정보를 전달했다. 신선하고 역동적이었으며, 과거로부터 멀어지려는 의도적인 선택이었다.

D&D는 MMO 팬들에게 익숙한 게임 시스템으로 재탄생했다. 이전의 D&D 테이블 게임들이 게임의 정체성을 비주얼 스타일로 구현하려 한 것처럼 4판은 판타지적이고 슈퍼히어로와 〈월드 오브 워크래프트〉 같은 경험으로 가득 차게 만들기로 결정되었다. 거대한 어깨 갑옷과 실제로는 불가능할 크기의 무기, 지나치게 밝은 색상은 1978년까지 거슬러 올라가는 데이브 서덜랜드나 데이브 트램피어의 그림이 전달했던 브랜드의 기본 모습에서 훨씬 벗어나며 그만큼 새로운 규칙 세트임을 보여주었다. D&D는 또다시 새로운 시대에 접어들었지만 더 이상 유행을 선도하지는 못했다. 서덜랜드의 조심하라는 경고 메시지가 담긴 그림 대신 4판은 대담하게 표현해냈다. 낡은 튜닉을 입고 수염이 지저분한 남자를 그린 트램피어의 아트 대신 4판에서는 갑옷은 빛이 났고 로브는 치렁치렁했다. 음탕하고 무정한 신이 지배하는 세상을 그린 에롤 오투스의 그림 대신 4판은 도약하고, 공중제비하고, 순간이동으로 페이와일드의 반짝이는 숲속 공터나 섀도우펠의 숨 막히는 안개 속으로 건너갈 수 있는 플레이어 캐릭터들 자신이 신처럼 느껴질 정도였다. 심지어 기본 규칙에서조차 고대 드래곤 신으로부터 기원한 인간형 종족인 드래곤본의 일원으로 플레이할 수 있는 기회를 주었다.

모두 윌리엄 오코너의 그림

왼쪽 신비한 하이엘프 엘라드린Eladrin

중앙 2판의 〈플레인스케이프〉에 처음 등장한 사악하고 저주받은 티플링Tiefling

오른쪽 드래곤본은 드래곤 같은 특징을 가진 인간형 종족이며, 〈드래곤랜스〉에서 처음 소개된 반은 인간 반은 드래곤인 혐오스러운 드래코니안Draconian과는 다르다

위 D&D 4판의 예술적인 스타일링은 전통적인 D&D 아트워크에서 확실히 멀어졌지만, 《모험가의 저장고 2》에 수록된 웨인 레이놀즈의 표지 삽화처럼 과거를 계승하는 경우도 있다.

맞은편 오리지널 D&D 《몬스터 매뉴얼》에 수록된 데이브 트램피어의 상징적인 삽화

열린 시선

웨인 레이놀즈의 '불꽃 눈의
비홀더'(위)는 아트 연구에서 디자인
영감을 잡는 데 사용되었다.

웨인 레이놀즈의 상징적인 그림인 참신한 불꽃 눈의 비홀더가 마케팅 광고
와 미니어처 패키지 등 여러 곳에 실렸다. 곧 D&D 4판에서 가장 상징적인
이미지가 되었고, 위저즈 오브 더 코스트의 시니어 아트 디렉터 존 신데헤
트Jon Schindehette는 널리 알려진 아트 분야 연구를 관리했으며, 아티스트
들에게 웨인 레이놀즈Wayne Reynolds의 기념비적인 그림을 바꿔 보라는
과제를 제시했다. 이러한 노력은 위저즈의 열린 자세와 아트의 지평을 넓히
고자 하는 관심을 보여주었다.

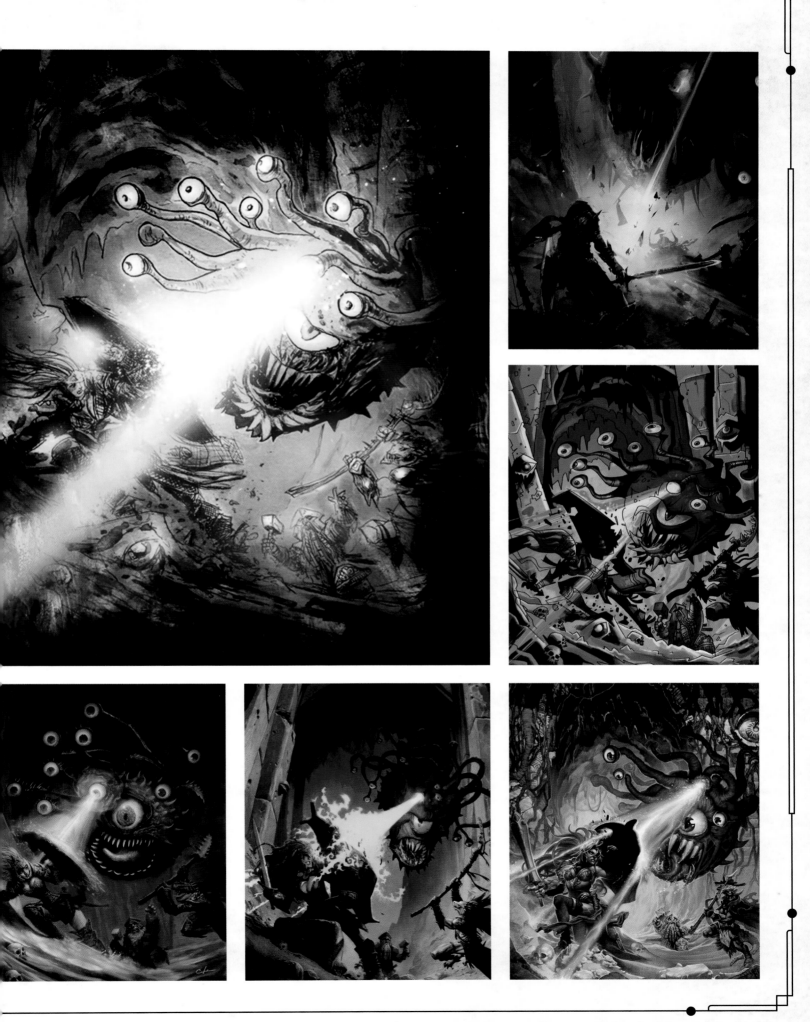

이 페이지 4판 《에버론 캠페인 가이드Eberron Campaign Guide》 표지용으로 웨인 레이놀즈가 그린 작품

맞은편 《혼돈 정령의 영웅Heros of the Elemental Chaos》 확장판도 웨인 레이놀즈가 그렸으며, 두 작품 모두 웅장한 움직임을 담고 있다.

아울베어

OWL BEAR 오리지널 초판본 에디션(1975)

1판(1977)

2판(1989)

3판(2000)

"무시무시한 아울베어는 어느 미친 위저드의 유전자 실험 결과일 수 있다. 이 크리처들은 온화한 기후의 무성한 숲속과 지하 미로에 살고 있다. 식욕이 대단하며, 공격적인 사냥꾼으로 언제나 성질이 나쁘다. 그들은 먹이가 눈에 보이면 곧바로 공격하며 목숨을 걸고 싸운다. (중략) 아울베어는 흑갈색에서 황토색의 털과 깃털이 있다. (중략) 부리는 누런색에서 상아색을 띠고 있다. 눈 주변에는 붉은 테두리가 있고 쳐다보면 소름 돋는다."

-《몬스터 매뉴얼》, 1977

5판(2014)

4판(2010)

플레이어와 던전 마스터를 위한
온라인 구독 서비스 〈D&D
인사이더〉 광고

IMPROVE YOUR GAME
WITH A BOOKMARK.

Add D&D Insider™ to your Favorites and bring more to your characters and campaigns
with a constantly growing source of new content, tools, articles, applications, and more.

Whether you're a player, a DM—or both—D&DI will help you spend less time prepping
for your game and more time playing it.

SUBSCRIBE NOW AT DNDINSIDER.COM

All trademarks are property of Wizards of the Coast LLC. ©2009 Wizards.

D&D
INSIDER™
NEVER SPLIT THE PARTY

D&D 브랜드는 대격변을 겪는 업계에 발맞추고자 빠르게 움직였다. 디지털 시장이 가진 매력을 거부할 수 없지만, 메카닉과 그래픽 요소를 조정하는 것 말고 테이블용 게임을 키보드와 컴퓨터 화면의 세상에 적응시킬 수 있는 근본적인 방법은 없을까? 이제 좀 더 자리를 잡은 소셜미디어 사이트와 〈월드 오브 워크래프트〉와 같은 게임의 기존 온라인 커뮤니티와 경쟁해야 하는 위저즈 오브 더 코스트는 경험이 거의 전무한 기술 분야에서 남들이 이미 만든 걸 다시 만들어야 하는 힘든 과제에 직면했다. 한때는 D&D가 스스로 만든 미로에서 길을 잃은 것 같았다.

약속했던 '가상의 테이블'은 2010년까지도 베타 테스트에 들어가지 못했지만, 이 해를 기점으로 6년 동안 꾸준히 성장하고 있던 〈월드 오브 워크래프트〉조차 구독자 수가 감소하기 시작했다. 〈D&D 인사이더〉가 출시되자 시장의 반응은 미지근했고, 결국 2014년에 중단됐다. 〈D&D 인사이더〉

역시 방향성은 맞지만, 방법이 잘못되었던 것이다. 이 디지털 프로젝트들은 4판의 성공에 의존하고 있었다. 4판은 2년이라는 짧은 기간 동안 수십 종의 제품을 출시하고 그 대부분이 양장본일 정도로 밀어붙였지만, 플레이 스타일이 좁고 때로는 성가셨으며, 출시 첫해부터 3판과 v3.5 팬층의 지지를 받지 못해 고생하고 있었다.

디지털 전략이 어려움을 겪자, 위저즈 오브 더 코스트에게는 테이블톱으로 신규 플레이어를 끌어오는 일이 더욱 중요해졌다. 〈던전 앤 드래곤 미니어처 게임〉이라는 조직된 플레이 틀을 바탕으로 그들은 〈탐사의 밤Delve Night〉이라는 월간 던전 탐색 모험 시리즈에 대한 구상을 발표했다. 이 모험은 편마다 4개의 인카운터가 있어 일주일에 하나씩 한두 시간 동안 플레이할 수 있었다.

'위저즈 플레이 네트워크'에 가입하고 가맹점에 가면 인카운터를 진행

©2009 WIZARDS OF THE COAST LLC

왼쪽 디지털 제품이 점차 연기되고 문제에 직면하자, 〈탐사의 밤〉을 통해 플레이어들을 다시 테이블과 게임숍으로 돌아오게 하려고 시도했다. 기간 광고는 브라우저 북마크로 온라인에서 예약하라고 독려했지만, 4판에서 실제로 사용될 수 있었던 것은 끝내 이런 종이 북마크뿐이었다.

아래 〈D&D 인사이더〉 가상 테이블은 개발 단계와 베타 단계를 통과하지 못했다. 화면이 〈던전 타일〉 및 〈D&D 미니어처〉와 닮은 것은 우연이 아니다.

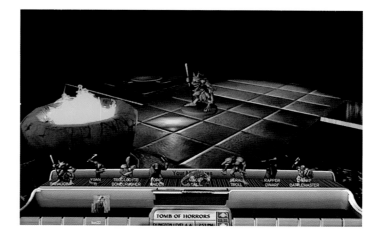

하는 데 필요한 풀컬러 카드스톡 시트를 받게 된다. 물론 던전 마스터는 자신의 던전 타일과 D&D 미니어처를 가져와야 했지만, '시간을 많이 쓰지 않고도 D&D 게임을 매주 할 수 있는 정말 좋은 방법'이라고 위저즈는 홍보했다. 제일 첫 회분인 〈마라즈의 탑Tower of Maraj〉은 2008년 9월에 발매되었다. 게다가 위저즈는 RPGA를 다시 인수하고 '살아 있는 포가튼 렐름Living Forgotten Realms' 행사를 후원했다. 그 첫 회인 '렐름에서 주말을Weekend in the Realms'은 10월로 예정되었다. 이 모험은 2009년까지 계속 출시되었다. 그러나 2010년 이후 위저즈는 이 시리즈를 소매점에 배급하는 짧은 인카운터 모험인 〈D&D 인카운터Encounters〉로 교체해서 게임 가게에서의 플레이를 지원하고 장려하기로 했다.

악랄한 불의 거인과 결전을 펼치는 겁 없는 드래곤본과 동료들을 그린 랄프 호슬리의 4판 《던전 마스터 가이드 2》의 내부 삽화. 마이클 베이풍의 과장되고 혼란스러운 장면은 4판 메카닉에서 기대할 수 있는 일종의 세계관 속 게임 플레이를 잘 표현하고 있다.

그러나 위저즈는 더 이상 팬들이 행사장으로 몰려들 거라고 안심할 수 없었다. 오픈 게이밍 라이선스와 그로 인한 경쟁 덕분에 4판이 출시되기 전까지 전통적인 테이블 게임 시장의 판도는 완전히 바뀌었다. 신작 대표 게임에 플레이어들을 끌어들이기 위해 위저즈는 〈D&D 미니어처 게임〉을 비롯해 모든 제품을 4판의 규칙에 맞게 리부트했다. 제3자 퍼블리셔 중에는 OGL로 크게 성공한 이들도 있었지만, 많은 퍼블리셔가 저급한 d20 제품을 쏟아내 시장을 약화시켰고, 타사 게임들에 대한 소비자의 신뢰를 떨어뜨렸는데, 여기에는 D&D 브랜드를 지탱하는 데 중요한 모험 모듈과 같은 것도 포함되었다. 따라서 위저즈는 라이선스 계약의 성격을 재검토하기 시작했고, 결국 게임 시스템 라이선스(GSL)를 도입했다. 그 결과 제3자 퍼플리셔들은 4판과 호환되는 게임을 생산할 때 약간 더 제약이 늘어난 개정 지침에 따라야 했다. 하지만 4판과 D&D 예전 판의 제3자 퍼플리셔가 만든 확장팩 사이에 시장경쟁이 벌어져, 위저즈는 자기 자신의 제품과 차별화를 해야 하는 예상치 못한 모순적인 상황에 직면했다.

가장 큰 위협은 4판으로 바뀌면서 소외감을 느낀 팬들의 관심 덕분에 큰 인기를 끌게 된 파이조 퍼블리싱의 〈패스파인더Pathfinder〉 게임이었다. 파이조는 버려진 공식 v3.5 게임 규칙을 OGL 조건에 따라 효과적으로 되살려 기존 시장에서 소외된 팬들을 지원했다. 파이조는 예전에 〈던전〉과 〈드래곤〉지의 라이선스를 보유했던 회사로 d20 확장판을 개발한 경험이 있어서 D&D를 속속들이 알고 있었다. 당시 한 산업 통계에 따르면, 〈패스파인더〉는 D&D를 앞지르기도 했다. 파이조는 심지어 표지도 웨인 레이놀즈에게 맡겨서 v3.5 시대 느낌이 나는 비주얼을 만들었다.

워락은 어디에 있을까?
4판 〈던전 마스터 가이드〉에 실린 랄프
호슬리의 다양한 캐릭터가 활동적인 도시
장면을 가득 채우는 역동적인 아크릴화.
웨인 레이놀즈처럼 호슬리도 영국 리즈
출신이다.

RALPH
HORSLEY
ARTIST FAVORITE

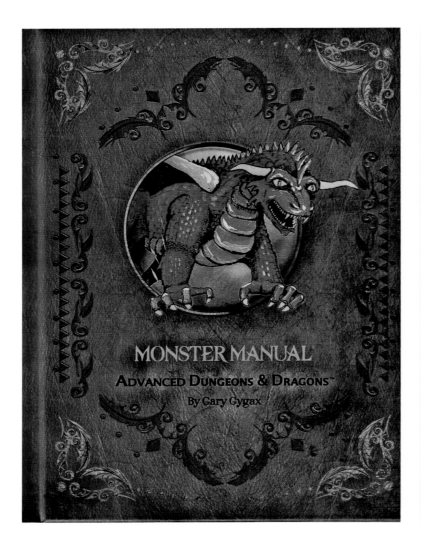

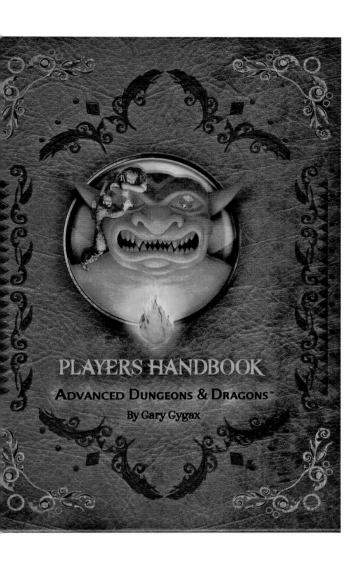

PLAYERS HANDBOOK

ADVANCED DUNGEONS & DRAGONS™

By Gary Gygax

복고풍

쉴 새 없는 수정, 신판 출간, 고전을 따라 한 게임이 판을 치던 10년이 흐른 후, 업계에서는 이 격동의 시기를 '판의 전쟁'이라고 부르기 시작했다. D&D 에게야 새삼스러울 것도 없고 환영할 만한 변화도 많이 가져왔지만, 오랫동안 D&D를 하던 플레이어들은 피로감을 느끼게 되었다. 팬들은 인터넷상에서 '구닥다리 르네상스Old School Renaissance'와 같은 비공식적인 커뮤니티를 결성했다. 이 커뮤니티는 기원이 된 AD&D 1판과 D&D 오리지널 초판본으로 돌아가길 원하던 근본주의자들의 모임이었다. 2000년대에 점차 동력을 얻던 이 운동은 4판에 대해 환상이 깨지면서 불에 기름을 부은 듯 성장했고, 2008년에는 개리 가이객스가, 2009년에는 데이브 아네슨이 사망하면서 더 활성화되었다. 초기 D&D를 어떻게 되살릴 수 있을까? 더 정확하게 말하자면, 원래 플레이했던 형태로 어떻게 돌아갈 수 있을까? 오리지널 초판본 규칙에 누락된 점이 많고 모호하다 보니 많은 사람이 D&D 초기 판을 자신만의 '복고풍으로 복제'해서 만들었고, 그중 일부는 소량 제작해 히트를 치기도 했다. 빈티지 게임을 다루는 웹 포럼이 많이 생겨났다. AD&D 1판 팬들을 위한 '드래곤스풋Dragonsfoot', 초기 D&D 제품의 수집가들을 위한 '더 아카에움The Acaeum'과 같은 사이트는 당초에 출시된 대로 게임을 탐험하길 원하는 플레이어들을 지원하는 네트워크가 되었다. 소셜미디어의 힘으로 팬들은 스스로 모임을 조직하고 자신들이 발견한 가치 있는 게임을 홍보했다. 2009년 이후로 매년 열린 '1페이지 던전 콘테스트'가 좋은 예다. 2009년 킥스타터가 서비스를 시작하고 게이머들이 직접 만든 롤플레잉 게임에 투자를 요청하면서, 이 기간에 인터넷은 크라우드 펀딩을 하는 방법이 되기도 했다.

　위저즈는 과거를 그리워하는 사람들이 점차 많아지는 시장 상황을 분명히 인지했다. 2010년에 D&D 《에센셜》을 출시하면서 프랭크 멘처의 '레드 박스' 《기본 규칙》의 모습을 복제한 《스타터 키트Starter Kit》도 출간했다. 상징적인 래리 엘모어의 드래곤도 들어 있는 이 제품은 4판을 무시하던 '구닥다리' 플레이어들에게 능청스러운 신호를 보낸 것이라고도 할 수 있다. 위스콘신주 레이크 제네바에 개리 가이객스의 기념비를 만들기 위한 모금 활동으로 위저즈는 제일 초창기 AD&D 1판 재인쇄본을 출시해 판매 수익금을 재단에 기부했고, 그 뒤로 오래된 책들의 재인쇄와 디지털판 발매가 이어졌다. 〈던전 앤 드래곤〉 탄생 40주년이 다가오자, 위저즈는 손바닥만 한 판형의 팸플릿을 오마주한 오리지널 초판본 D&D 게임의 디럭스 상자 세트를 출시해 레트로 팬들을 응원했다. 이번에는 나뭇결무늬의 판지 상자가 아니라 떼어낼 수 있는 뚜껑이 달린 튼튼한 나무 미니어처 보물 상자에 넣어 발매했다.

맨 위, 왼쪽 과거에 깊은 경의를 표하며 위저즈 오브 더 코스트는 1970년대의 오리지널 초판본 D&D와 AD&D를 기념하는 재인쇄판을 2012년과 2013년에 발간했다.

위 2013년에 발매된 기념용 오리지널 초판본 D&D 상자 세트는 가장 조잡하고 원시적인 D&D를 재현함으로써 축하했지만, 동봉된 주사위는 약간 화려함을 뽐냈다.

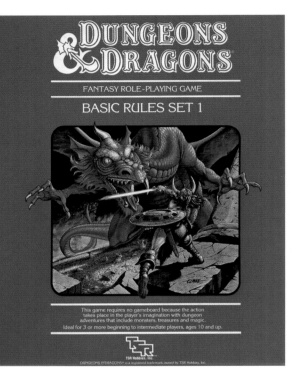

DUNGEONS & DRAGONS

FANTASY ROLE-PLAYING GAME

BASIC RULES SET 1

This game requires no gameboard because the action takes place in the player's imagination with dungeon adventures that include monsters, treasures and magic.
Ideal for 3 or more beginning to intermediate players, ages 10 and up.

DUNGEONS & DRAGONS® is a registered trademark owned by TSR Hobbies, Inc.

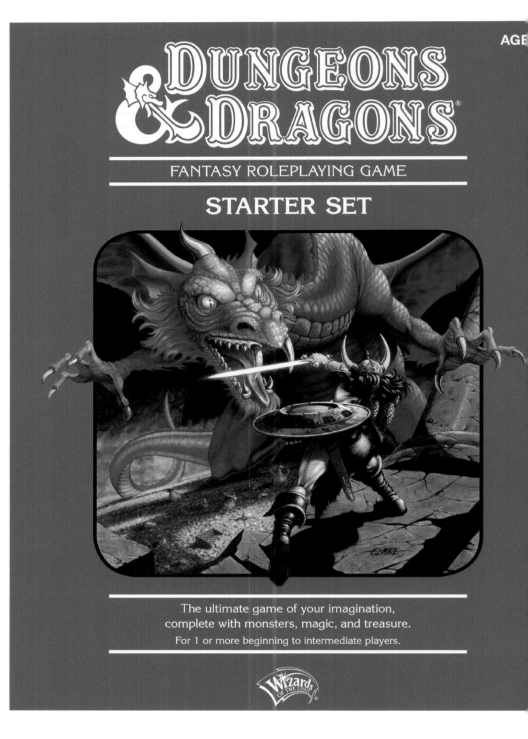

DUNGEONS & DRAGONS®

FANTASY ROLEPLAYING GAME

STARTER SET

The ultimate game of your imagination, complete with monsters, magic, and treasure.
For 1 or more beginning to intermediate players.

Wizards OF THE COAST®

틀린 점을 찾아라! 1983년 《기본 세트》(위)와 얼핏 보기에는 거의 복제판 같은 2010년 《기본 세트》(오른쪽). 물론 상자 안의 내용물도 비슷하다. 한눈에도 1983년 버전은 "게임보드가 필요 없다"고 보장하고 있지만, 2010년 버전은 복잡한 4판의 규칙에 기반했기에 미니어처와 그리드 지도에 많이 의존한다. 4판에서 단순함을 찾을 수 있는 곳은 밋밋한 검정 주사위뿐이었다.

맞은편 IDW은 D&D 디자이너와 함께 협력했고, 역동적인 RPG 세션에서 방금 튀어나온 것처럼 느껴질 정도로 스토리를 멋지게 해석한 경우도 많았다.

IDW™

#1 • $3.99 • CVR A

ROGERS
DI VITO

DUNGEONS & DRAGONS™

Cover by Tyler Walpole

WWW.IDWPUBLISHING.COM • $3.99

001111

8 27714 00176 1

왼쪽 NBC의 시트콤 〈커뮤니티〉에서 체비 체이스가 연기한 그린 데일 커뮤니티 칼리지 학생 피어스 호손은 AD&D 게임에서 분명 자신에게 경쟁 우위가 될 비밀을 발견한다.

아래 왼쪽 최고 수집가이자 '구닥다리'인 빌 마인하트가 자신의 컬렉션을 먼지와 햇빛으로부터 보호하고 산화되지 않도록 맞춤 제작한 진짜 도서관 '더 월' 앞에 서 있다. 마인하트와 같은 수집가들은 '신의 사본'이라 부르는 사용하지 않은 완벽한 제품을 손에 넣기 위해 현장 경매와 온라인 경매에 열심히 참가했다.

아래 오른쪽 킥스타터는 어떤 취향에 특화된 RPG라도 자금을 조달할 수 있는 곳이 되었을 뿐 아니라, 킥스타터의 게임 총괄 루크 크레인이 주최한 D&D 게임을 정기적으로 열기도 했다.

맞은편 킥스타터의 직원 칼리 굿스피드가 만든 이 〈혼돈의 동굴〉 플레이어 지도는 킥스타터가 게임에 참여했다는 증거였다.

D&D는 소설과 만화책을 통해서도 오래된 캠페인 설정과의 연관성을 강화했다. 위저즈는 2010년 한 해에만 15종의 〈포가튼 렐름〉 책들을 출간했고, 이 중에는 에드 그린우드와 R. A. 살바토레, 더그 나일스 같은 인기 작가의 작품들도 있었다. 초기 성공을 거둔 지 수십 년이 지난 뒤에도 살바토레는 여전히 팬들의 호응을 받았다. 2010년 살바토레의 《건틀그림Gauntlgrym》은 뉴욕타임스 베스트셀러 목록 13위를 차지했다. 이 책들은 키스 베이커의 《에버론》 책 같은 새로운 캠페인 설정의 소설들과 나란히 서점의 선반을 장식했고, 가끔 가끔 트레이시 힉맨과 마가렛 와이스가 쓴《크린》 책의 공손한 방문을 받기도 했다. 게다가 IDW가 2010년에 시작된 만화책 덕분에 D&D와 〈포가튼 렐름〉은 그래픽 서사를 돌려받았다.

2000년대 말에는 '범생이 문화'를 무시할 수 없었다. 뉴스는 물론이고 할리우드와 컴퓨터 게임 산업이 쏟아내는 영향력이 큰 콘텐츠에도 빠짐 없이 보였다. 주류 매체에서 전설적인 롤플레잉 게임을 언급하는 것은 흔한 일이고, 1983년 CBS에서 D&D 애니메이션 시리즈의 프로듀서였던 조스 웨돈Joss Whedon의 〈버피 뱀파이어 슬레이어Buffy the Vampire Slayer〉와 〈빅뱅이론 The Big Bang Theory〉과 같은 인기 TV 프로그램에서도 단골인사로 등장했다. 특히 록앤롤의 전설 앨리스 쿠퍼Alice Cooper가 시트콤 〈70년대 쇼〉에 출연해 D&D를 플레이한 장면은 유명했다. D&D 광팬인 댄 하먼Dan Harmon이 만든 시트콤 〈커뮤니티〉의 〈어드밴스드 던전 앤 드래곤〉 에피소드에서는 등장인물들이 둘러 앉아 이 테이블 게임을 하는 모습을 방송했는데, 나중에 〈어드밴스드 어드밴스드 던전 앤 드래곤〉이라는 에피소드도 나왔다. 〈트랜스포머〉 제작책임자 톰 드산토 Tom DeSanto와 에이미상 수상작 〈빕Veep〉의 작가이자 진행자 데이비드 만델David Mandel과 같이 수십 명의 영향력 있는 플레이어들이 할리우드를 장악하고 침투하기 시작했다. D&D 팬들은 마침내 당당하게 고개를 들 수 있었다. 4판에 대한 팬들의 의견은 분분했지만, 결과적으로 위저즈는 새 제품군에 전력을 다해서 핵심 책의 후속작들과 몇 가지 리부팅된 캠페인 가이드를 포함해 총 30여 종 이상의 제품을 출시했다.

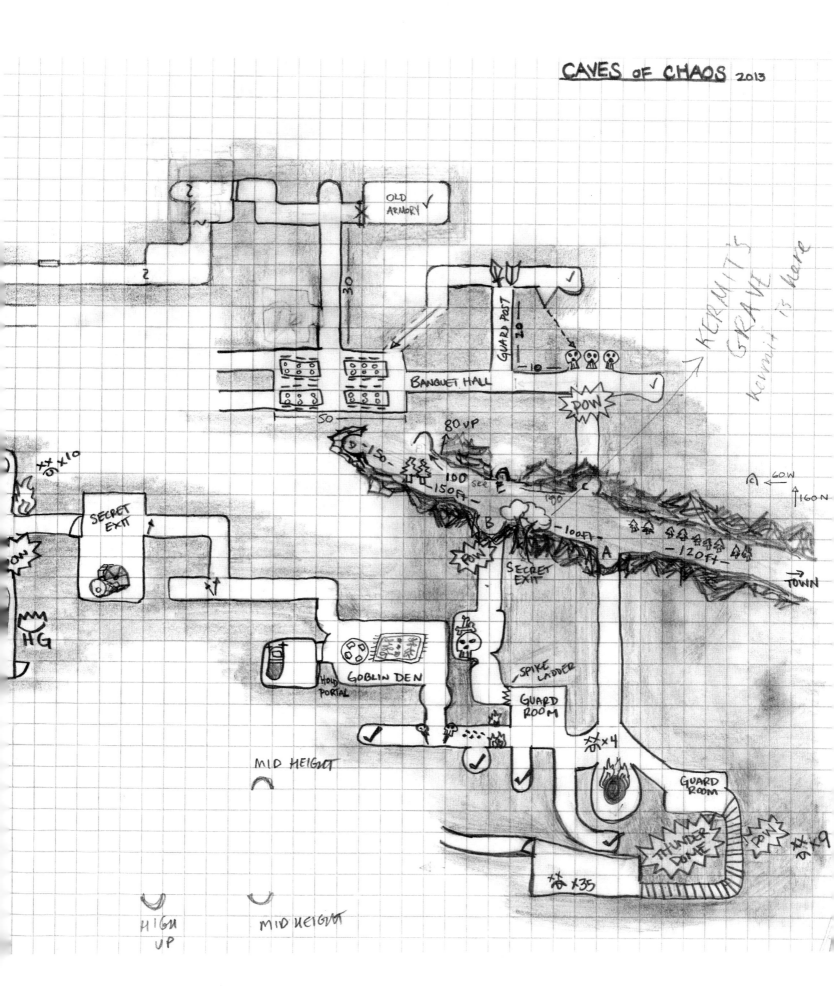

CAVES OF CHAOS 2013

OLD ARMORY

BANQUET HALL

GUARD POST

KERMIT'S GRAVE
kermit is here

POW

80 UP

SECRET EXIT

100
150 ft
see
190

HG

GOBLIN DEN
HOLD PORTAL

SECRET EXIT
POW
100 FT
120 FT
TOWN

60 W
160 N

SPIKE LADDER

GUARD ROOM
×4

×35

GUARD ROOM

THUNDER DOME
POW
×9

MID HEIGHT

HIGH UP

MID HEIGHT

DUNGEONS & DRAGONS
FORGOTTEN REALMS / CAMPAIGN GUIDE

ROLEPLAYING GAME SUPPLEMENT
Bruce R. Cordell • Ed Greenwood • Chris Sims

이 페이지 마이클 코마크의 표지 그림이 수록된 《포가튼 렐름
캠페인 가이드》는 팬들이 고대하던 인기 설정을 되살렸지만,
D&D 4판의 마법 시스템이 변경되면서 《포가튼 렐름》도
근본적으로 바뀌어야 했다. 그 결과 도입된 '주문 역병'를 비롯한
격변적 사건은 플레이어 커뮤니티를 분열시켰다. 결국 이러한
변화는 4판 제품군이 종결된 이후 예전의 익숙한 형태로
되돌려졌다.

맞은편 《에드 그린우드가 선사하는 엘민스터의 포가튼 렐름Ed
Greenwood Presents Elminster's Forgotten Realms》 표지에서 제스퍼
에즈싱은 이전의 길고 가느다란 트롤을 완전히 다시 디자인
했다. 비록 새로운 설정으로 빈번히 실험당하며 세계 지도와
일부 연대기가 변경되긴 했지만, 《포가튼 렐름》 설정은 D&D
4판의 중심이었다.

위 1973년경 데이브 메거리의 시제품 〈던전!〉 게임
보드

맞은편 프란츠 포빙켈의 아트와 함께 2010년
출간된 〈던전!〉 보드

D&D가 멋있는 문화로 부상하고, 〈카탄의 개척자Settlers of Catan〉와 같은 '유럽 게임'들의 인기와 해즈브로의 배급력으로 덕분에 위저즈는 과거의 〈클루〉나 〈판타지 모험 보드게임〉보다 더 깊이 있는 D&D 브랜드 게임으로 2010년대 보드게임 시장에 공격적으로 돌아왔다. 2010년 〈캐슬 레이븐로프트Castle Ravenloft〉를 시작으로 무작위 지형 타일과 인카운터 카드를 사용하는 협력 플레이 〈D&D 어드밴처 시스템〉 보드게임 제품군이 등장하자, 플레이어들은 고전 D&D 설정을 탐험하고 대표적인 캐릭터를 플레이할 수 있게 되었다. 후속작에서는 플레이어들이 드리즈트의 역할을 맡거나, 〈악한 정령의 사원〉에서 퀘스트를 수행할 수 있었다. 〈모험 시스템〉 게임 디자인을 한 피터 리Peter Lee는 〈워터딥의 군주들Lords of Waterdeep〉로 〈포가튼 렐름〉

의 설정을 보드게임 시장에 도입하는 데에도 일조했다. 이 게임은 테이블에서 인기를 끌어 2012년 오리진 어워드에서 최고의 보드게임상을 수상했을 뿐만 아니라, 터치스크린 태블릿용 모바일 앱 버전까지 탄생시켰다. 〈워터딥〉의 또 다른 공동 디자이너 로드니 톰슨Rodney Thompson은 이 기간에 위저즈에게 좀 더 익숙한 프로젝트를 진두지휘했다. 전술 미니어처 커뮤니티에게 구애한 것이다. D&D 브랜드의 〈던전 커맨드〉 제품은 각 플레이어가 '명령 카드'를 섞은 덱에서 뽑고 크리처 카드를 '탭'하는 등의 〈매직: 더 개더링〉 콘셉트와 〈D&D 미니어처 게임〉에서 익숙한 워밴드 타일 연결을 통합했다. 확장팩 기반 비즈니스 모델이 있고 〈매직〉의 메커닉을 많이 사용한 〈던전 커맨드〉는 위저즈의 가장 성공한 두 제품 간의 긴밀한 시너지 효과를 얻게

DUNGEON!

HERO

Hero	Symbol	Find Secret Doors	GP to win	Safest Levels
Rogue		3–6	10,000	1–3
Cleric		5–6	10,000	2–4
Fighter		5–6	20,000	3–5
Wizard*		5–6	30,000	4–6

*Can't use Magic Swords but starts with 1 die + 6 Spell cards

SEQUENCE OF PLAY

On your turn, follow these steps.
Then play passes to your left.

1. Move   2. Encounter
3. Combat 4. Loot

MONSTER ATTACKS! ONLY IF YOU DIDN'T KILL IT FIRST.

Dice Roll Result

12	**Killed!** Drop all your Treasure cards. Select a new Hero (or the same Hero if no other Hero is available) and place it back on the Great Hall.
11	**Seriously Wounded:** Drop half your Treasure cards randomly (round up) and place your Hero back on the Great Hall.
8–10	**Wounded:** Drop 1 random Treasure card, and retreat one space. Lose 1 turn.
6–7	**Stunned:** Drop 1 random Treasure card.
2–5	**Missed!** No effect.

DUNGEON KEY

Level 1	Level 4
Level 2	Level 5
Level 3	Level 6
Door	Secret Door

OPEN ANOTHER ADVENTURE

PULSE-POUNDING EXPLORATION. BACK-STABBING INTRIGUE. MIND-BENDING STRATEGY.
THERE'S A DUNGEONS & DRAGONS® BOARD GAME FOR EVERY MOOD.

Legend of Drizzt®
Cooperative exploration with a new dungeon every game.

Dungeon Command™: Blood of Gruumsh™
Tactical battles featuring D&D's classic foes: orc raiders.

Dungeon!™
Classic family D&D® exploration.

Clue: Dungeons & Dragons
Beloved family game of heroic investigation.

Lords of Waterdeep®
Shadowy intrigue using strategic construction and loyal adventurers.

Scoundrels of Skullport™
Dual expansion set for Lords of Waterdeep.

DUNGEONSANDDRAGONS.COM

Dungeons & Dragons, Wizards of the Coast, their respective logos, all other Wizards titles, and character's distinctive likenesses are property of Wizards of the Coast LLC. ©2014 Wizards. CLUE is property of HASBRO, Inc, and is used with permission. All rights reserved.

DUNGEONS & DRAGONS®

아래 2010년 〈드리즈트의 전설〉 보드게임

맨 아래 2012년 〈워터딥의 군주들〉

맞은편 데이브 메거리의 〈던전!〉 보드게임의
신판을 포함한 D&D 테마의 보드게임 광고

될 것이었다.

이런 D&D 브랜드의 변종들은 때로 핵심 게임을 가릴 정도로 눈길을 끌기도 했다. 4판은 콘텐츠와 아트 디렉션 양면에서 아주 독특한 디자인을 대담하게 시도했지만, 4판《몬스터 매뉴얼》의 리드 디자이너 마이크 멀스 Mike Mearls는 "시장에서 이런 스타일의 게임은 이미 포화 상태다"라며 "D&D의 판타지 세계의 게임화라는 접근법이 한때는 신선하고 독창적이었지만, 수십 년이 흐르면서 상업화되고 디지털화되었다"라고 주장했다. D&D 브랜드가 거울을 들여다보며 자성의 시간을 가지는 건 시간문제였다. 그리고 D&D에게 거울이란 항상 팬 커뮤니티였다.

2012년 1월 9일, 위저즈는 D&D 신판의 향후 방향을 결정하기 위한 대규모 플레이 테스트 계획을 발표했다. '여러분의 목소리, 여러분의 게임'이 〈D&D 넥스트D&D Next〉의 발표 제목이었다. 테스트 가능한 첫 시스템 문서는 5월에 커뮤니티에 알려졌고, 2013년 초부터 〈D&D 인카운터〉 시리즈가 시즌 12 〈혼돈 교단과의 전쟁Against the Cult of Chaos Adventure〉 모험을 시작으로 〈D&D 넥스트〉 규칙의 일부 조항을 통합하기 시작했다. 플레이어들은 위저즈 웹사이트에 가서 최신 상태의 플레이 테스트 규칙을 받아 게임에 끼워넣을 수 있었다.

향후 2년 동안 위저즈는 D&D 행사장, 샌디에이고 코믹콘, PAX, 젠콘과 같은 행사는 물론이고 D&D 팬이 모인 곳이라면 어디든 디자인 프로세스를 가져갔다. 총 17만 5,000명 이상의 플레이어들이 참가했다. 위저즈는 던전 마스터 대군을 모집해 소규모 그룹을 운영하며 모험을 플레이 테스트하고, 피드백을 모으고, 버그를 발견하고, 커뮤니티가 새로운 게임 방식에 적응할 준비를 갖추게 했다.

위 2013년 〈혼돈 교단과의 전쟁〉에 수록된 알렉시 아파린의 표지 그림

맞은편 D&D 4판 시스템에 대한 불만이 뭐였건 간에 아트는 그 대상이 아니었다고 할 수 있다. 4판에는 이 게임 역사상 가장 삽화가 풍부한 제품들이 포함되어 있다. 여기 보이는 것은 2012년 4판 확장판 《미지의 세계로Into the Unknown》 내부 삽화다.

아래 이 게임 역사상 최대 규모 테스트였던 〈D&D 넥스트〉 플레이 테스트 참가자에게 나눠줬던 버튼 배지

"소원은 필멸자 크리처가 시전할 수 있는
가장 강력한 주문이다. 단순히 큰 소리로 이야기만 해도
현실의 근간을 바라는 대로 바꿀 수 있다."

9

소원
(WISH)

5판

TYLER
JACOBSON

ARTIST FAVORITE

맞은편 타일러 제이콥슨이 그린 《던전 마스터 가이드》 5판 표지를 장식한 아크리치 아세레락

아래 레이몬드 스완랜드(아래, 오른쪽)와 타일러 제이콥슨(아래, 왼쪽과 중앙)이 표지를 그린 5판의 최신 '성 삼위일체' D&D 책들

2014년은 D&D 탄생 40주년이자 D&D 5판이 출시된 해였다. 의견이 분분한 4판이 출시된 지 겨우 6년 만에 세계에서 가장 유명한 RPG 이전 4개 버전에서 가장 사랑받은 특징과 메카닉에 신선한 게임 디자인을 융합해 더욱 날렵해진 버전을 출시했다. 이는 신규 팬과 베테랑 팬 모두를 유치하기 위한 최적의 융합이었다.

2판과 3판의 황금기에 D&D는 최고의 RPG 시스템이라는 자리를 탈환하려고 혈안이 된 수많은 경쟁자를 양산했다. 상황이 이렇다 보니 디자이너들은 긴장했고, 몇 년마다 한 번씩 〈스펠재머〉, 〈미스타라〉, 〈플레인스케이프〉, 〈다크 선〉, 〈레이븐로프트〉 등 새롭고 독특한 설정으로 브랜드 비주얼을 재창조했다. 그 결과 과도한 확장판과 모듈로 소매시장을 빠르게 치고 빠지는 비즈니스 철학이 생겨나게 되었다. 자주 오해를 받는 D&D 4판은 콘솔 비디오 게임과 데스크톱 컴퓨터 게임 호황기에 출시되어 정체성의 위기를 겪었다. 그 결과 D&D는 다른 양식과 경쟁할 뿐만 아니라, 디지털 소비자들에게 자신의 존재 이유를 설득시켜야 했다.

5판이 이전 버전에 대한 대응이었다는 말은 상당히 절제된 표현일 것이다. 이제 플레이의 속도를 높이기 위해 규칙을 간소화시켰다. 이벤트 해결에 영향을 미칠 수 있는 다양한 상황의 수를 이점과 불리점이라는 간단한 메카니즘으로 단순화시켰다. d20 한 쌍을 굴려서 이점이 있으면 높은 수를, 불리점이 있으면 낮은 수를 선택했다. 이제 기술 판정과 내성 굴림은 6개의 캐릭터 능력에 고정되어 있었다. 오리지널 초판본 게임에서처럼 석화를 위해 특정 내성 굴림 값을 찾거나 3판처럼 강인함 내성을 계산할 필요 없이, 이제 캐릭터들은 그냥 건강 내성을 굴리고 그 능력의 표준 수정치를 더했다. 5판에서는 인디 RPG에서 익숙해진 롤플레잉 권장 요소도 찾아볼 수 있는데, 캐릭터의 이상, 유대, 단점과 같은 것들을 구체화하고 플레이어가 캐릭터 본성에 맞게 플레이하면 던전 마스터가 보상을 주는 고양감 메커니즘이 그것이다.

그 게임을 5판이라 부르는 것조차도 게임을 〈던전 앤 드래곤〉이라고 단순하게 이름 붙이고 꼭 필요할 때만 버전 번호를 붙였던 게임 크리에이터의 브랜딩 의도에 어긋날 것이다. 매월 또는 매주 발매되는 사소하고 저렴한 작품보다는 매년 발행되는 소수의 주력 제품을 중심으로 출시 일정을 구조화한 덕분에 위저즈 오브 더 코스트 디자이너는 더욱 신중하게 작업할 수 있었다. 심지어 게임의 일부 기본 규칙을 무료로 다운로드를 할 수 있게 공개하기도 했는데, 캐릭터를 만들고 모험을 진행하는 방법에 대한 근본적인 내용을 다루는 거의 200쪽에 달하는 분량이었다. 이 모든 사업 계획은 과거를 거울 삼은 명확하고 신중한 전환이었다.

WHAT DID YOU DO LAST NIGHT?

D&D

ENCOUNTERS ™

Build your character and play at a store near you.

DUNGEONS & DRAGONS®

TM & © 2014 WIZARDS OF THE COAST LLC.

DUNGEONSANDDRAGONS.COM

위 〈D&D 인카운터〉의 2014년 지면 광고로, 지역 게임 가게에서 조직적인 플레이를 권장하는 지속적인 프로젝트다.

맞은편 윌리엄 오코너의 5판 〈던전 마스터 가이드〉에 수록된 신선하고 절제된 내부 그림. 장대하고 위태로운 던전으로 한 걸음씩 내려갈 때마다 위험이 커지는 걸 느낄 수 있다.

타일러 제이콥슨이 그린 웅장한 레드 드래곤은 5판
〈던전 마스터 스크린〉의 외부 삽화이며, 위저즈 오브 더
코스트의 워싱턴주 렌톤 본사에 있는 회의실 벽도
자랑스럽게 장식하고 있다. 위저즈의 직원 커트 구드가
2013년 위저즈 오브 더 코스트 창고에서 발견한 데이브
서덜랜드의 오리지널 초판본 기본 상자 삽화인 레드
드래곤과 함께 타일러의 드래곤 앞에서 포즈를 취하고 있다.

옛것이 다시 새로워지다

이전 판들이 끊임없이 변화하는 시장에 대응하려 했다면, 5판은 신선한 자신감을 내뿜으며 스스로 자립하려 했다. 5판은 자신을 따라 한 테이블 게임 경쟁작들에게 무관심했듯이 비디오 게임 산업에도 관심이 없는 것 같았다. 위저즈 오브 더 코스트는 마치 〈던전 앤 드래곤〉을 현재 게임계의 제우스로 받아들이는 것 같았다. 결국 게임 산업에서 가장 혁신적인 콘셉트의 대부분이 〈던전 앤 드래곤〉의 머리에서 탄생했다.

이런 자유로운 접근 방식은 제레미 크로포드Jeremy Crawford, 마이크 멀스, 크리스 퍼킨스Chris Perkins의 크리에이티브 팀이 〈던전 앤 드래곤〉의 과거 스토리를 발굴할 동기와 여유를 부여했다. 다양한 세계에서 고전 모험을 되살린 《스트라드의 저주The Curse of Strahd》, 《종말의 대공Princes of the Apocalypse》(《악한 정령》으로도 알려짐), 《야닝 포탈 이야기Tales of the Yawning Portal》, 《톰 오브 애니힐레이션Tomb of Annihilation》 등은 모두 과거로부터 영감을 얻고 미래를 향해 자신 있게 걸어갔다. "우리는 스토리에서 상징적인 D&D 요소들을 사용하려 했다. 나는 한동안 D&D에 존재하는 것들을 새롭게 해석하고 싶었다. 예를 들어 〈언더다크Underdark〉를 가져다가 《이상한 나라의 앨리스》의 주제와 함께 섞는 것이다. 다만 《스트라드의 저주》의 경우는 그냥 고전을 다시 소개하고 싶었다"라고 퍼킨스가 밝혔다.

방심할 수 없는 〈언더마운틴〉 던전으로 통하는 우물 입구가 있는 워터딥의 주막 이름을 딴 2016년 《야닝 포탈 이야기》도 고전을 다시 살려낸 것이다. 《선리스 성채Sunless Citadel》, 《타모아칸의 숨겨진 사원Hidden Shrine of Tamoachan》, 《하얀 깃털 산White Plume Mountain》, 《테이에서의 죽음Dead in Thay》, 그리고 전설적인 《거인에 맞서Against the Giants》와 같은 모험 모듈들이 모두 섬세하게 5판으로 변경됐다. 궁극적으로 이렇게 업데이트된 고전들은 융합하여 플레이어 캐릭터들의 모험 경력을 시작부터 끝까지 끌고가는 메가 모듈을 이루었다. 모험은 씁쓸한 종말을 맞이할 가능성이 높은데, 5판에서 되살아난 마지막 모듈이 가장 치명적인 던전인 《톰 오브 호러》이기 때문이다.

> "우리는 판타지의 상징적인 요소에 의지했고, 프로세스를 간소화해 플레이어들에게 익숙한 원형archetype을 만들었다."
>
> —5판 디자이너, 마이크 멀스

위 워싱턴주 렌톤에 있는 위저즈 오브 더 코스트의 현재 본사.

왼쪽 마이크 멀스(왼쪽), 제레미 크로포드(중앙), 크리스 퍼킨스(오른쪽)가 5판 디자인 회의에서 게임 메카닉에 대해 논의하고 있다.

맞은편 1983년 〈레이브로프트〉는 가장 위대한 AD&D 모험 모듈 중 하나로 널리 여겨진다. 2016년 〈스트라드의 저주〉는 1983년 모듈의 원래 저자 트레이시와 로라의 의견을 받은 리드 디자이너 크리스 퍼킨스가 만든 많은 새 콘텐츠와 으스스한 새로운 반전이 있는 5판으로 다시 풀이되었다.

WHAT ARE YOU AFRAID OF?

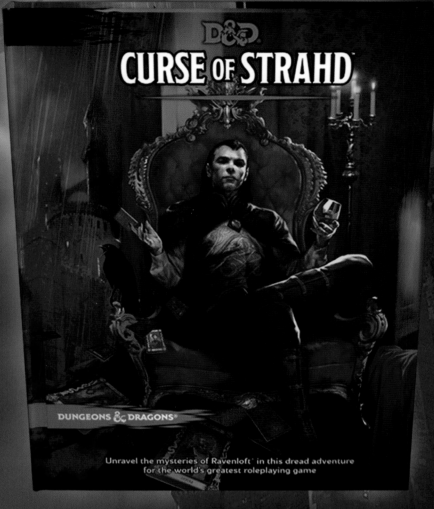

From lead writer Chris Perkins
in consultation with Tracy and Laura Hickman

A 256-page fantasy-horror campaign
Inspired by the original Ravenloft adventure

Official Release
March 15

ORDER
NOW

Designed for
levels 1–10

©2016 Wizards. D&D, Curse of Strahd, Dungeons & Dragons, their respective logos, and Ravenloft are trademarks of Wizards of the Coast LLC.

스트라드

1983

1994

"거대한 먹구름 아래에 레이븐로프트 성의 오래된 성벽을 배경으로 한
외로운 사람 그림자가 드러났다. 스트라드 폰 자로비치 백작은 깎아지를
듯한 절벽 아래의 마을을 내려다보고 있다. 어둠 속에서 차고 아린 바람에
망토가 펄럭이고 그의 주위로 죽은 나뭇잎들이 돌고 있다. 번개가 머리
위 구름을 가르며, 번쩍이는 하얀빛을 비추었다. 각진 근육의 얼굴과 손을
드러내며 스트라드가 하늘을 올려다보았다. 그에게서 힘과 광기의 표정이
보였다. 한때 잘생겼던 그의 얼굴은 밤보다 더 어두운 비극으로 뒤틀렸다."

－《레이븐로프트》, 1983

1990

2006

2016

둠볼트

AGE 12+

D&D®

DREAMS OF THE RED WIZARDS™

DEAD in THAY™
AN ADVENTURE FOR CHARACTERS OF 6™ – 8™ LEVEL
Scott Fitzgerald Gray

FORGOTTEN REALMS®
THE SUNDERING

"소드 코스트에 있는 대거포드 마을 근처에서 데이의 레드 위저드는 그들의 땅과 그 주인인 리치 군주 스자스 탐을 위해 악의 영향력을 넓힐 계획을 세웠다. (중략) 미친 데미리치 카짓 굴은 '둠볼트'를 만들어 그 안에서 죽는 이들의 영혼을 빨아들이려 했다. 스자스 탐과 그의 추종자들은 굴을 노예로 만들고, 둠볼트를 괴물들의 동물원이자 비의 마법의 실험실로 사용했다. (중략) 스자스 탐과 그의 추종자들은 둠볼트의 마법을 고쳐서, 선택된 자의 신성력을 추출해 리치 군주의 성물함에 주입함으로써 신성을 얻으려는 실험실을 만들었다."

–《테이에서의 죽음》, 2014

《테이에서의 죽음》(2014)의 독창적 특징이자, 〈D&D 넥스트〉 동안 발표된 '둠볼트'가 역사적 모험 선집 《야닝 포탈 이야기》용으로 재인쇄되었다. '둠볼트'는 비교적 새 창작물이지만, 악명 높은 1970년대 후반 AD&D 모듈도 질투할 만큼 치명적인 덫, 불구덩이, 적들로 인해 그렇게 느껴지지 않는다. 《툼 오브 호러》, 《언더마운틴의 폐허》, 그 밖의 살인 던전에 대한 경의라고 자칭하는 이 던전은 그 전의 모든 선배들에 대한 삐뚤어진, 하지만 따뜻한 긍정이다…. 아마도 그래서 '둠볼트'라고 불리는 듯하다.

The Doomvault

1 square = 5 feet

Statue
Door
False Door
Secret Door
Black Gate
White Gate
Sinkhole
Pit Trap

Fiendish Arena

Entry Point

Temple of Chaos

Abyssal Prisons

Abyssal Gate

Vermin Halls

Swine Run

Blood Pens

Hatchery

Temples of Despair

Entry Point

Pools of Devotion

Halls of Conditioning

Temples of Anguish

Temples of Extraction

Temples of Turmoil

Temples of Oppression

Dark Gardens

Hall of Necromancy

Warrior Pools

Flesh Golem Mortuaries

Temples of Nature

Hall of Obedience

Masters' Domain

Predator Pools

Clay Golem Kilns

Dread Legion Outpost

Spawn Pools

Golem Laboratories

Stone Golem Quarries

Iron Golem Foundries

Lake of Madness

Entry Point

Blood Pools

Culling Pens

Warren of Eyes

Entry Point

Augmentation Chambers

Forest of Death

Prison of Filth

Ooze Grottos

Spawning Pools

Far Realm Cysts

Immortal Caverns

Forest of Illusion

Forest of Weakness

Caverns of Chaos

Forest of Recovery

Forests of Slaughter

Entry Point

이 페이지 하피, 오튀그otyugh, 갈고리 공포, 젤라틴 입방체, 미믹 등의 몬스터 동물원menagerie of monsters은 던전 마스터가 사용하기 편하도록 예전 판을 다시 디자인했다.

맞은편 5판 《볼로의 몬스터 가이드》에 실린 하이드로 74의 특별판 표지

5판은 게임의 과거 스토리에 대한 철학을 환기했을 뿐 아니라 브랜드의 시각적 미학에도 손을 댔다. 아트는 표현을 절제했는데, 이는 D&D를 시각화하는 방법이 확실히 업데이트된 것이다. 스토리가 중심이 되었고, 각 작품마다 새로운 수준의 감정, 유머, 드라마를 요구했다. 이전 판본보다 이미지가 물 흐르듯 한 페이지에서 다음 페이지로, 한 챕터에서 다음 챕터로, 한 책에서 다음 책으로 흐르며 통일된 어조와 방향을 보여주었다.

D&D의 시니어 아트 디렉터 케이트 어윈의 지휘 감독 아래, 5판의 아트는 이전의 모든 것을 통일된 언어로 표현했고, 아트가 달라지긴 했지만, 과거 게임에서 등한시하던 크리처를 위한 공간까지 마련했다.

"이전 모든 판에서 몬스터들을 불러와 유머에서 엉뚱함에 이르기까지 게임에 대해 사람들의 평가가 엇갈리는 요소들도 모두 담았다. 그러나 우리의 주된 목표는 아트가 몬스터들의 매력을 '충분히 보여줘' 던전 마스터가 실제 게임에서 그 몬스터들을 사용하도록 하는 것"이라고 5판의 스토리 디자이너 크리스 퍼킨스가 말했다. 위저즈 오브 더 코스트는 《볼로의 몬스터 가이드》와 같은 세계관 속 지침서를 통해 이런 몬스터들의 스토리를 더 자세히 풀어냈다.

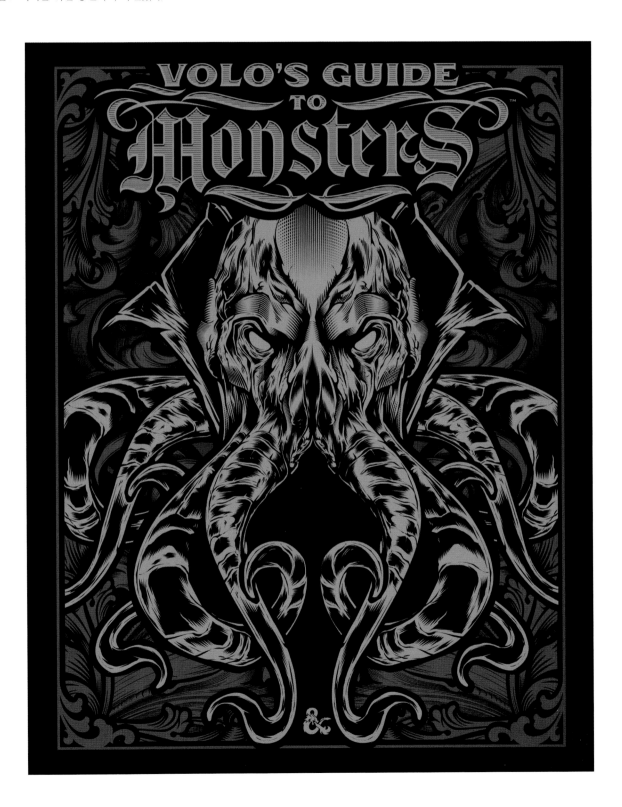

위 팬이 좋아하는 드로우 드리즈트 두어덴조차도 타일러 제이콥슨이 그린 새로운 모습으로 5판에 등장했다.

왼쪽 5판에서 흔히 볼 수 있는 현실적인 아트는 키에란 야너의 이 그림처럼 전투와 모험에서 생겨난 모든 감정을 시각적으로 표현하겠다는 의지를 반영했다.

맞은편 5판의 2014년 확장판 《드래곤 여왕의 무리Hoard of the Dragon Queen》에서 〈포가튼 렐름〉의 소드 코스트

5판의 스토리텔링 중심에 있는 〈포가튼 렐름〉은 이 게임의 역사에 항상 새겨져 있었다. 심지어 D&D 공식 용어에 등재되기 전, 에드 그린우드가 자신의 단편 스토리의 배경으로 개발할 때부터 그랬다. 그러나 이제 5판에서는 대륙의 다양한 다민족 지역들을 강조하면서 세계관의 모습은 다층적이고, 현실적이 되었다. 플레이어가 이 세상에 들어가면 무엇이든지 다 가능할 것 같았다. 풍부한 아트로 인해 생생하게 느낄 수 있었다.

5판에서는 모든 것이 가능하지만 그렇다고 전부 그럴듯한 것은 아니라는 미묘한 메시지를 전달했다. 4판에서 캐릭터들은 처음 만들 때부터 슈퍼히어로 같은 일을 할 수 있었다. 히어로들은 무자비한 죽음의 덫을 공중제비로 뛰어넘고, 엄청나게 거대한 도끼로 적을 토막 내고, 파괴적이고 눈에 띄는 마법으로 적에게 찬란한 죽음의 비를 내렸다. 그러나 5판은 다시 캐릭터의 발이 땅에 붙어 있게 하면서 게임에서 중력을 다시 살려냈다. 예상할 수 있듯이 모든 아트는 이러한 철학적 변화를 반영하고 있다.

갑옷도 사람이 실제로 입을 수 있는 것처럼 생겼다. 영웅이 휘두르는 무기도 필멸자에게 알맞게 변했다. 그리고 위저드는 체육관이 아닌 학교로 돌아간 게 분명하다. 데이브 트램피어의 1판 《플레이어 핸드북》 표지에 묘사된 털이 많고 지저분한 용병은 아니지만, 이 새로운 모험가들은 적어도 체구는 그들과 같았다. 즉 5판은 게임의 바로 앞 버전보다 최초 버전과 조화를 이루었고, 이 게임에 필멸성이, 아니면 적어도 인간성이 다시 돌아온 듯했다.

The Endless Ice Sea

Reghed Glacier

ICEWIND DALE

THE SPINE OF THE WORLD

MIRABAR

LUSKAN

River Mirar

The Crags

The Lurkwood

MITHRAL HALL

The Glimmerwood

ICE MOUNTAINS

CITADEL FELBAR

CITADEL ADBAR

RAUVIN MOUNTAINS

NESME

LONGSADDLE

SILVERMOON

NEVERWINTER

Neverwinter Wood

The Evermoors

EVERLUND

NETHER MOUNTAINS

TRIBOAR

YARTAR

The Lost Peaks

Anauroch

The High Road

The Far Forest

LEILON

SWORD MOUNTAINS

Kryptgarden Forest

WESTBRIDGE

The Star Mounts

GREYPEAK MOUNTAINS

RED LARCH

Westwood

The Long Road

Dessarin River

The High Forest

Dead Men Walking

WATERDEEP

Ardeep Forest

LOUDWATER

South Wood

LLORKH

PARNAST

The Black Road

Sea of Swords

SECOMBER

DAGGERFORD

The Trade Way

The High Moor

Serpent Hills

Marsh Chelimber

Forgotten Forest

The Lonely Moor

GREY CLOAK HILLS

Trollbark Forest

Serpent's Tail Stream

THE
SHAERADIM

Mintarn

DRAGONSPEAR

THE TROLL HILLS

The Winding Water

Najara

HILL OF LOST SOULS

BATTLE OF BONES

TROLLCLAWS

Coast Way

Forest of Wyrms

SOUBAR

Trielta Hills

Skull Gorge

WELL OF DRAGONS

The Fields of the Dead

TRIEL

DARKHOLD

SUNSET MOUNTAINS

BALDUR'S GATE

SCORNUBEL

Marsh of Tun

Chionthar River

ELTUREL

Coast Way

Reaching Woods

Dogwood

The Wood of Sharp Teeth

BERDUSK

CANDLEKEEP

BEREGOST

GREENEST

IRIABOR

EASTING

N

THE SWORD COAST

• TO AMN •

BLANDO

놀라운 지도

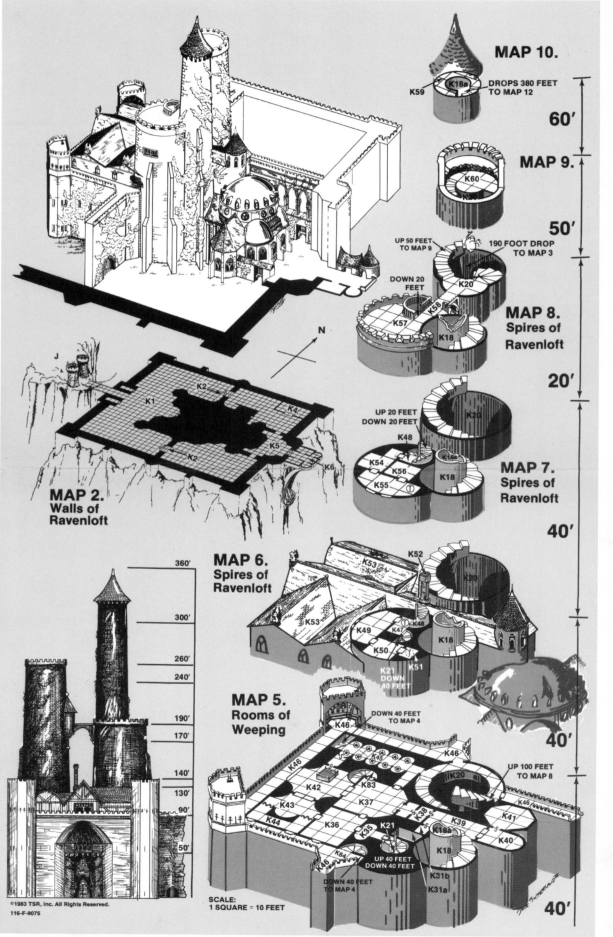

MAP 10.

K59 K18a DROPS 380 FEET TO MAP 12

60'

MAP 9.

K60

50'

UP 50 FEET TO MAP 9   190 FOOT DROP TO MAP 3

DOWN 20 FEET   K20

K58   K57   K18

MAP 8.
Spires of Ravenloft

20'

UP 20 FEET DOWN 20 FEET   K20

K48
K54   K18a
K56   K18
K55

MAP 7.
Spires of Ravenloft

MAP 2.
Walls of Ravenloft

K2   K1   K4   K5   K2   K6

N

40'

MAP 6.
Spires of Ravenloft

K53   K52   K53   K20   K49   K48   K47   K50   K18   K21 DOWN 40 FEET   K51

360'
300'
260'
240'
190'
170'
140'
130'
90'
50'

MAP 5.
Rooms of Weeping

DOWN 40 FEET TO MAP 4

K46   K46   K46   K20   K42   K83   UP 100 FEET TO MAP 8   K43   K37   K46   K44   K36   K38   K39   K41   K35   K21   K18a   K40   K46   K18   K31b   UP 40 FEET DOWN 40 FEET   K31a

DOWN 40 FEET TO MAP 4

40'   40'

©1983 TSR, Inc. All Rights Reserved.
116-F-9075

SCALE:
1 SQUARE = 10 FEET

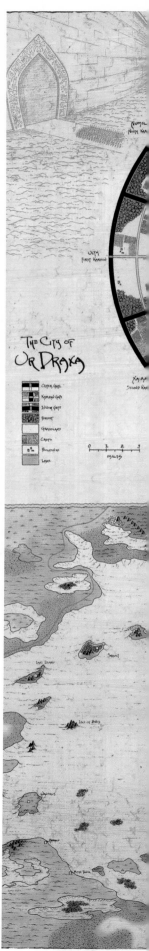

THE CITY OF
UR DRAXA

MILES

최초 D&D 지도는 가장 단순하고 실용적인 디자인을 사용했다. 주로 던전 마스터의 도구로 사용된 지도는 1970년대에는 형태보다 기능을 우선시했고 미학적인 면은 그다지 고려되지 않았다. 1980년대에 이르자 D&D 지도는 상당한 예술적 성장을 이루게 되는데, 기능을 개선하려던 이유도 일부 있지만 당시 D&D 모듈과 게임 책을 장식하던 업계를 최고의 판타지 아트와 발맞추기 위함이기도 했다. 게다가 표지나 삽화 아티스트가 그대로 지도를 담당하는 경우도 많았다. 이러한 변화는 그레이호크의 풀컬러로 그린 지형의 지도에서 레이븐로프트의 3차원 아이소메트릭 배치, 2판 캠페인 설정에서 자주 보이던 동선 계획과 고도를 같이 표시한 콤보 지도에 이르기까지 다양하게 나타났다.

왼쪽 1992년 《다크 선》에 수록된 작렬하는 태양에 바싹 마른 '녹과 불의 계곡Valley of Rust and Fire'에 위치한 '우르 드락사 시City of Ur Draxa' 지도. 디젤 라포스와 스티브 벡이 그렸다. 던전 마스터나 플레이어를 위해 만든 지도들은 게임의 한 부분이면서 게임 아트와 겉모습의 한 부분이기도 했다.

맨 왼쪽 데이브 서덜랜드가 그린 스트라드 폰 자로비치의 레이븐로프트 성의 유령 탑

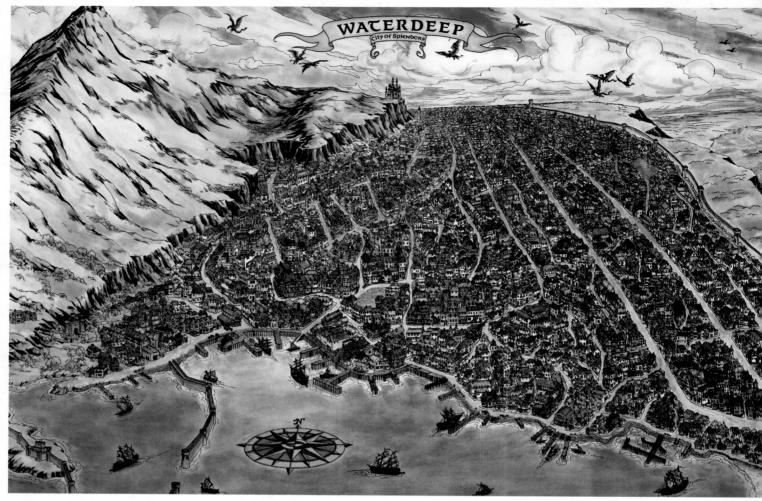

WATERDEEP
City of Splendors

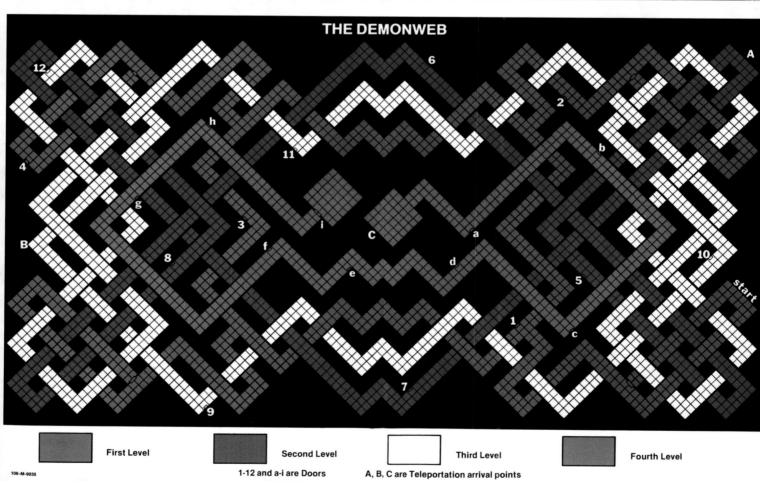

THE DEMONWEB

| | First Level | | Second Level | | Third Level | | Fourth Level |

1-12 and a-i are Doors

A, B, C are Teleportation arrival points

106-M-9035

GUARDROOM

ILLITHID QUARTERS

COMMON ROOM

CLEANSING CHAMBERS

ELDER BRAIN CHAMBER

BRAIN LIBRARY

RESTING POOL

TRANSFORMATION CHAMBER

PRISON

TADPOLE CHAMBERS

LIBRARY/DISSECTION CHAMBER

ESCAPE SHAFT

GUARDROOM

MIND FLAYER COLONY

UNDERCAVERN

50 FEET

BLANDO

위 《볼로의 몬스터 가이드》에 수록된 마인드 플레이어 식민지 샘플 지도. 지금까지 5판의 지도들은 미학과 기능성 사이의 균형을 잘 맞추었다.

맞은편 위 1988년 《포가튼 렐름 도시 시스템》 부가 상품에 실린 데니스 카우스와 프레이 그래픽스의 활기찬 '워터딥 시' 조감도

맞은편 아래 모험 모듈 《데몬웹 구덩이의 여왕》에 수록된 속표지 지도

D&D 역사상 가장 위험한 던전 중 한 곳을 재조명해서 가볍게 만든 제이슨 톱슨의 2014년 지도

위저즈 오브 더 코스트 연구개발팀은 5판의 개발에 앞서 모든 버전의 D&D 규칙을 플레이하기로 결정했다. 에릭 홈즈, 톰 몰드베이, 프랭크 멘처의 오리지널 초판본 D&D, 《기본》 세트, AD&D 1판, 2판, 3판, v3.5, 4판까지 다양했다. 게임의 핵심 가치를 다시 연결하고 세우기 위해 모든 판본을 D&D 넥스트와 같은 플레이 테스트 과정을 거치며 끊임없이 평가하고 연구했다. 디자이너들은 이 게임의 오랜 팬으로서 영광스러운 날을 재현하고 싶을 뿐만 아니라, 40년을 거친 게임 시스템의 정수를 담아 21세기에도 뻗어갈 수 있게 이끌고자 했다. 그렇게 팬 커뮤니티는 소원을 성취했다. 이전 작품들의 여정이 5판의 그림들에 손에 잡힐 듯이 나타났다. 〈블랙무어〉 늪의 진흙이 새로운 모험가들의 장화에까지 잔뜩 묻었다. 그 결과 스토리가 있는 세계에서 싸우다 죽는 수백만 플레이어 캐릭터들의 오랜 역사가 녹아 있는 세계가 탄생했다.

모든 표지와 주요 아트는 이 게임이 전달하는 스토리를 실감 나게 만드는 환상적이면서도 구체적인 이미지를 사용해 D&D의 정수를 녹여내려 했다. 이런 비주얼을 바탕으로 기준이 세워졌고, 후속작들은 기존의 경험과 잘 어울려야 할 뿐 아니라 한층 더 끌어올려야 했다. 각 그림은 예전의 모습을 연상시키면서도 완전히 뛰어넘었고, 그 대부분은 설정, 캐릭터, 분쟁 범위

와 어조가 녹아 있어서 한 편의 영화 같은 스토리를 전달했다. 또한 시간의 흐름을 전달하면서 플레이어들의 마음을 파고들어 이야기를 한층 더 발전시키도록 자극했다.

가장 중요하며 피할 수 없는 사실은 거의 모든 아트가 과거의 아트를 숙고한 결과라는 것이다. 예를 들어 티아마트, 스트라드, 저그트모이 또는 아세레락에 대한 해석은 대담하고 새로운 비전을 만들기 위해 대표적인 특징들을 반복했고, 그 결과 각 캐릭터는 상징적인 과거를 뛰어넘어 랜드마크 같은 화신으로 당당히 자립할 수 있게 했다. 이러한 노력이 성공할 수 있었던 까닭은 이전 에디션에도 많이 참여해 주제에 대한 엄청난 식견과 성공을 가늠할 수 있는 능력을 갖춘 5판의 크리에이터들 덕분이었다.

지금까지 5판은 '테이블 위의 거인'의 가장 풍부한 판타지 이미지와 범위, 규모와 높은 현실감을 웅장한 비주얼의 향연으로 제시해, 독자들이 극적인 모험의 이미지로 뛰어들게 했다. 과거를 나침판으로 삼은 5판이 D&D의 최고 버전이 되기 위한 여정을 멈출 이유가 없다. 판매량과 플레이어 수가 4판 이후 3배 이상 성장해 2017년 위저즈의 추산에 따르면 미국 플레이어 수만 860만 명에 달했다.

위와 오른쪽 2014년 《스타터 세트》는 그동안 입문자 세트에는 들어 있지 않았던 텍스처가 있는 주사위가 들어 있다.

맞은편 키릴 반 더 해근이 그린 진귀한 세계관 속 공포물들로 장식된 실사 같은 벽은 독자들에게 5판 《플레이어 핸드북》에서 공간감과 현실감을 느끼게 했다.

이전 2015년 〈데몬의 진노Rage of Demons〉 캠페인 출시를 위해 타일러 제이콥스가 그린 마케팅용 아트는 균류의 데몬 여왕 저그트모이와 쥬블렉스의 결혼식 장면을 보여주었다.

1판 《몬스터 매뉴얼》 속에 등장하는 티아마트와
5판 디자이너들이 가장 좋다고 꼽은 마이클
코마크의 《티아마트의 부활》 표지 삽화

어디서든 TRPG

연필을 깎고, 지우개도 준비했다. 주문 페이지가 펼쳐진 《플레이어 핸드북》 옆에는 새로 작성한 캐릭터 시트가 있다. 반투명한 주사위 세트는 어두운 지하실 불빛 아래서 반짝인다. 던전 마스터는 음울한 목소리로 장면 설명을 했다. "대략 너비 600피트(180미터)에 길이 900피트(270미터)의 낮고 꼭대기가 평평한 언덕이 땅에서 솟아 있다. 지저분한 잡초, 가시덩굴, 가시나무가 60피트(18미터) 높이 언덕의 가파른 측면과 위에 자라 있다. 검은색 바위들이 언덕 위를 장식하고 있다…" 그러나 플레이어들이 한 장소에서만 이 게임을 하는 건 아니었다. 플레이어들은 여러 대륙에 흩어져 다른 세상에 살고 있었다. 인터넷을 통해 실시간으로 함께 모험하며, 치즈 퍼프 과자 그릇만 빼고 모든 걸 같이 공유했다. 가장 현대적인 D&D의 세계로 온 여러분을 환영한다.

1974년 이후로 게임 디자이너, 던전 마스터들, 플레이어들은 모두 〈던전 앤 드래곤〉을 시각적으로 표현하고 경험할 수 있는 새로운 방식을 찾으려고 노력했다. D&D 게임의 본질 자체가 그런 순수한 욕망을 끌어내게 된다. 혁신적인 디자인과 디테일에 집착한 D&D는 게임에 필요한 사실주의적인 판타지를 구현했다. 한편 D&D는 테이블 게임으로 처음 탄생했지만, 40년이 넘는 세월 동안 D&D만의 독특한 스토리의 공동체적인 경험을 어떻게든 당대에 유행하는 형태로 디지털화시키려는 시도를 수없이 해왔다.

초기 D&D 컴퓨터 게임은 좋게 말해도 구식이었고 기본적인 비주얼과 메카니즘 콘텐츠를 빌려온 거의 혼자만의 경험이었으며, 컴퓨터라는 매체가 가진 잠재력만 암시할 뿐이었다. 이후 그래픽의 혁신으로 대담해진 콘솔 게임은 비트와 바이트로 주문을 일으키고 검을 마주치는 협력 방식을 제공했지만, 이러한 시도도 펜과 종이의 게임이 주는 예측 불가능성은 여전히 담아낼 수 없었다. 한편 몰입형 MMORPG 플레이어들이 아바타를 통해 전 세계적으로 연결될 수 있었지만, 이런 형태는 테이블 버전처럼 잠재적으로 팽창하거나 무한정 확장되는 제품을 내지 못했고, 고전 D&D의 핵심 근간인 협력적 스토리텔링 요소를 구현하는 데 어려움을 겪을 때가 많았다.

실현되지 못했지만 4판 D&D '가상 테이블'처럼 아날로그와 디지털 RPG 사이에 균형을 잡으려는 시도가 여러 번 있었으나, 〈롤20Roll20〉과 〈판타지 그라운드Fantasy Grounds〉 같이 독립적으로 제작된 소프트웨어가 등장하고 나서야 마침내 아날로그와 디지털 RPG 간의 시너지 효과를 누릴 수 있게 되었다. 전 세계 플레이어들이 '만나서' 함께 경험한다는 이 게임의 원래 의도대로 즐길 수 있었던 것이다. 이제 게임은 한동네 사람들과만 할 수 있는 게 아니다. 누구나 손끝에서 글로벌 커뮤니티를 만날 수 있게 되면서 게임은 다시 기본을 강조하게 되었다. 그리고 D&D는 상호작용하는 롤플레잉 게임이라는 설계 의도를 자유롭게 달성하게 되었다.

이러한 혁신은 플레이어를 모이게 하는 이상의 역할을 했다. 실제로 같은 방에 있는 사람들도 게임 플레이를 더 쉽게 할 수 있었다. 평면 스크린이 테이블이 되고, 글자 그대로 지도가 되는 때도 많다. 끊임없이 바뀌는 스탯은 즉시 수집되어 모든 사람이 볼 수 있게 화면에 나타난다. 그 하피가 얼마나 피를 흘릴까? 이제 플레이어들은 토큰의 색깔을 보고 생명 상태를 알 수 있었다. 심지어 지도가 캐릭터의 움직임과 연동되어서 실제로 경험하는 듯 장애물과 덫과 몬스터와 비밀의 문을 보여준다. '동적 조명dynamic lighting'과 같은 도구를 쓰면 던전 마스터는 한층 더 세밀한 조정이 가능해져서 플레이어들은 자기 캐릭터가 볼 수 있는 것만 보게 되었고, '전쟁의 안개'라는 말의 진정한 의미를 살릴 수 있다.

그리고 이것으로 플레이어뿐 아니라 시청자라는 새로운 관중이 등장했다. 수십 년간 사람들은 모르는 사람의 D&D 경기를 관전한다는 건 생각조차 할 수 없었다. 그러나 트위터와 유튜브 같은 비디오 웹사이트는 새로운 형태의 콘텐츠에 엄청난 관중이 있을 뿐 아니라 D&D를 직접 플레이하는 것 못지않게 다른 사람의 경기를 관람하고 싶어 하는 욕구가 크다는 것을 증명했다.

복스 마키나Vox Machina라고 알려진 히어로들의 시련과 고난을 그린 매튜 머서Matthew Mercer의 유명한 긱앤선드리Geek & Sundry 제작 시리즈 〈크리티컬 롤〉은 2015년 출시되자 인터넷을 단숨에 사로잡았다. 〈크리티컬 롤〉에서는 베테랑 성우들이 고전 스타일의 D&D를 플레이하는 모습을 촬영하고, 최신 기술을 사용해 녹음하고 배포했다. RPG에 늘 농담처럼 따라붙던 디지털 게임화가 마침내 현실로 찾아왔다. 롤플레잉이 중심 무대를 되찾고, 동료애가 주된 매력 포인트가 된 것이다.

〈크리티컬 롤〉과 같은 쇼는 게임 혁명의 최전선에 굳건히 자리를 잡았다. PAX와 같은 인기 박람회에 수천 명의 팬이 모여 무대에서 펼쳐지는 D&D 플레이를 직접 관전했고, 동시에 보통 크리스 퍼킨스 같은 위저즈 직

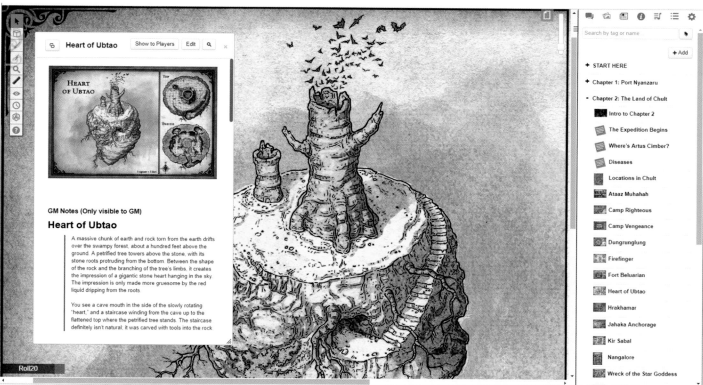

〈롤20〉 가상 테이블탑은 던전 마스터가
친구들을 위해 온라인에서 D&D 게임
진행할 때 필요한 모든 것을 제공하며
화상회의, 인터랙티브 지도, 디지털
주사위를 특징으로 한다.

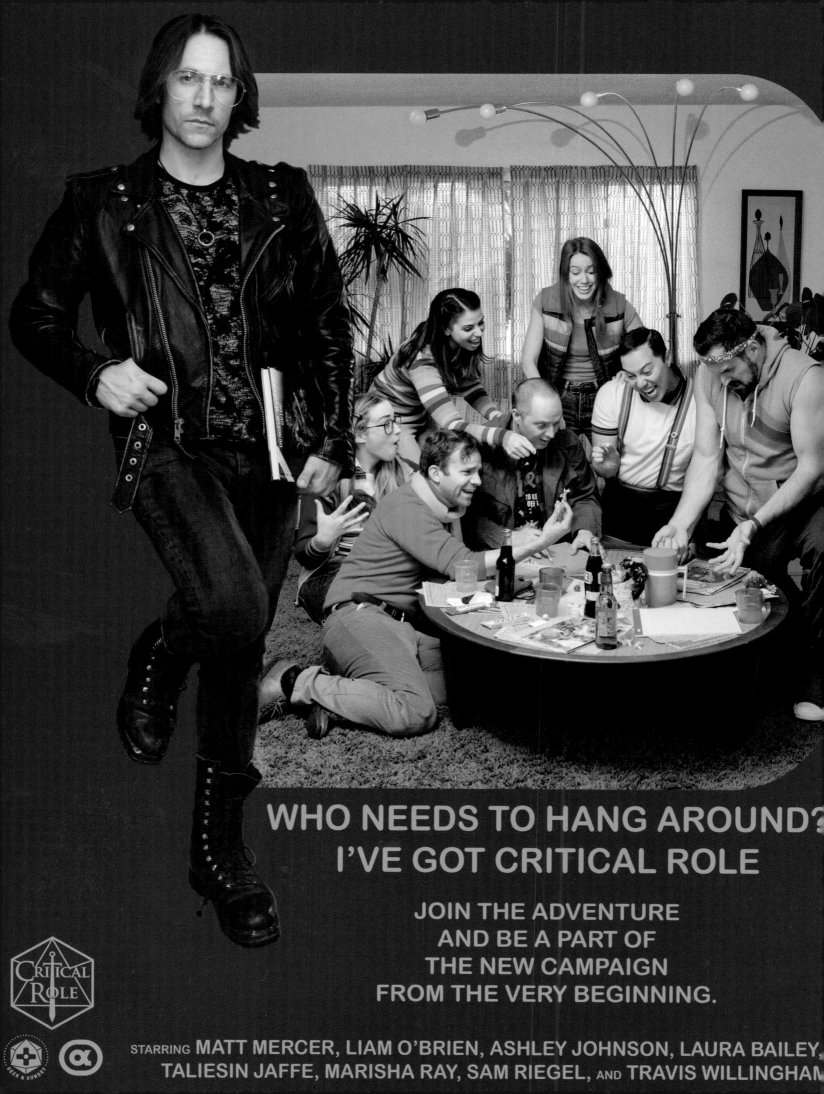

위 베스트셀러 2017년 D&D 확장판 《자나사의 만물 안내서Xanathar's Guide to Everything》
표지용으로 제이슨 레인빌이 그린 삽화

맞은편 〈크리티컬 롤〉 출연진은 1980년대 가장 유명한 D&D 게임 광고 중 하나를
웃기게 재현했다(vi 페이지 참조). 마침내 이 게임이 멋진 것이 된 걸까? 수백만의
구독자도 동의하는 것 같았다.

원이 던전 마스터 역할을 하는 〈애쿼지션즈 인코어퍼레이티드Acquisitions In-corporated〉와 같은 쇼는 수만 명이 시청한다. 새로운 형태의 엔터테인먼트가 탄생한 것이다. 경쟁에서 뒤처지지 않으려고 위저즈는 자체 시리즈 〈포스 그레이〉를 출시했고, 캠페인 출시 홍보를 위해 〈크리티컬 롤〉의 매튜 머서가 던전 마스터를 맡았다. 이 모든 관심은 D&D가 단순 게임 이상의 의미가 있다는 점을 다시금 입증하면서 브랜드가 건강하다는 좋은 신호를 보였다.

그러나 이 새로운 관심과 혁신이 게임의 '손으로 참여하는' 전통적인 매력을 대체할 수 있을까? 미니어처는 과거에도 그랬듯 앞으로도 RPG 플레이 방식에 중요한 자리를 차지할 것이다. 머서는 미니어처로 플레이어와 관중을 위해 전투를 시각적으로 구현할 수 있도록 킥스타터 기반의 드워븐 포지 같은 기업들이 만든 모듈 방식의 3차원 미니어처 배경을 활용할 때가 많다.

5판이 영감을 얻기 위해 게임의 뿌리를 찾은 것처럼 현대 플레이어들은 직접 만든 모험과 연필로 쓴 캐릭터 시트, 손으로 굴리는 주사위를 그리워하며 촉감을 통한 경험을 그 어느 때보다도 원한다는 걸 보여주었다. 아마

도 빈티지 스타일 게임의 재등장과 테이블 게임 산업의 인기는 플레이스테이션과 엑스박스 등 지나치게 감각적인 게임의 범람 속에서 안식처가 되기 때문일지 모른다. 컴퓨터 게임 디자이너가 여러분의 상상을 대신 생각하게 할 필요가 있을까? 위저즈는 오늘날에도 플레이어들의 창의성을 활용하고 있다. 위저즈와 원북셸프 사이의 파트너십으로 만들어진 던전 마스터 길드를 통해 D&D 커뮤니티는 자신만의 모험은 물론 규칙 확장판도 일반 시장에 출간할 수 있었다. 3판을 중심으로 업계의 성장을 촉진했던 OGL보다 한 걸음 더 나아간 것이다.

한 가지는 분명하다. 현대 플레이어들에게 게임을 시각적으로 구현하는 새로운 방법은 계속해서 열려 있다. 풍부한 세계관과 신화는 새롭게 해석할 수 있는 영감을 주었고, 테이블 경험을 확장시키도록 디자인된 디지털 도구는 이제 보편화되었다. D&D 안에서 물리적 세계와 디지털 세계의 융합은 완전히 새롭고 독특한 스타일로 게임에서 최상의 플레이 스타일을 끄집어내는 동시에 구시대의 장벽과 개념을 무너뜨렸다.

미니어처 지형 제작사 드워븐 포지의 2017년
〈운명의 던전Dungeon of Doom〉 킥스타터는 사상 최대
기록인 300만 달러를 모금했고, 팬들이 후원한
캠페인 총액은 수천만 달러에 이르렀다.

지상에서 영원으로

2016년 12월 9일 특이한 품목을 두고 이베이에서 치열한 입찰 경쟁이 벌어졌다. 입찰 막바지에 입찰가는 2만 달러를 넘었다. 경매 품목은 낯선 상징과 문구가 적힌 독특한 상자였다. 아무도 이 나뭇결무늬 상자를 참나무로 만든 실제 보물 상자로 착각하진 않겠지만, 판지 벽에는 예상치 못한 보물이 들어 있었다. 오리지널 D&D 상자 세트의 첫 인쇄판으로 수집가들 사이에서는 '브라운 박스로 불렸다. 개리 가이객스와 그의 가족, 최초의 파트너들이 손으로 조립한 첫 1,000개의 게임 중 하나였다. 지금은 몇 개나 남아 있을까? 원래 가격인 10달러도 1974년에 사실상 인지도가 없는 게임 치고는 아주 비쌌지만, 2016년에 중고품이 2만 달러가 넘는 가격은 터무니없는 가격이라 느껴진다. 그러나 수집가들이 산 것은 게임이 아니라 세계를 바꾼 게임의 첫 번째 프린팅이라는 의의였다.

1974년 이후 많은 게임이 등장하고 사라졌지만, D&D는 영원할 것이다. D&D는 게임 업계의 부침에도 살아남았으며, 여러 번의 위기를 거치며 더 강해졌다. 그 이유는 무엇일까? D&D는 단순한 게임이 아니라 새로운 사고방식이기 때문이다. 팬들이 판타지와 소통하는 새로운 방식이 되었다. 빈 디젤은 '상상력 훈련소라고 불렀으며, 그만의 생각은 아니었다. D&D는 세상이 판타지를 받아들일 수 있도록 준비시키고 DIY 몽상가와 상상가의 문화를 만들어 그 콘셉트를 이용해 정보 시대의 사회적, 문화적, 디지털 인프라를 만드는 계기가 되었다. 오늘날에는 〈기묘한 이야기〉와 〈왕좌의 게임〉 같은 쇼가 지배하고 있다. 테이블 게임은 수백만 달러 산업이며, 디지털 RPG는 수십억 달러에 달한다. 50년 전 젠 콘은 절실히 커뮤니티를 찾는 게이머들의 보잘것없는 모임이었지만, 이제는 매년 6만 명 이상이 참가한다. 아날로그나 디지털로 접속하는 플레이어들을 모두 감안했을 때 D&D는 틀림없이 과거 그 어느 때보다 인기를 누리고 있다. 파생적인 활동에 정기적으로 참여하는 사람들을 더하면, 거의 모든 사람이 참가한다고 할 수 있다. 괴짜들이 조용히 몰래 지구를 접수했다.

2018년 〈모덴카이넨 대적의 서
Mordenkainen's Tome of Foes〉의 표지.
제이슨 레인빌이 상상한 가이객스의
복잡하고 다면적인 개인 캐릭터
모덴카이넨

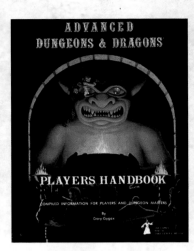

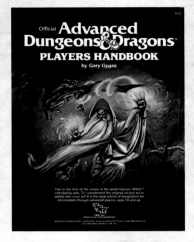

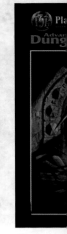

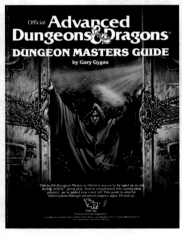

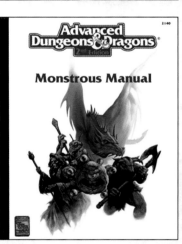

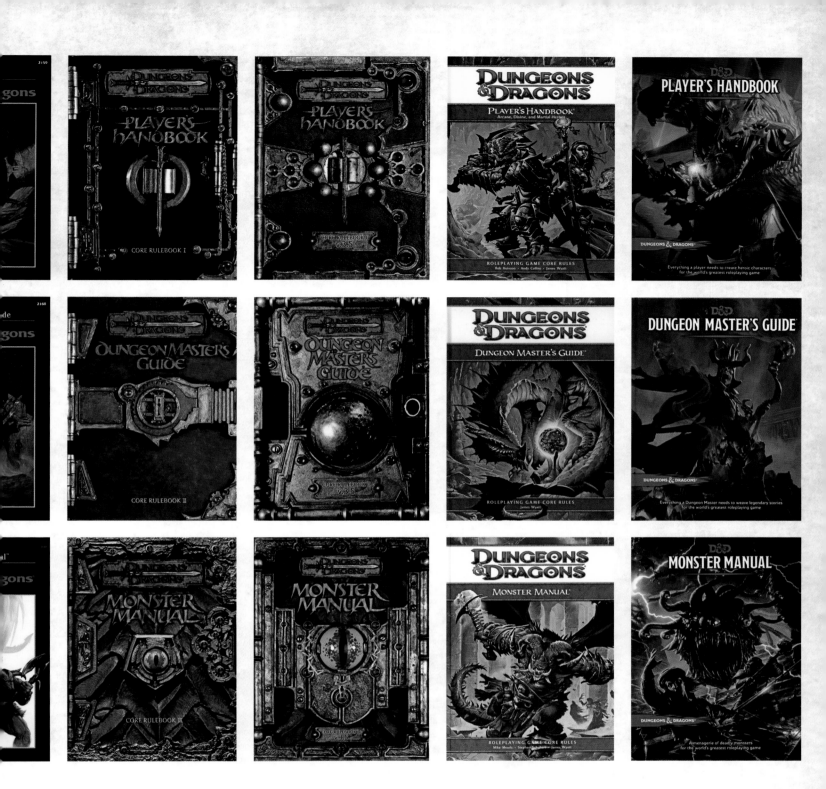

D&D 게임으로 여러분의 모든 판타지가 현실이 된다.
몬스터, 드래곤, 착한 대사제와 악한 대사제, 사나운 데몬,
심지어 신들도 여러분의 캐릭터 삶에 들어올
수 있다. D&D 게임은 여러분이 꿈꿔온 결정체다!

–《플레이어 핸드북》, 1978

감사의 말

우리는 D&D의 열성적인 플레이어와 던전 마스터가 되어 다양한 D&D 제품을 뚫어져라 들여다보며 성장했고, D&D의 아트와 게임 플레이를 통해 상상력의 새로운 어휘를 배웠습니다. 감독, 배우, 작가가 된 우리는 D&D와 D&D의 아트가 스토리를 개념화하고 전달하는 방법을 가르쳤으며, 우리의 상상력이 발현되는 데 지대한 영향을 미쳤다는 사실을 이제야 깨닫기 시작했습니다. 따라서 지난 45년간 이 놀라운 게임을 만들고 확장시킨 모든 분께 먼저 감사합니다. 우리는 지속적으로 게임에서 영감을 얻어 우리가 만드는 미디어 세상에 아이디어를 전달했고, 그 아이디어가 다시 이 놀라운 게임에 영향을 미치는 창의력의 순환 고리를 만들었습니다.

이렇게 넓고 복잡한 프로젝트를 시장에 출간하려면 분명 (홉릿 같은) 마을 하나의 도움이 필요했을 것입니다. D&D가 집에서 만든 게임 수준이었을 당시, 제대로 관리되지 못하던 지적재산권 문제, 전 세계 곳곳에 흩어진 오리지널 아트들과 비주얼들의 출처, 그리고 이야기들을 더욱 불분명하게 만든 D&D의 역사상 발생한 지적재산권 분쟁들, 기업 인수와 파일 연속성 문제 등 수없이 많은 난관이 있었습니다.

제작진 이외에도 수십 명의 도움과 지원, 헌신이 없었다면 이 책은 탄생할 수 없었을 것입니다. 먼저 가족과 친구들에게 사랑과 감사의 마음을 전합니다. 일일이 거론하기에는 너무 많은 분이 계시지만 계속해서 사랑과 지원과 영감을 제공했습니다. 다음으로 이 책이 태어날 수 있게 도움을 주신 분들과 여러 기관에 감사드립니다. 애런 웨너, 에밀리 팀버레이크, 리지 앨런, 패트릭 바브, 나탈리 멀포어, 에린 웰크, 다니엘 위키, 윈디 도레스테인, 제인 친, 키스 코너, 케이트 볼렌, 켄 델라 펜타 텐 스피드 프레스의 나머지 팀원들에게도 이 프로젝트에 대한 우리의 열정과 비전을 공유해주신 점 감사합니다. D&D 출판사이자 우리의 라이선스 파트너 위저즈 오브 더 코스트 팀에도 이 프로젝트를 허락해주시고, 찾기 힘든 이미지를 찾고, 놀라운 통찰력을 전해주시는 등 아낌없는 도움에 깊이 감사드립니다. 리즈 슈, 힐러리 로스, 제퍼슨 던랩, 크리스토퍼 퍼킨스, 마이크 멜스, 제레미 크로포드, 존 필, 커트 굴드, 네이선 스튜어트, 그레그 티토, 쇼나 나르시소, 케이트 어윈, 데이비드 거슈만, 리처드 휘터즈와 도움을 주신 다른 모든 훌륭하신 분들께 특별히 감사합니다. 사업적인 면을 관리하고 계속해서 지원과 지도를 아끼지 않은 도서관 에이전트 자크 드 스폴베르초에게 마음 깊이 감사합니다. 훌륭한 콘셉트 레이아웃과 디자인적 요소들을 제공해주신 헤드케이스 디자인 스튜디오의 폴 케플과 추가적인 디자인 컨설팅을 제공해준 폴 베이트만에게 감사드립니다. 이 책을 현실로 만들 수 있게 수년간 기여한 D&D의 모든 디자이너와 아티스트들에게 아주 특별한 감사의 뜻을 전합니다. 특히나 우리에게 정보와 이미지를 제공해주시고 인터뷰를 해주신 키스 베이커, 그렉 브룸, 클라이드 콜드웰, 몬티 쿡, 젭 쿡, 달레인, 토니 디터리지, 제프 이슬리, 래리 엘모어, 프레드 필즈, 롭 헤인소, 랄프 호슬리, 타일러 제이콥슨, 제넬 자카이스, 개리 콰피스, 데이브 '디젤' 라포스, 데보라 라슨, 트레이시 레시, 토드 록우드, 에롤 오투스, 윌리엄 오코너, 키난 파월, 웨인 레이놀즈, 롭 러펠, 레이몬드 스완랜드, 조나단 트위트, 톰 왐과 스티브 윈터 등 모든 분께 감사드립니다.

끝으로 이미지와 컬렉션을 제공해주시고 이 책에서 사용할 수 있게 허락해준 모든 분께 무한한 감사의 마음을 전합니다.

- 깨끗한 RPG 컬렉션을 사용할 수 있게 해주시고 끊임없는 지원을 해주신 빌 마인하트. 다음 작품들은 그의 소장품에서 나왔습니다.

  D&D '브라운 박스'(8), 《그레이호크》(39), 《블랙무어》(46), D&D '화이트 박스'(51), 《엘드리치 위저드리》(54), 《신과 반신과 영웅》과 《검과 주문》 소책자(55), 〈드래곤〉지 표지(59-62), TSR 벨트 버클(68), 《기본 세트》(71), '모노크롬' 모험 모듈(82), 《그레이호크의 세계》 2절판(108), 《변두리 땅의 요새》 모듈(112), 《쵸칸트의 잃어버린 동굴》 출판된 모듈(116), 《사라진 타모아칸》 토너먼트 모듈(116), 모험 모듈(117-119), 《기본 세트》, 《전문가 세트》, 《공포의 섬》 모듈(131), 오렌지 스파인 북스(170), 오리지널 〈드래곤랜스〉 아세트산 스케치(175), 오리지널 〈드래곤랜스〉 제안서(176), 〈드래곤랜스〉 소설과 모듈(183), 《블랙무어에서의 모험》(191), 《드래곤랜스 제5시대》(279).

- 타의 추종을 불허하는 오리지널 D&D 아트 컬렉션의 이미지를 제공한 매트 코더(Matt Koder). 다음 작품들은 맷 코더 컬렉션에서 나왔습니다.

  1983년 《플레이어 핸드북》 표지 그림(IV), D&D 《몬스터 앤 트래저》 책 삽화(22), '빅 아이' 이미지(38), 《그레이호크》 표지 삽화(39), 〈드래곤〉지 표지 그림(63-65), 던전 마스터 스크린 외부 그림(69), 《플레이어 핸드북》 표지 그림(78-79), 《데몬웹 구덩이의 여왕》 뒤표지(122-123), 1983년 《던전 마스터 가이드》 표지 그림(150), 《던전 마스터의 퀘스트》 표지 그림(169), 《몬스터 매뉴얼 II》 표지 그림(171), 《드래곤 오브 드림》 표지 그림(181), 〈드래곤랜스〉 다른 그림(184), 《언어스드 아르카나》 표지 그림(187), 《오리엔탈 어드벤처》 표지 그림(188), 《전설과 설화》 그림(189), 《이계 매뉴얼》 표지 그림(198), 《워터딥과 북부》 및 《워터딥》 표지 그림(205), 《텅 빈 세계 캠페인 세트》 표지 그림(230), 《규칙 백과사전》 표지 그림(237), 〈다크 선〉 '니바' 그림(239), 《플레인스케이프》 표지 그림(253), 《지옥의 속박》 표지 그림(256), 1995년 《플레이어 핸드북》 표지 그림(260), 1991년 TSR 카탈로그 캠페인 월드 그림(270-271), 《류릭 고원》 표지 그림(275), 《D&D 모험 게임》 표지 그림(285), 《D&D 기본 게임》 표지 그림(340-341).

- 1975년 첫 오리지널 초판본의 《툼 오브 호러》와 개리 가이객스의 녹 괴물 그림을 사용할 수 있게 해주신 앨런 그로헤와 데이비드 위츠, 사진의 사용과 그의 뛰어난 아트 컬렉션을 볼 수 있게 해준 이안 리빙스톤, 이안 리빙스톤의 허락을 받고 젠 콘1976(43)에서 개리 가이객스 초상화를 사용했습니다. 이안 리빙스톤의 콜렉션에서 에마뉘엘(128-129)이 그린 《핀드 폴리오》 표지 그림

- 데이브 머게리의 《블랙무어》 플레이어 지도(31)와 그의 〈던전!〉 게임 보드 시제품(382), 데이브 R. 머개리의 허락을 받고 사용했습니다.

- TSR 내부 초안, 콘셉트 아트, 메모를 보여준 프랭크 멘처

- 〈던전 앤 드래곤〉 수집가 주요 웹사이트 더 아카에옴의 커뮤니티

- 아낌없는 지원과 D&D 아트와 기념품 컬렉션을 보여준 피터 애드키슨

- 오리지널 D&D 아트의 놀라운 컬렉션 이미지를 제공해준 데이비드 맨델. 다음 이미지는 데이비드 맨델의 컬렉션에서 나왔으며, 그의 허락을 받아 사진을 사용했습니다. 데이브 서덜랜드의 《AD&D 몬스터 매뉴얼》 표지 그림(72-73), 데이브 트래피어의 '돌 거인' 오리지널 그림(76), 짐 로스로프의 〈지저로의 하강〉 오리지널 표지 그림(120-121)

- 뛰어난 이미지 아카이브(www.thecolectorstrove.com)를 볼 수 있게 허락해준 폴 스톰버그. 다음의 이미지는 모두 폴 J. 스톰버그가 제공했습니다. 홍콩에서 온 플라스틱 '아울베어' 장난감(66), 데이비드 서덜랜드가 그린 1979년 《던전 마스터 가이드》 표지 그림(86-87), 데이비드 서덜랜드의 1978년 《지옥의 팔라딘》(89), RPGA '창립 회원' 배지(132), 노르웨이 《기본 세트》 양장본(153), 개리 가이객스 DDEC 명함(166), TSR 호텔 클레어에서 스티브 윈터 사진(케빈 헤드릭스의 사용 허가를 받음, 222)

- 자신의 단 하나밖에 없는 D&D 장난감 컬렉션, 아트, 전단지 이미지를 제공한 빌리 갤럭시(www.billygalaxy.com). 다음은 빌리 갤럭시의 컬렉션에서 나왔으며, 빌리 갤럭시와 사진작가 조슈아 도머머스의 허가를 받아 사용한 이미

지들입니다.《기본 세트》의 J. 에릭 홈즈의 필사본 초안과 크리스토퍼 홈즈의 삽화(71), 그르나디에의 판촉용 리저드맨 미니어처(135), 키스 파킨스와 팀 트루먼의 콘셉트 그림들과 완성된 장난감과 액세서리(160), LJN 포트레스 팽 '전부 다 수집하세요' 이미지(161), D&D 입체경 릴(reel)과 D&D 캔디 피규어 상자(163), D&D 컬러폼과 슈링키 딩크Shrinky Dinks(164), 켄 켈리의 드래곤 LJN 장난감 상자 아트(165), 켄 켈리의 허락을 받고 사용했습니다.

- 몇 시간이고 그가 기억하는 내용과 멋진 아트 컬렉션을 설명해 준 제프 그럽

- 오리지널 《신과 반신》 표지 그림의 사진 촬영을 허락해준 노블 나이트 게임즈의 애론 리더

- 던전 앤 드래곤 엔터테인먼트 컴퍼니의 베벌리 힐스 본사 사진을 보여주며 지원을 아끼지 않은 어니스트 개리 가이객스 주니어(166). 이미지도 어니스트 개리 가이객스 주니어가 제공하였습니다.

- 관심과 지원, 멋진 〈크리티컬 롤〉 이미지를 제공한 매트 머서. 〈크리티컬 롤〉 홍보 포스터 (420)은 매튜 머서와 레전더리 디지털이 제공했습니다.

- 《신과 반신》 표지 그림을 전문적으로 사진 촬영한 High Impact Creations의 제이슨 밀케

- Roll 20. net imagery의 수잔 월레스. 〈롤20〉 스크린 캡처(419)는 Roll20.net이 제공했습니다.

- 롭 쿤츠(www. tlbgames.com과 www.threelinestudio.com). 로빌라 캐릭터 시트 이미지(36)가 로버트 J. 쿤츠의 허락을 받고 사용했습니다.

- 앨런 루시엔. 장난감 공룡이 드래곤으로 변한 사진(14)은 앨런 루시엔의 허락을 받고 사용했습니다.

- 로라 로슬로프. 다음 이미지는 로라 로슬로프의 지원으로 사용했습니다. 짐 로슬로프의 TSR로고 콘셉트(106), 짐 로슬로프의《변두리 땅의 요새》표지 컬러 연구(112~113), 짐 로슬로프의 1981년 전문가 세트 표지 콘셉트 (130)

- 톰 왐, 1978년경 TSR본사와 던전 호비 숍 사진은 톰 왐의 허락을 받고 사용되었습니다.

- 마이크 카, 젠 콘 3회에서 데이브 아네슨과 다른 〈쌍둥이 도시〉 게이머들 사진은 마이크 카의 허락을 받고 사용했습니다.

- 스티브 잭슨, 〈스페이스 게이머〉 21호에서 데이브 아네슨 초상화는 스티브 잭슨의 허락을 받고 사용했습니다.

- 몬티 쿡, 몬티 쿡의《아르카나 언차티드》표지(311)는 몬티 쿡의 허락을 받고 사용했습니다.

- 존 보벡, 젠 콘 3회에서 개리 가이객스와 데이브 아네슨의 사진(248)은 존 보벡의 허락을 받고 사용했습니다.

- 데이브 켄저, '칼라마르' D&D 코믹북과 캠페인 북(310-311)은 Kenzer & Co.의 허락을 받고 사용했습니다.

- 조쉬 브라운, 〈이어리 테일즈〉 59호에서 에스테반 마로토의 '저주받은 댁스'의 장면(39)는 뉴 코믹 컴퍼니의 허락을 받고 사용했습니다.

- 딜런 월시이 찍은 조 맨가니엘로 사진과 그의 D&D 캐릭터 그림(Ⅷ)

- 개인 수집가, 개리 가이객스의 개인적인 플레이 카피 〈체인메일〉 사진(12)은 개인 수집가의 제공으로 사용했습니다. 드워븐 포지. 드워븐 포지 미니어처 장면 이미지(422)는 Dwarven Forge, LLC의 제공으로 사용했습니다.

펭귄 랜덤 하우스, 다음 이미지는 펭귄 랜덤 하우스의 제공으로 사용했습니다. 폴린 베인스의 그림과 함께 《Smith of Wooten & Farmer Giles of Ham》(Ballatine Books)의 페이지. 다음 이미지는 펭귄 랜덤 하우스의 이의 제기 없이 사용되었습니다. 잭 코긴스의《전투원》의 삽화(13),《홉고블린》책 표지(Berkley Books)(146),《메이지스 앤 몬스터스》책 표지(Delacorte Press)(146), 〈해적 코난〉 표지(Ace Books)(240)

마블 월드와이드, 다음 이미지는 마블 월드와이드 TM & ⓒ 2018 마블 엔터테인먼트, LLC와 자회사들의 허락을 받아 사용했습니다. 모든 권한은 보호됩니다. Strage Tales의 그림들, S.H.I.E.L.D.의 닉 퓨리 요원, 짐 스테란코, 조 시놋, 샘 로젠, 대니 오닐, 댄 애드킨스의 #167호(4월)(24-25), AD&D 컬러링북 책 표지(163). 다음 이미지는 위저즈 오브 더 코스트와 마블 월드와이드(Marvel Worldwide, Inc. ⓒ 2018, 위저즈 오브 더 코스트; ⓒ 2018, 마블 엔터테인먼트 및 자회사들)의 허락을 받고 사용했습니다. 모든 권리는 보호됩니다. D&D 애니메이션 시리즈 (1983-1985) 스

크린 캡처와 포스터(167-168)

넷플릭스. 〈기묘한 이야기Strange Things〉 스크린 캡처(3)는 넷플릭스가 제공했습니다(ⓒ Netflix, Inc.).

GOG.com. SSI AD&D 컴퓨터 게임의 스크린샷과 제품 이미지(212~215)는 위저즈 오브 더 코스트와 GOG.com 허락을 받아 사용했습니다.

게티 이미지 《절멸의 흐름Stream of Annihilation》 행사에서 유명한 D&D 게임은 게티 이미지의 라이선스하에 사용했습니다. 매트 헤이워드의 사진. '어드밴스드 던전 앤 드래곤' 제목이 붙은 〈커뮤니티〉의 에피소드 13에서 피어스 호손Pierce Hawthorne으로서 체비 체이스, 루이스 제이콥스의 사진/NBC/NBCU, 게티 이미지를 통한 포토 뱅크.

뉴욕타임스 기사 1979년 9월 8일 'Tunnels are Searched for Missing Student'이 뉴욕타임스의 라이선스하에 사용했습니다. 미국 저작권법의 허락과 보호 아래 사용합니다. 서면 승인 없이 본 콘텐트를 인쇄, 복사, 재배포 또는 재전송하는 행위는 금지됩니다.

블리자드 엔터테인먼트. 다음 이미지는 블리자드 엔터테인먼트의 허락을 받아 사용했습니다. D&D 워크래프트 표지(311), 월드 오브 워크래프트의 가이객스 헌사 스크린샷(345)

킥스타터 D&D 게임 사진(378)은 루크 크레인(Luke Crane)과 사진작가 헤일리 로전블럼의 허락을 받고 사용했습니다. 킥스타터 D&D 플레이어 지도(379)는 칼리 굿스피드의 허락을 받고 사용했습니다.

TV 가이드 매거진 페이지(146)는 〈TV 가이드 매거진〉의 허락을 받고 사용했습니다.

더 어니언. 1997년 6월 18일 〈더 어니언〉의 빌 게이츠 D&D 캐릭터 시트는 〈더 어니언〉의 허락을 받고 재인쇄되었습니다. Copyright ⓒ 2018 Onion, Inc. www.theonion.com. 롭 시겔의 그래픽 아트

Chick Publications. 다크 던전스 코믹 트랙 표지(143)는 Chick Publications, Inc.의 허락을 받아 사용했습니다.

SFR, Inc. 제넬 자카이스가 그린 〈드래곤 주사위〉 전투 상자 표지 그림(265)은 SFR, Inc.의 허락을 받아 사용했습니다.

IDW Comics. IDW 〈던전 앤 드래곤〉 코믹 표지는 IDW Publishing의 제공을 받아 사용했습니다.

Capcom. 캡콤 D&D 비디오게임 광고(251)는 Capcom USA, Inc.의 허락을 받아 사용했습니다.

Universal Studios. E.T.: The Extra-Terrestrial의 D&D를 플레이하는 소년들의 스크린 캡처(147)는 Universal Studios Licensing LLC의 제공을 받아 사용했습니다. ⓒ Universal City Studios, Inc.

Twentieth Century Fox. 〈퓨처라마〉에 그려진 개리 가이객스는 20th Century Fox Television의 라이선스하에 사용했습니다. 'FUTURAMA' TM and ⓒ2000 Twentieth Century Fox Television. 모든 권리는 보호됩니다.

• British Pathe. 피터 커싱의 그림 미니어처의 스크린 캡처들은 British Pathe의 허락을 받아 사용했습니다.

• W.W.Norton & Company. 《신기루 속의 주민들》 표지(54)는 W.W.Norton & Company의 이의 제기 없이 사용했습니다.

• Scientific Games. Bally Midway의 D&D 핀볼 머신 광고(199)는 Scientific Games Corp.의 제공을 받아 사용했습니다.

마지막으로 독자 여러분의 D&D 게임에 대한 성원과 사랑 감사합니다.

저자 소개

마이클 윗워는 비평가들의 찬사를 받은 《상상의 제국: 개리 가이잭스와 던전 앤 드래곤의 탄생》(블룸버리, 2015)을 썼다. 노스웨스턴대학과 시카고대학에서 학위를 받았고, 현재 국가 의료 서비스 회사의 언론담당관에서 괴짜 및 게이밍 시장에서 중요한 일을 맡은 것 등 다양한 직업적 배경을 가지고 있다. 저자로서 마이클 윗워는 NPR의 아리 샤피로와 〈모든 것을 고려해볼 때All Things Considered〉에 출연했고, 구글 토크 시리즈의 일환으로 구글에서 강연을 했으며 많은 톱 게임 컨벤션과 도서 축제에서 특별 강연자로 참여했다. 그의 책은 아마존 '이달의 책'과 긱대드GeekDad의 '2015년 최고의 책'으로 선정되는 등 많은 영예를 안았고, 그가 쓴 다른 글들은 Slate.com, Tor. com, Biographile.com, Medium, GeekDad에 실렸으며, 단골로 기고문을 보내고 있다. 마이클 윗워는 아내와 딸, 두 아들과 함께 일리노이 시카고에 살고 있다.

카일 뉴먼은 작가 겸 감독으로 크리스틴 벨과 세스 로건이 등장하는 스타워즈를 주제로 한 코미디 〈Fanboys〉와 A24 Filmes가 발매한 액션 코미디 〈킬러 인 하이스쿨Barely Lethal〉(사무엘 L. 잭슨과 헤일리 스타인펠드와 제시카 알바가 등장)을 비롯해 여러 장편 영화들이 그의 필모그래피를 장식하고 있다. 그는 업계 최고의 아티스트 테일러 스위프트의 '스타일', 라나 델 레이의 'Summertime Sadness'를 비롯한 뮤직 비디오에 감독으로 참여했으며, 레나 언햄, 카라 델레바인, 셀레나 고메즈 등이 등장한 테일러 스위프트의 1989 월드투어의 콘텐츠를 제작했다. 카일은 세 명의 10대들이 1982년에 제작된 스티븐 스필버그의 클래식 〈레이더스Raiders of the Lost Ark〉를 장면마다 재창조한다는 비평가들의 호평을 받은 다큐멘터리 〈레이더!: 사상 최고의 팬 필름Raiders!: The Story of the Greatest Fan Film Ever Made〉도 제작했다. 그는 아내와 빈번한 협력자인 제이미 킹과 두 아들과 함께 로스앤젤레스에 살고 있다.

존 피터슨은 게임 역사 분야의 권위자로 알려져 있다. 그의 저서 《세계의 게임Playing at the World: A History of Simulating Wars, People and Fantastic Adventures, from Chess to Role-Playing Games》(Unreason Press, 2012)은 소스 기반의 엄격한 방법론으로 게임 장학금의 혁명을 일으켰다. NYU의 Game Labs 디렉터 프랭크 란츠는 《세계의 게임Playing at the World》이 '게임에 관한 책 중 최고의 책'이라 불렀다. 〈빌리지 보이스Village Voice〉 신문은 그의 책을 '최초의 진지한 던전 앤 드래곤 발전사'라고 불렀다. 대학에서 자주 교재로 사용되며, 존 피터슨은 대학, 컨퍼런스, 컨벤션에서 게임 역사에 대해 자주 강연을 하고 있다. 그는 MIT Press의 〈제어구역Zones of Control〉(2016)과 루틀리지Routledge의 〈롤플레잉 게임 연구: 트랜스미디어 재단Role-Playing Game Studies: Transmedia Foundations〉을 비롯해 게임 관련 학술지에 기고했다. 존은 Boing Boing, The Escapist, Gamasutra와 자신의 블로그를 비롯해 다양한 게임과 괴짜 문화 웹사이트에도 글을 기고하기도 한다.

샘 윗워는 판타지와 SF장르를 사랑하는 미국 배우이자 음악가다. 20년 경력에 SF 장르 시리즈물에서 맡은 역할로 가장 잘 알려져 있다. 그는 SF의 다크 유머와 도발적인 드라마 시리즈 〈빙 휴먼Being Human〉에서 뱀파이어 에이단 화이트역을 맡아 드라마를 이끌었다. 다른 경력으로는 휴고 어워드 수상작 〈배틀스타 갤럭티카Battlestar Galactica〉에서 전투하던 랩터 조종사 추락과 CW의 〈스몰빌Smallville〉에서 슈퍼맨을 죽이는 둠스데이, ABC의 〈원스 어폰 어 타임Once Upon a Time〉에서 오해받는 하이드씨와 쇼타임의 〈덱스터Dexter〉, 아마존의 〈일렉트릭 드림스Electric Dreams〉, 스테판 킹과 프랭크 배라본트의 컬트 클래식 호러 영화 〈미스트The Mist〉에서 조연으로 출연했다. 샘 윗워는 비디오 게임, 영화, 텔레비전에서 다양한 캐릭터에 생명을 불어넣으며, 스타워즈 사가에 오랫동안 참여한 것으로 잘 알려져 있다. 2008년에는 〈스타워즈: 더 포스 언리쉬드Star Wars: The Force Unleashed〉에서 다스 베이더의 비밀 수련생 스타킬러로 등장했으며, 최근에는 다년간 에미상 후보로 오른 사악한 시스의 군주 다스 몰의 목소리로 참여하며 전성기를 누렸다. 그는 오랫동안 열정적으로 컴퓨터 게임과 펜과 종이의 아날로그 RPG 플레이어이며, 그의 게임을 보여주는 트위치 방송을 정기적으로 하고 있다.

던전 앤 드래곤 아트북: 아트 앤 아르카나

1판 1쇄 발행 2023년 4월 28일

지은이 마이클 윗워·카일 뉴먼·존 피터슨·샘 윗워

옮긴이 권은현·강세중

펴낸이 하진석

펴낸곳 ART NOUVEAU

주소 서울시 마포구 독막로3길 51

전화 02-518-3919

팩스 0505-318-3919

이메일 book@charmdol.com

신고번호 제313-2011-157호

신고일자 2011년 5월 30일

ISBN 979-11-91212-08-2 03690

DUNGEONS & DRAGONS ART & ARCANA: A Visual History

by Michael Witwer, Kyle Newman, Jon Peterson, Sam Witwer

Copyright © 2018 by Michael Witwer, Kyle Newman, Jon Peterson, and Sam Witwer.

All rights reserved.

This Korean edition was published by Charmdol in 2023 by arrangement with Ten Speed Press, an
imprint of Random House, a division of Penguin Random House LLC through KCC(Korea Copyright
Center Inc.), Seoul.

이 책은 (주)한국저작권센터(KCC)를 통한 저작권자와의 독점계약으로 참돌에서 출간되었습니다.

저작권법에 의해 한국 내에서 보호를 받는 저작물이므로 무단전재와 복제를 금합니다.